M·L·XL 사이즈로 뜨는

남자 니트

M·L·LL SIZE DE AMERU MEN'S KNIT
© SEIBIDO SHUPPAN 2013
Originally published in Japan in 2013 by SEIBIDO SHUPPAN CO., LTD., TOKYO,
Korean translation rights arranged with SEIBIDO SHUPPAN CO., LTD., TOKYO,
through TOHAN CORPORATION, TOKYO, and Botong Agency, SEOUL.

남자 니트

1판 1쇄 발행 2014년 11월 21일
1판 4쇄 발행 2023년 11월 1일

지은이 리틀 버드
옮긴이 배혜영
펴낸이 김기옥

실용본부장 박재성
편집 실용2팀 이나리, 장윤선
마케터 이지수
판매전략 김선주
지원 고광현, 김형식, 임민진

디자인 푸른나무디자인
인쇄·제본 민언프린텍

펴낸곳 한스미디어(한즈미디어(주))
주소 121-839 서울시 마포구 양화로 11길 13(서교동, 강원빌딩 5층)
전화 02-707-0337 | 팩스 02-707-0198 | 홈페이지 www.hansmedia.com
출판신고번호 제 313-2003-227호 | 신고일자 2003년 6월 25일
ISBN 978-89-5975-769-5 13590

책값은 뒤표지에 있습니다.
잘못 만들어진 책은 구입하신 서점에서 교환해 드립니다.

MEN'S KNIT

M·L·XL 사이즈로 뜨는 **남자 니트**

리틀 버드 지음 | 배혜영 옮김

CONTENTS

이 책에서 소개한 작품은 하마나카의 손뜨개 실을 사용했습니다.

01

로피 스타일 카디건

코위찬 실로 뜬, 겨울 분위기가 물씬 풍기는 따뜻한 카디건.
앞뒤 몸판을 이어서 뜨므로 연결하는 부분이 적은 디자인입니다.

design ／가마타 에미코　making ／와다 니트 공방
yarn ／하마나카 캐나디안 3S
how to knit ／ p.64-65

photo ／ M 사이즈

6

02

벌집무늬 베스트

초가을에 껴입기 편한 코위찬 스타일 베스트.
굵은 실로 떠서 입체감이 있는 벌집무늬가
남성스러움을 느끼게 합니다.

design / 기시 무츠코   making / 니트 그룹 주주
yarn / 하마나카 캐나디안 3S
how to knit / p.66-67

photo / L 사이즈

photo／M 사이즈

03

줄무늬 스웨터

캐주얼한 줄무늬 스웨터를 브이넥으로 뜨니 성실한 인상을 줍니다.
밑단과 소매에 한 줄만 넣은, 다른 색상의 라인이 포인트입니다.

design／간노 나오미　making／우스이 노부코
yarn／하마나카 아란 트위드
how to knit／p.68-69

photo／L 사이즈

⓪4

꽈배기 무늬 카디건

하나 가지고 있으면 여러모로 유용한
기본 디자인의 옷깃이 달린 카디건입니다.
남자친구에게 어울리는 색으로 떠 보세요.

design ／데이 사치미
yarn ／하마나카 멘스 클럽 마스터
how to knit ／p.70-71

photo／(좌)XL 사이즈 (우) M 사이즈

05

코위찬 스타일 재킷

코위찬 실로 뜬 재킷은
포근하면서도 놀랄 만큼 가볍습니다.
파란색과 주황색의 빛깔 차이색이 선선합니다.

design ／가와이 마유미
making ／호리구치 미유키
yarn ／하마나카 캐나디안 3S
how to knit ／p.100-102

photo ／M 사이즈

메리야스뜨기 재킷

겉옷으로 입기 좋은, 투박하게 뜬 재킷입니다.
그러데이션 실로 떠서, 메리야스뜨기라도 변화를 즐길 수 있습니다.

design ／오카모토 게이코   making ／기요노 가나에
yarn ／하마나카 소노모노 그러데이션
how to knit ／ p.72-73

photo / M 사이즈

07

헨리넥 스웨터

누구나 부담 없이 입을 수 있는, 심플한 바탕무늬 스웨터.
트위드 얀의 소박한 느낌이 매력입니다.

design ／야마모토 다마에   making ／사토 세이
yarn ／하마나카 아란 트위드
how to knit ／ p.74-75

photo ／ M 사이즈

14

노르딕 무늬 스웨터

밑단과 가슴 부분의 배색무늬를
소매에도 이어서 뜬 세련된 디자인입니다.
어른스럽고 차분한 분위기를 연출합니다.

design ／데이 사치미
yarn ／하마나카 멘스 클럽 마스터
how to knit ／ p.76-77

photo ／L 사이즈

09

아란 무늬 베스트

방향이 다른 교차 무늬와 생명의 나무 무늬를 어우른,
남성미가 느껴지는 아란 무늬 베스트입니다.
헨리넥으로 캐주얼하게 완성했습니다.

design / 가마타 에미코
yarn / 하마나카 멘스 클럽 마스터
how to knit / p.78-79

10

숄칼라 카디건

중앙에 배치한 다이아몬드 무늬와 꽈배기 무늬, 멍석 무늬 등
여러 무늬를 옷 전체에 넣은 카디건은 뜨는 즐거움을
한껏 맛볼 수 있습니다. 주황색으로 뜨니 신선한 인상을 줍니다.

design / 데이 사치미
yarn / 하마나카 멘스 클럽 마스터
how to knit / p.80-81

photo / M 사이즈

photo／M 사이즈

||

바이컬러 스웨터

위아래 색을 바꾸어 뜬 세련된 바이컬러 스웨터.
고르는 색에 따라 시크한 인상으로도, 화려한 인상으로도 연출할 수 있습니다.

design ／ 오카모토 게이코   making ／ 마쓰오카 가즈에
yarn ／ 하마나카 멘스 클럽 마스터
how to knit ／ p.82-83

18

12

순록 무늬 재킷

익숙한 순록 무늬도 트위드 실로 뜨면 멋스럽게 완성됩니다.
몸판, 덧단, 옷깃까지 이어서 뜨므로 쉽게 만들 수 있는 디자인입니다.

design ／가와이 마유미   making ／호리구치 미유키
yarn ／하마나카 캐나디안 3S '트위드'
how to knit ／p.84-91

20

13

코위찬 스타일 베스트

남성다운 인상을 주는 독수리 무늬 베스트는
아웃도어 스타일에 매치해도 손색없습니다.
얇은 재킷에 겹쳐 입을 수 있는 사이즈입니다.

design ／오카모토 게이코　making ／다카하시 가오루
yarn ／하마나카 캐나디안 3S,
하마나카 캐나디안 3S '트위드'
how to knit ／ p.92-93

photo ／L 사이즈

14

후드 카디건

캐주얼한 옷을 즐겨 입는 사람에게 추천하는 후드 카디건.
트레이닝복을 입듯이 러프하게 걸쳐 보세요.

design／야마모토 다마에
yarn／하마나카 워미
how to knit／p.94-95

photo／M 사이즈

15

페어아일 무늬 카디건

한번은 떠 보고 싶은 전통적인 페어아일 무늬의 카디건입니다.
바탕색은 시크한 톤을 골라 차분한 인상을 자아냅니다.
나이를 불문하고 누구에게나 잘 어울립니다.

design ／ 가제코보
yarn ／ 하마나카 페어 레이디 50
how to knit ／ p.96-97

24

16

브이넥 베스트

바탕무늬와 꽈배기 무늬를 교대로 뜬 멋스러운 베스트입니다.
가을 분위기가 느껴지는 갈색 계열 배색이 근사합니다.

design ／데이 사치미   making ／야마모토 다미코
yarn ／하마나카 멘스 클럽 마스터
how to knit ／ p.98-99

17

래글런 소매 카디건

손뜨개의 즐거움을 마음껏 맛볼 수 있는
아란 무늬 카디건.
폭신하고 부드러운 실로 떠서
착용감도 뛰어납니다.

design／가와이 마유미　making／하뉴 아키코
yarn／하마나카 소노모노 알파카 릴리
how to knit／p.103-105

photo／M 사이즈

18

와이넥 카디건

버튼다운셔츠 위에 산뜻하게 걸치고 싶은 와이넥 카디건입니다.
무늬가 매우 심플하므로 색상으로 개성을 나타내도 좋습니다.

design／야마모토 다마에　making／사토 세이
yarn／하마나카 멘스 클럽 마스터
how to knit／p.106-107

photo／M 사이즈

19

건지 스타일 스웨터

겉뜨기와 안뜨기로 다이아몬드 무늬를 나타낸
건지 스타일 스웨터는 뜨기 어렵지 않지만
공을 많이 들인 듯한 느낌을 줍니다.
목 부분은 크루넥으로 산뜻하게 완성했습니다.

design / 데이 사치미　making / 지바 사토코
yarn / 하마나카 워미
how to knit / p.108-109

photo / M 사이즈

20
아가일 무늬 베스트

누구나 맵시 있게 입을 수 있는 앞트임 베스트는
재킷 안에 입어도 좋습니다. 초가을부터 초봄까지
길게 애용할 수 있는 아이템입니다.

design ／야마모토 다마에   making ／사토 세이
yarn ／하마나카 멘스 클럽 마스터
how to knit ／ p.110-111

photo ／ M 사이즈

21

스누드

손뜨개 초보자에게도 추천하는 가터뜨기 스누드.
첫 작품으로 떠서 선물하기에 그만입니다.

design ／하마나카 기획
yarn ／하마나카 멘스 클럽 마스터
how to knit ／p.115

22.23

머플러와 핸드 워머

옷을 뜨다가 기분 전환 삼아
심플한 소품을 떠 보면 어떨까요?
머플러와 핸드 워머는 색을 맞추어 세트로 떴습니다.

design / 가마타 에미코
yarn / 하마나카 멘스 클럽 마스터
how to knit / p.112

24

핸드 워머

실용적인 반장갑은 겨울 필수품입니다.
마음에 드는 코트에 맞춰서 색을 골라 보세요.

design ／스즈키 아사코
yarn ／하마나카 멘스 클럽 마스터
how to knit ／p.113

25.26

모자와 넥 워머

어떤 스타일에도 쉽게 매치할 수 있는
꽈배기 무늬 모자.
고무뜨기 넥 워머는 두 겹으로 감으면
목을 꼭 감싸줍니다.

design／25(모자)…요코야마 준코
　　　　26(넥 워머)…하마나카 기획
yarn／25…하마나카 아란 트위드
　　　26…하마나카 워미
how to knit／25…p.114, 26…p.115

손뜨개의 기초

【계산 보는 방법】 대바늘뜨기 도안에는 아래 그림과 같이 진동둘레와 네크라인에
코 줄이기 계산을 넣었습니다. 숫자는 아래와 같이 읽습니다.

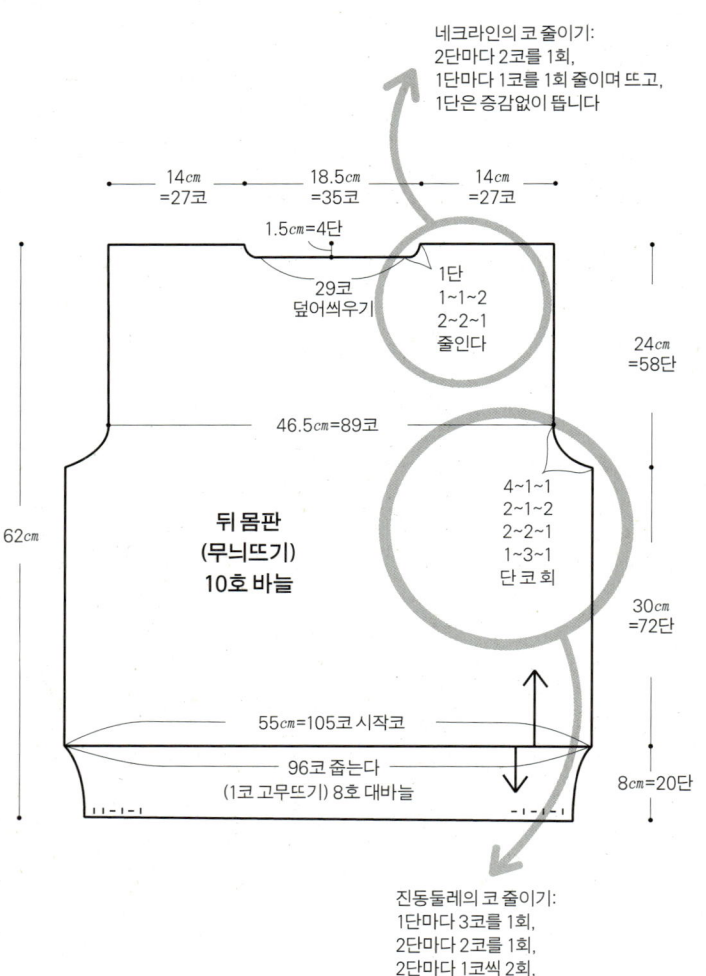

네크라인의 코 줄이기:
2단마다 2코를 1회,
1단마다 1코를 1회 줄이며 뜨고,
1단은 증감없이 뜹니다

14cm
=27코

18.5cm
=35코

14cm
=27코

1.5cm=4단

29코
덮어씌우기

1단
1~1~2
2~2~1
줄인다

24cm
=58단

46.5cm=89코

4~1~1
2~1~2
2~2~1
1~3~1
단 코 회

뒤 몸판
(무늬뜨기)
10호 바늘

62cm

30cm
=72단

55cm=105코 시작코

96코 줍는다
(1코 고무뜨기) 8호 대바늘

8cm=20단

진동둘레의 코 줄이기:
1단마다 3코를 1회,
2단마다 2코를 1회,
2단마다 1코씩 2회,
4단마다 1코를 1회 줄이며 뜹니다

기호도로 나타낸 경우

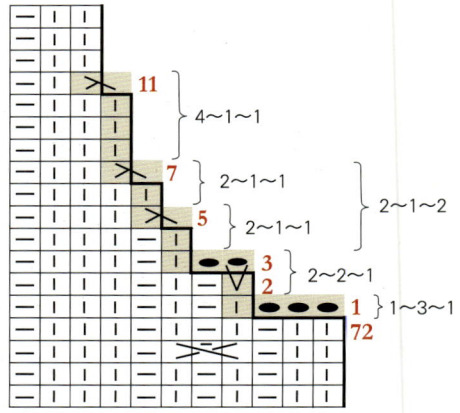

11
4~1~1
7
2~1~1
5
2~1~1   2~1~2
3
2   2~2~1
1
72   1~3~1

뜨개바탕

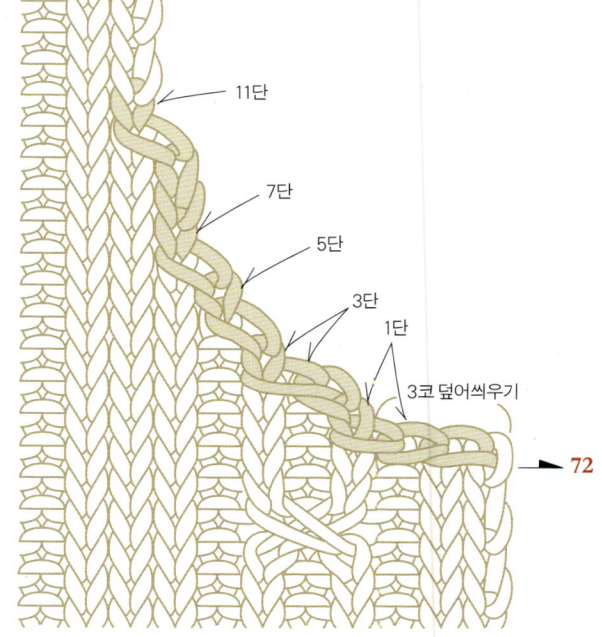

11단

7단

5단

3단

1단

3코 덮어씌우기

72

가장자리 2코 세워 줄이기

'코를 세운다'는 것은 뜨개코를 흐트러뜨리지 않고 선을 이루게 뜨는 것을 뜻하며
래글런 선의 코 줄이기 등에 자주 쓰입니다. '가장자리 2코 세워 줄이기'는 가장자
리에서 2번째 코가 3번째 코 위쪽이 되게 2코 모아뜨기를 합니다.

기호도로 나타낸 경우

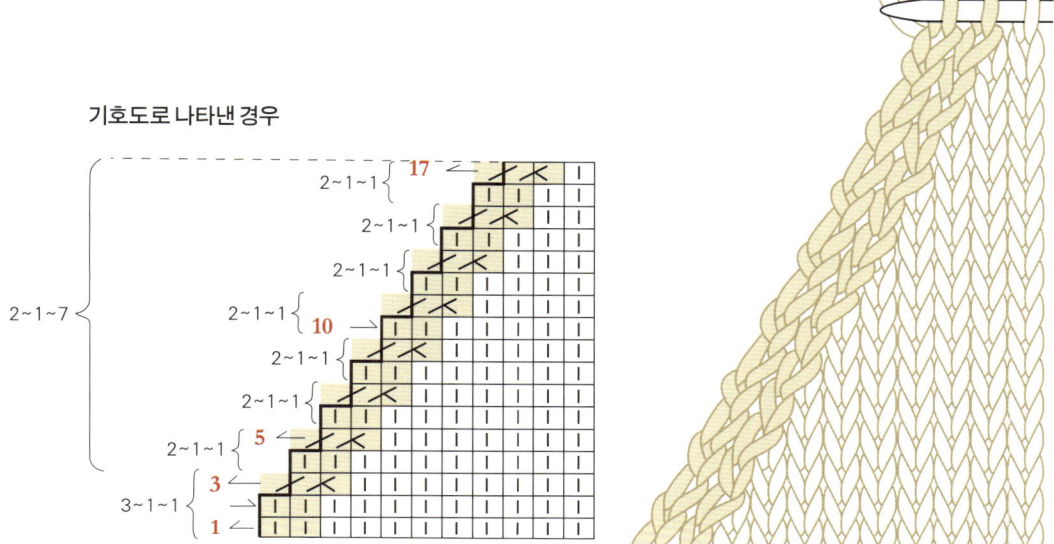

기호도는 뜨개바탕 겉쪽에서 본 상태를 나타냅니다. 예외를 제외하고 뒤 몸판 오른
쪽 끝의 1단부터 적혀 있으며, 왼쪽 끝은 몸판 왼쪽 끝의 뜨개코가 됩니다.
1단에 화살표 '↰'가 있을 때는 1단을 왼쪽(안쪽)부터 뜹니다.
중간에 '앞 몸판 옆 ←' 등의 표시가 있을 때는 지정한 곳(앞 몸판) 오른쪽 끝을 그 위
치에서 뜨기 시작합니다.

【무늬뜨기 기호도 보는 방법】

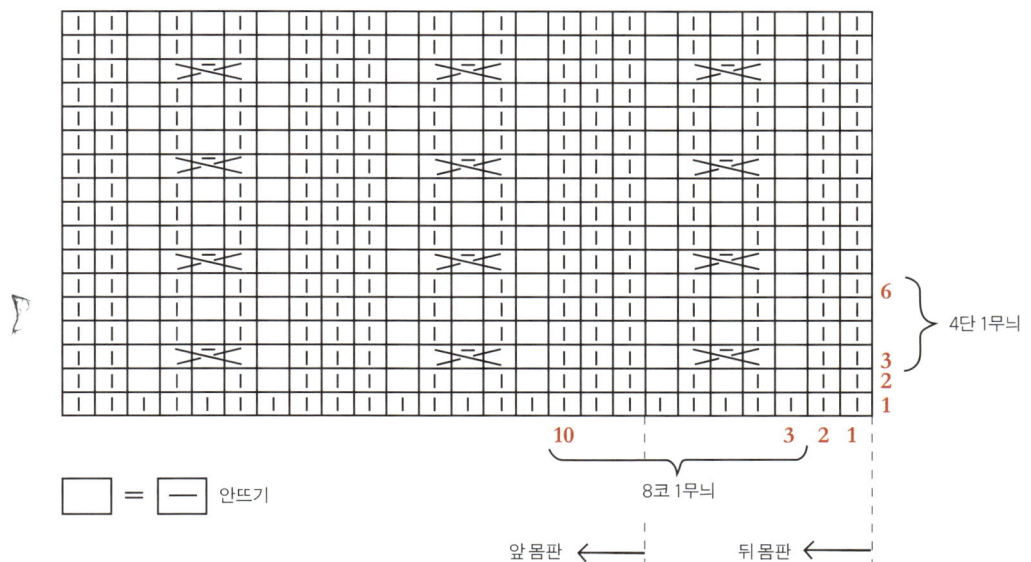

$\square$ = $\boxed{-}$ 안뜨기

37

【대바늘뜨기의 기초】 뜨개코 기호는 뜨개바탕에서 겉쪽에서 본 것으로 기호대로 뜨면 아랫단에 무늬가 나타납니다.
예외(바늘비우기·감아코)를 제외하고 1단 아래에 그 기호의 뜨개코가 생깁니다.

겉뜨기

안뜨기

바늘비우기(구멍내기)

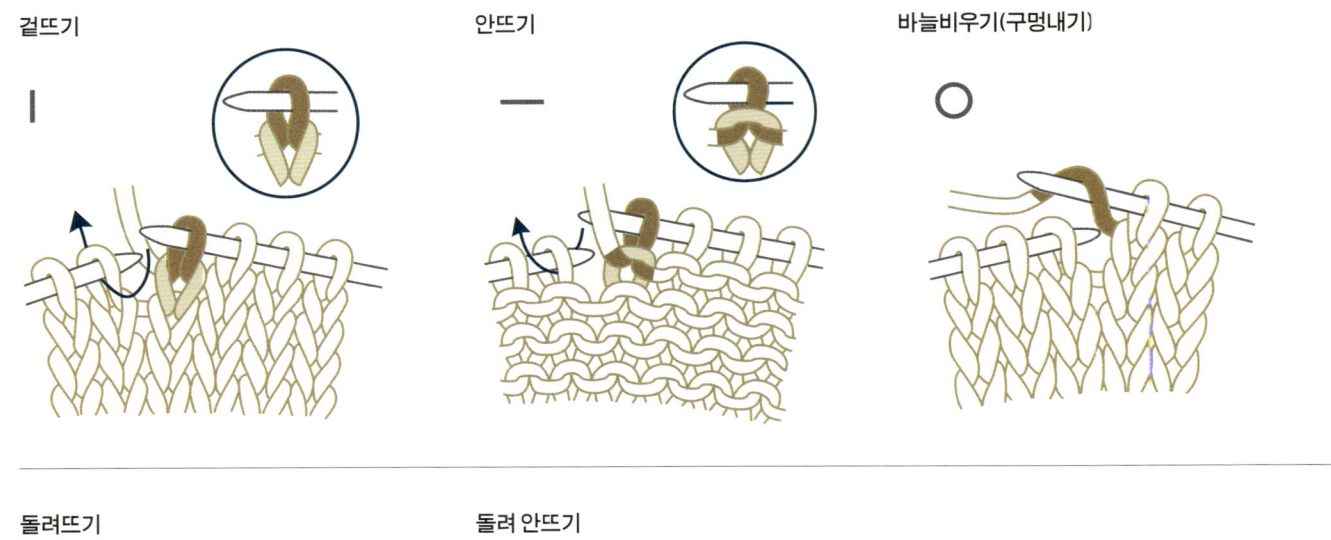

돌려뜨기

돌려 안뜨기

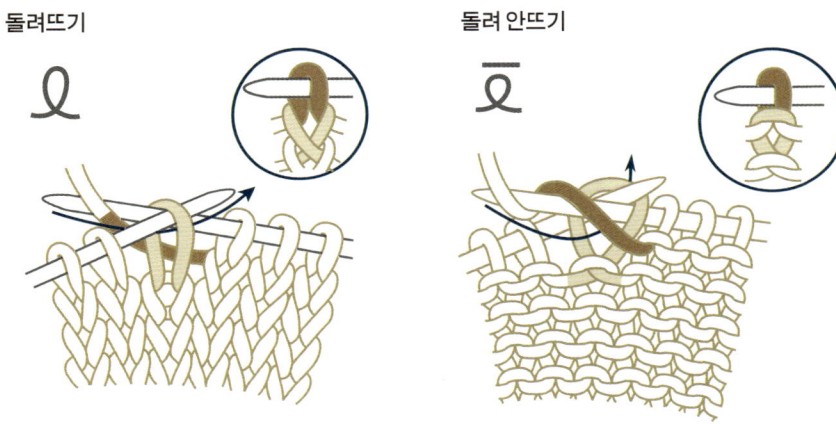

오른코 겹쳐 2코 모아뜨기

왼코 겹쳐 2코 모아뜨기

오른코 겹쳐 3코 모아뜨기

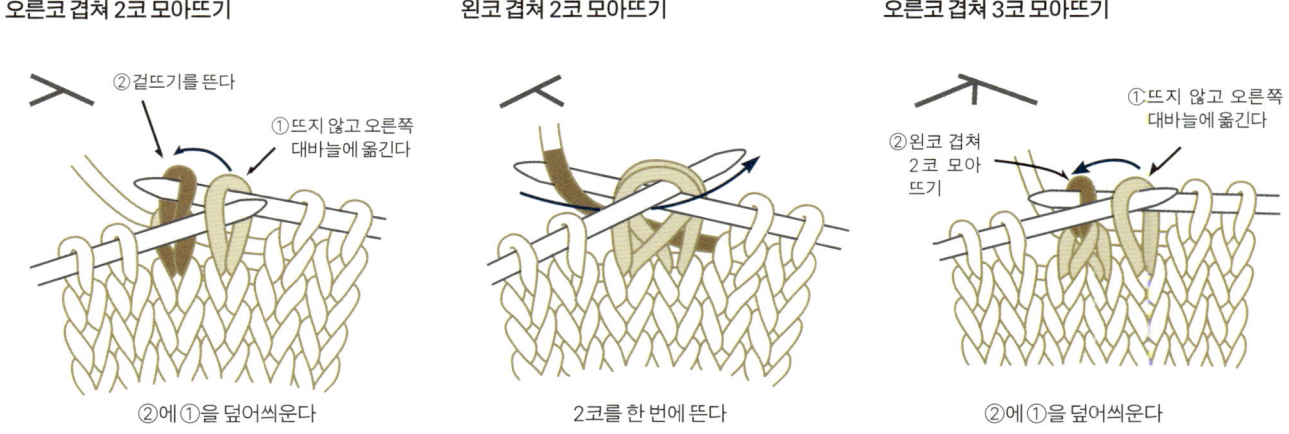

②겉뜨기를 뜬다

①뜨지 않고 오른쪽 대바늘에 옮긴다

②에 ①을 덮어씌운다

2코를 한 번에 뜬다

①뜨지 않고 오른쪽 대바늘에 옮긴다

②왼코 겹쳐 2코 모아 뜨기

②에 ①을 덮어씌운다

왼코 겹쳐 3코 모아뜨기

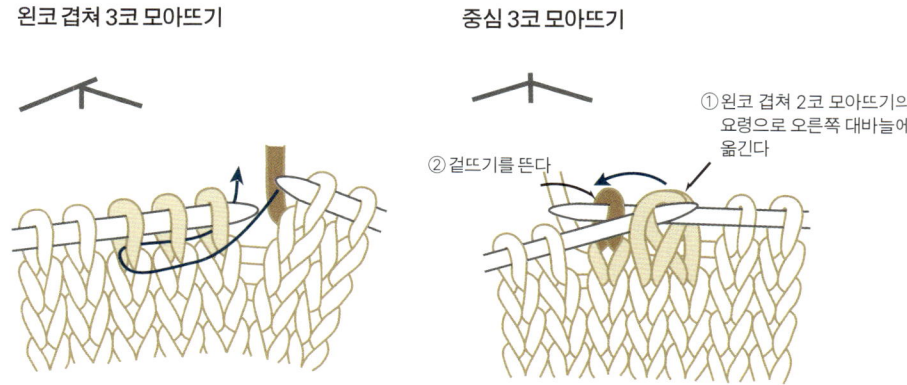

3코를 한 번에 뜬다

중심 3코 모아뜨기

① 왼코 겹쳐 2코 모아뜨기의
요령으로 오른쪽 대바늘에
옮긴다

② 겉뜨기를 뜬다

②에 ①을 덮어씌운다

왼코 늘려뜨기

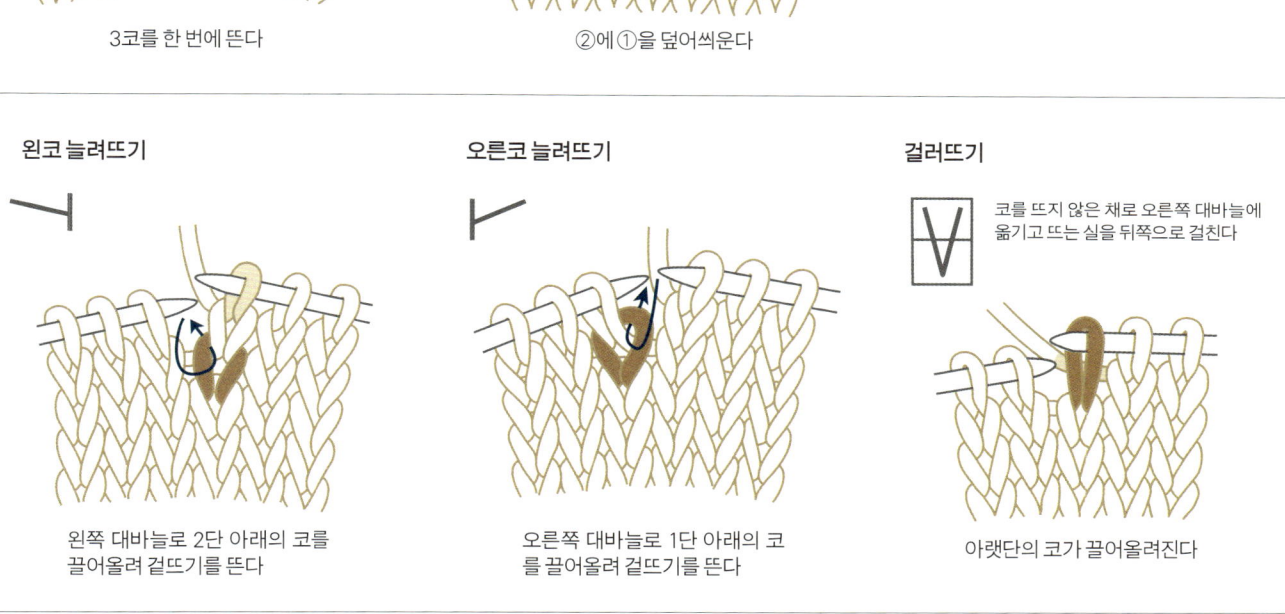

왼쪽 대바늘로 2단 아래의 코를
끌어올려 겉뜨기를 뜬다

오른코 늘려뜨기

오른쪽 대바늘로 1단 아래의 코
를 끌어올려 겉뜨기를 뜬다

걸러뜨기

코를 뜨지 않은 채로 오른쪽 대바늘에
옮기고 뜨는 실을 뒤쪽으로 걸친다

아랫단의 코가 끌어올려진다

3코 만들기

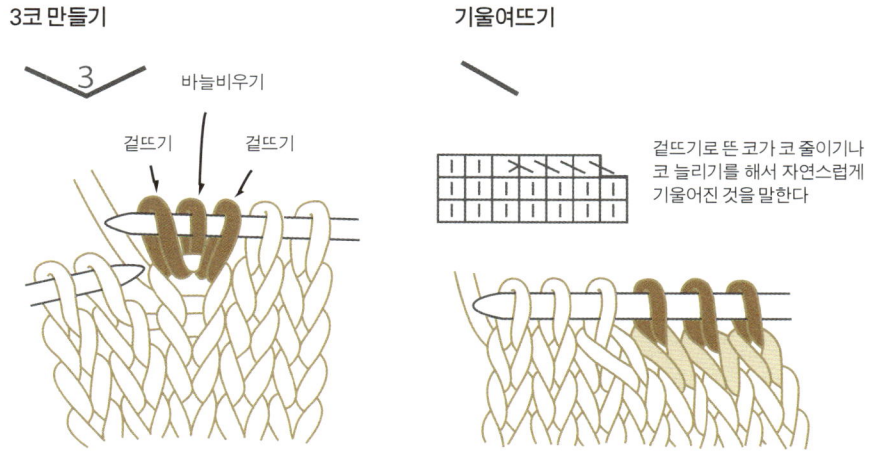

바늘비우기

겉뜨기   겉뜨기

기울여뜨기

겉뜨기로 뜬 코가 코 줄이기나
코 늘리기를 해서 자연스럽게
기울어진 것을 말한다

오른코 위 2코 교차뜨기

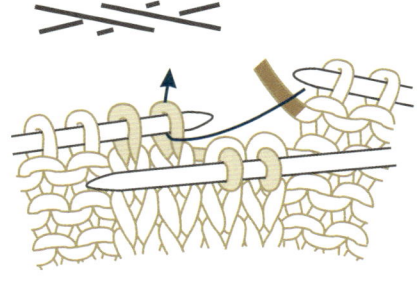

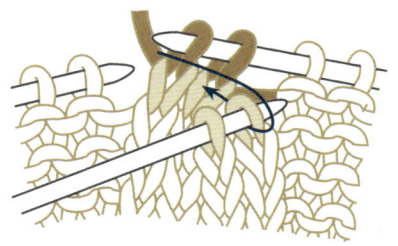

다른 대바늘에 2코를 옮겨 앞쪽으
로 놓고 다음 2코를 겉뜨기로 뜬다

다른 대바늘에 옮긴 코를 겉뜨기
로 뜬다

왼코 위 2코 교차뜨기

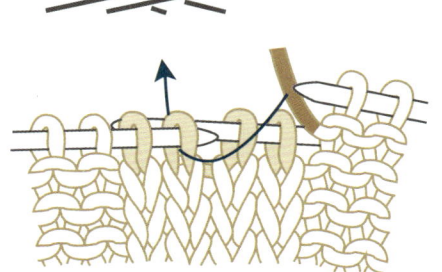

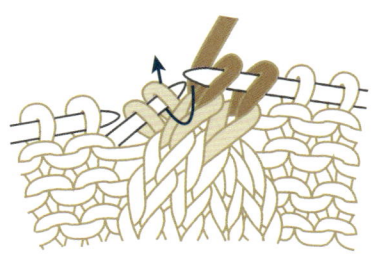

다른 대바늘에 2코를 옮겨 뒤쪽으
로 놓고 다음 2코를 겉뜨기로 뜬다

다른 대바늘에 옮긴 코를 겉뜨기
로 뜬다

덮어씌우기

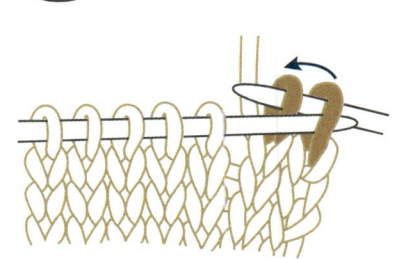

2코를 뜨고 두 번째 코에 첫 번째
코를 덮어씌운다. 다음부터는 1코
를 뜨고 오른쪽 코를 덮어씌운다

오른코 위 2코와 1코 교차뜨기(아래쪽 안뜨기)

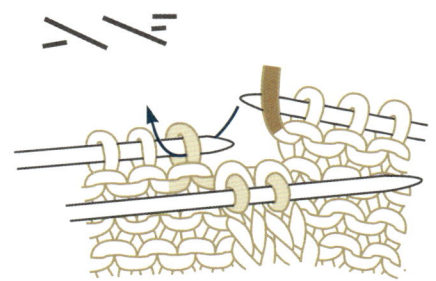

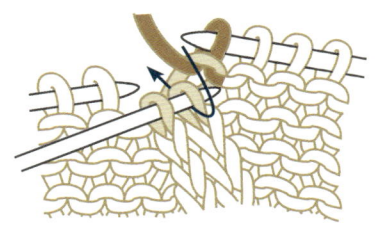

다른 대바늘에 2코를 옮겨 앞쪽으
로 놓고 다음 1코를 안뜨기로 뜬다

다른 대바늘에 옮긴 코를 겉뜨기
로 뜬다

왼코 위 2코와 1코 교차뜨기(아래쪽 안뜨기)

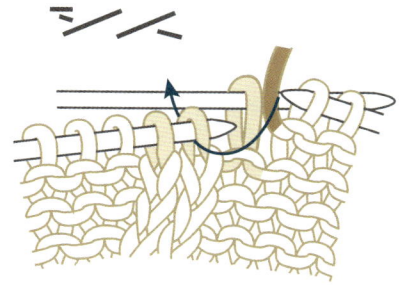

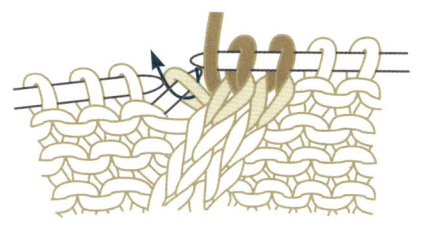

다른 대바늘에 1코를 옮겨 뒤쪽으로 놓고 다음 2코를 겉뜨기로 뜬다

다른 대바늘에 옮긴 코를 안뜨기로 뜬다

감아코

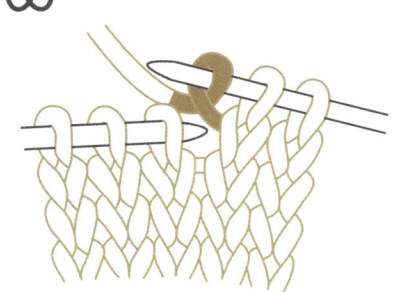

오른코 위 돌려 교차뜨기(아래쪽 안뜨기)

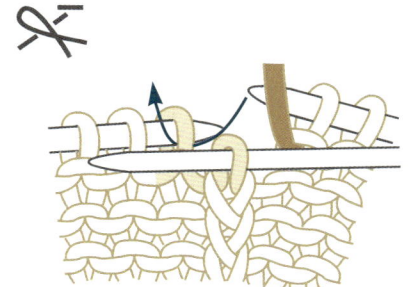

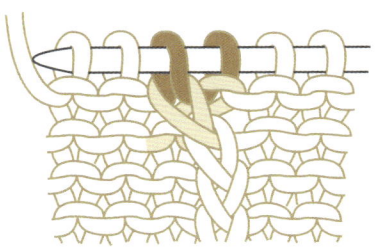

다른 대바늘에 1코를 옮겨 앞쪽으로 놓고 다음 1코를 안뜨기로 뜬다

다른 대바늘에 옮긴 코를 돌려뜨기로 뜬다

왼코 위 돌려 교차뜨기(아래쪽 안뜨기)

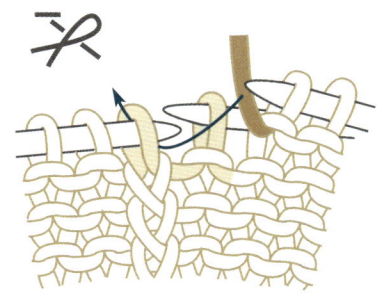

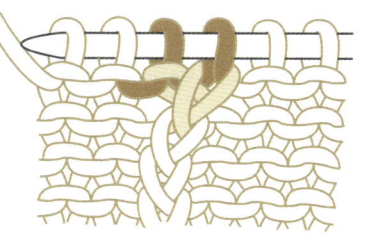

다른 대바늘에 1코를 옮겨 뒤쪽으로 놓고 다음 1코를 돌려뜨기로 뜬다

다른 대바늘에 옮긴 코를 안뜨기로 뜬다

안뜨기 기호 나타내는 방법

안뜨기 기호는 기호 위에 '━'이 붙는다

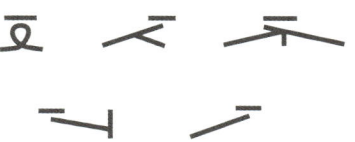

일반적인 코 만들기

1

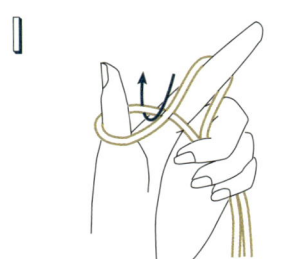

실 끝 쪽
(뜨개바탕 치수의 3.5배+꿰매기용 실 분량)

실을 왼손 엄지와 검지에 걸고 대
바늘 2개를 화살표와 같이 넣는다

2

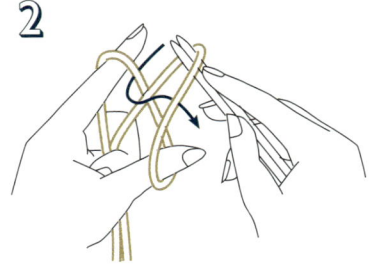

검지에 걸린 실을 대바늘에 걸고
엄지 쪽에 생긴 고리에 넣는다

3

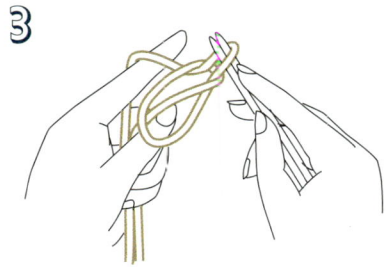

엄지에 걸린 실을 뺀다

4

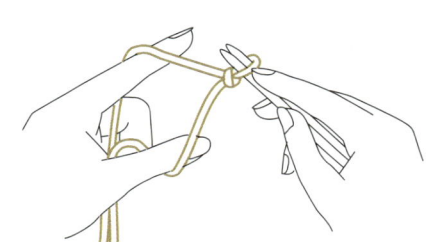

실 끝 쪽의 실을 엄지에 걸고 당긴
다. 이것이 가장자리의 1코가 된다

5

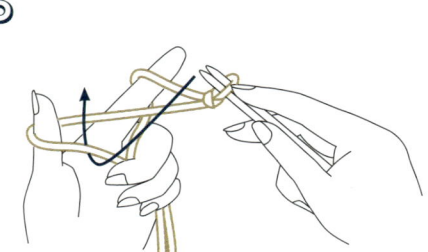

엄지에 걸린 실을 화살표와 같이
끌어올린다

6

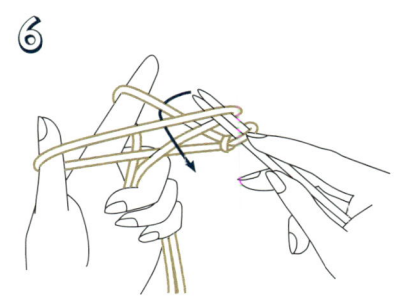

검지에 걸린 실을 대바늘에 걸면서
엄지의 실 고리에 넣는다

7

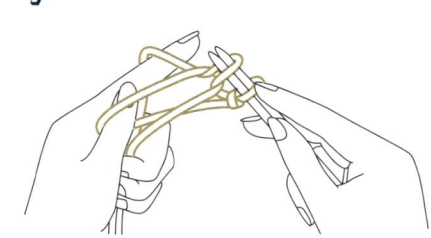

엄지에 걸린 실을 뺀다

8

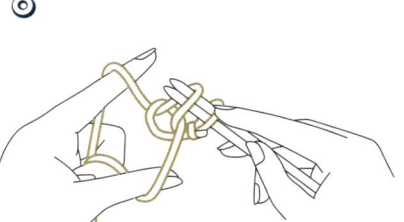

엄지에 실을 걸고 가볍게 당겨서
조인다. 이것이 두 번째 코가 된다.
5~8을 반복해 필요한 콧수를 만
든다

9

실 끝 쪽

완성. 이것을 1단으로 센다. 대바
늘을 1개 빼내고, 빼낸 대바늘로
뜨기 시작한다

나중에 풀어내는 코 만들기

별도의 실로 필요한 콧수만큼 사슬뜨기를 뜨고 안쪽 코산에 대바늘을 넣어 실을 빼낸다

실 끝 쪽

❶을 반복해 필요한 콧수를 줍는다
(1단이 된다)

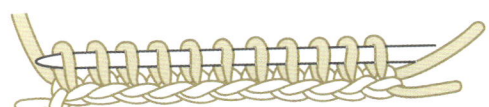

1단을 뜬 상태이다

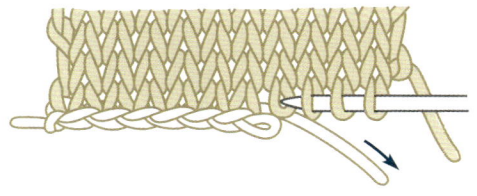

시작코의 사슬을 풀어내며 코를
대바늘에 옮긴다

43

1코 고무뜨기 코막음(원형뜨기)

1

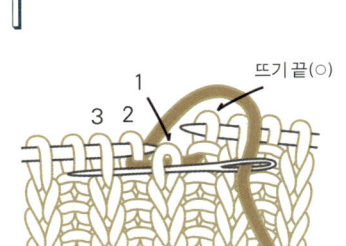

2의 코에 돗바늘을 넣고 이어서 1과 3의 코에 넣는다

2

겉뜨기를 건너뛰고 안뜨기와 안뜨기에 돗바늘을 넣는다

3

안뜨기를 건너뛰고 겉뜨기와 겉뜨기에 돗바늘을 넣는다

4

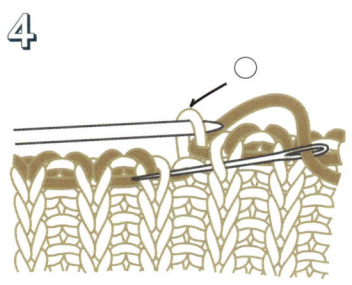

2~3을 반복한 뒤 마지막은 1의 코에 돗바늘을 넣는다

5

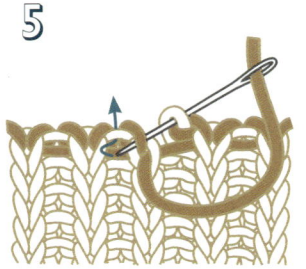

○의 코와 2의 코(안뜨기)에 돗바늘을 넣고 화살표 방향으로 빼낸다

6

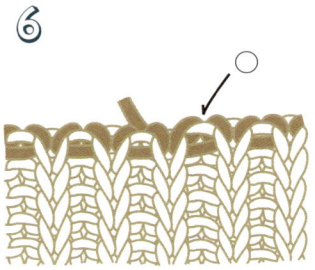

코막음을 완성했다

1코 고무뜨기 코막음(왕복뜨기)

1

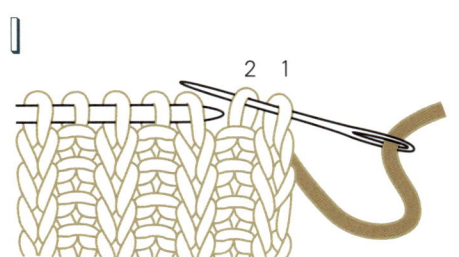

1의 코는 뒤쪽에서 앞쪽으로, 2의 코는 앞쪽에서 뒤쪽으로 돗바늘을 넣고 실을 당긴다

2

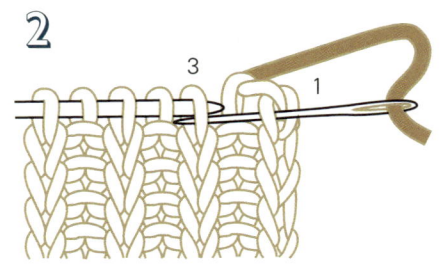

2의 코를 건너뛰고 1의 코와 3의 코(겉뜨기와 겉뜨기)에 그림과 같이 돗바늘을 넣는다

44

3

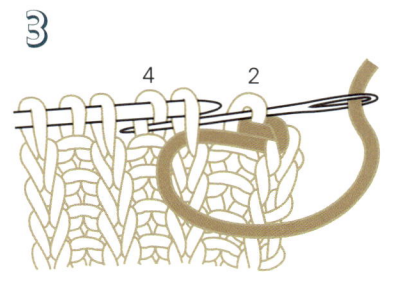

3의 코를 건너뛰고 2의 코와 4의 코(안뜨기와 안뜨기)에 돗바늘을 넣는다

4

2~3을 반복한 뒤 안뜨기와 마지막 코에 그림과 같이 돗바늘을 넣는다

5

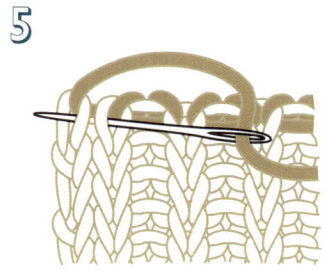

왼쪽 끝의 2코에 그림과 같이 돗바늘을 넣고 실을 당긴다

2코 고무뜨기 코막음(왕복뜨기)

1

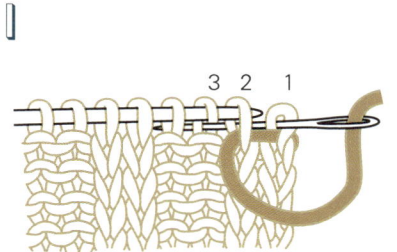

돗바늘을 1, 2의 코 뒤쪽에서 넣은 뒤, 1의 코 앞쪽에서 넣는다. 2의 코를 건너뛰고 3의 코 앞쪽에서 뒤쪽으로 돗바늘을 빼낸다

2

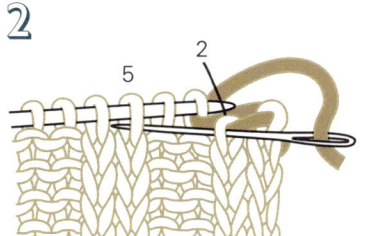

2의 코 앞쪽에서 돗바늘을 넣고 안뜨기 2코를 건너뛰어 5의 코로 돗바늘을 빼낸다

3

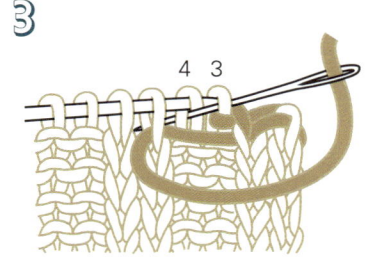

3의 코 뒤쪽에서 돗바늘을 넣고 4의 코 앞쪽에서 뒤쪽으로 돗바늘을 빼낸다

4

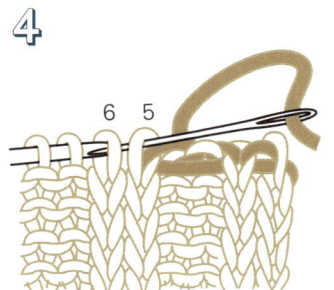

5의 코 앞쪽에서 돗바늘을 넣고 6의 코 뒤쪽에서 앞쪽으로 돗바늘을 빼낸다

5

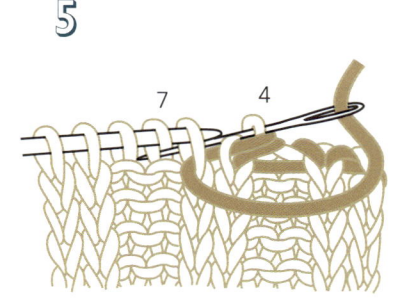

4의 코로 되돌아가 뒤쪽에서 돗바늘을 넣고 2코를 건너뛰어 7의 코 앞쪽에서 뒤쪽으로 돗바늘을 빼낸다

6

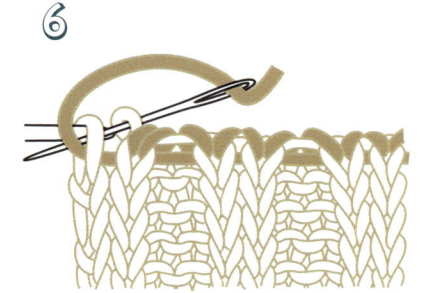

2~5를 반복한 뒤 마지막은 안뜨기와 겉뜨기에 돗바늘을 넣고 실을 당긴다

가장자리에서 1코 줄이는 방법

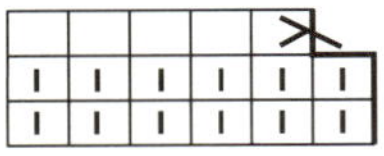

오른쪽

1 겉뜨기를 뜬다

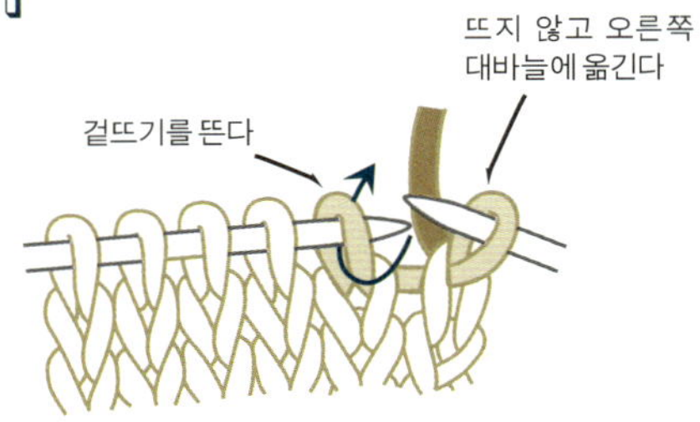

뜨지 않고 오른쪽 대바늘에 옮긴다

2 덮어씌운다

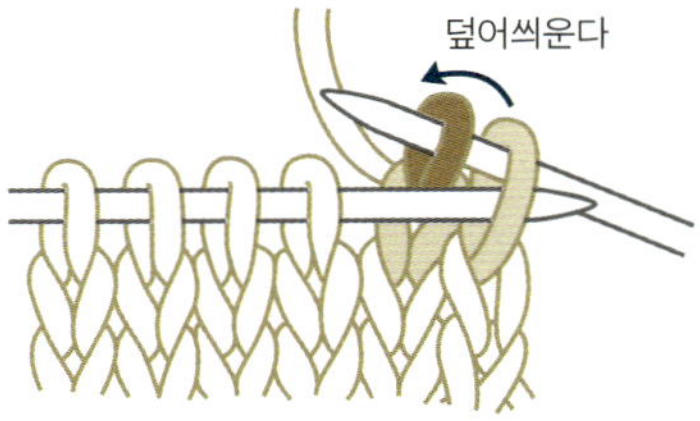

3

왼쪽

4 대바늘을 왼쪽 끝의 2코에 한 번에 넣는다

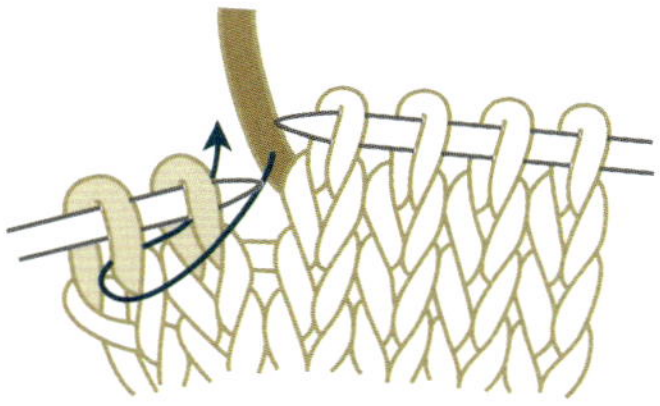

5 2코를 한 번에 뜬다

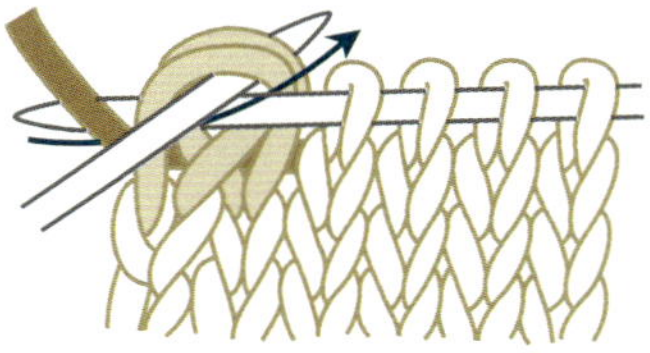

6

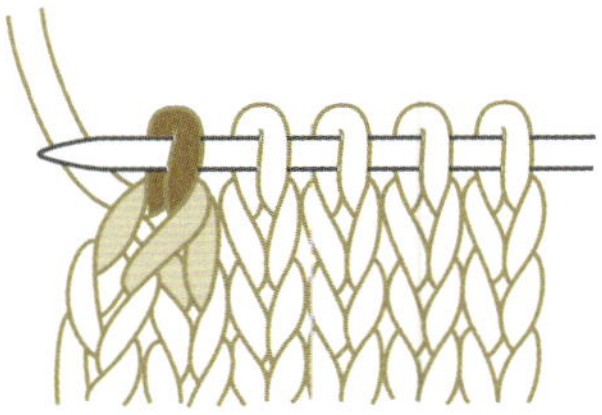

안쪽에서 줄일 때

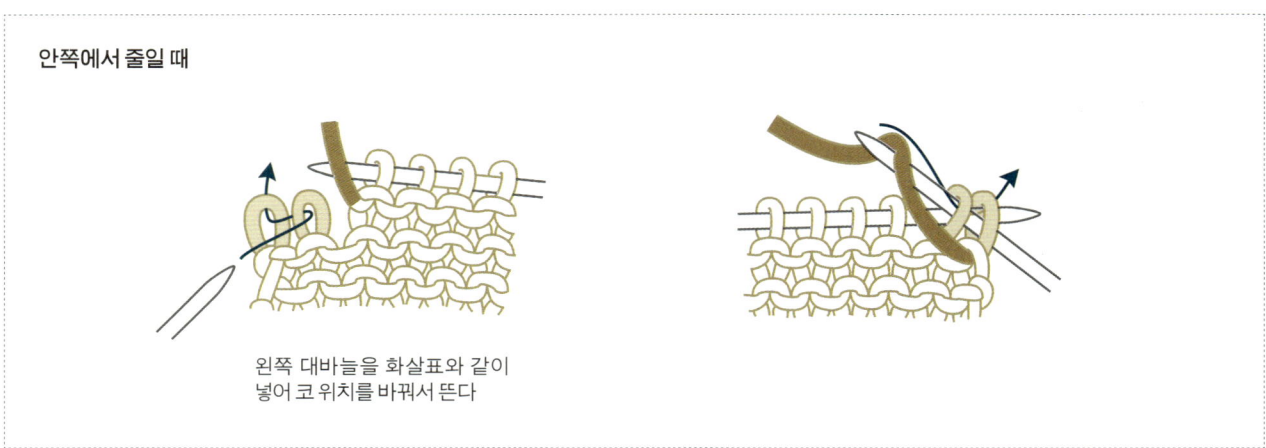

왼쪽 대바늘을 화살표와 같이 넣어 코 위치를 바꿔서 뜬다

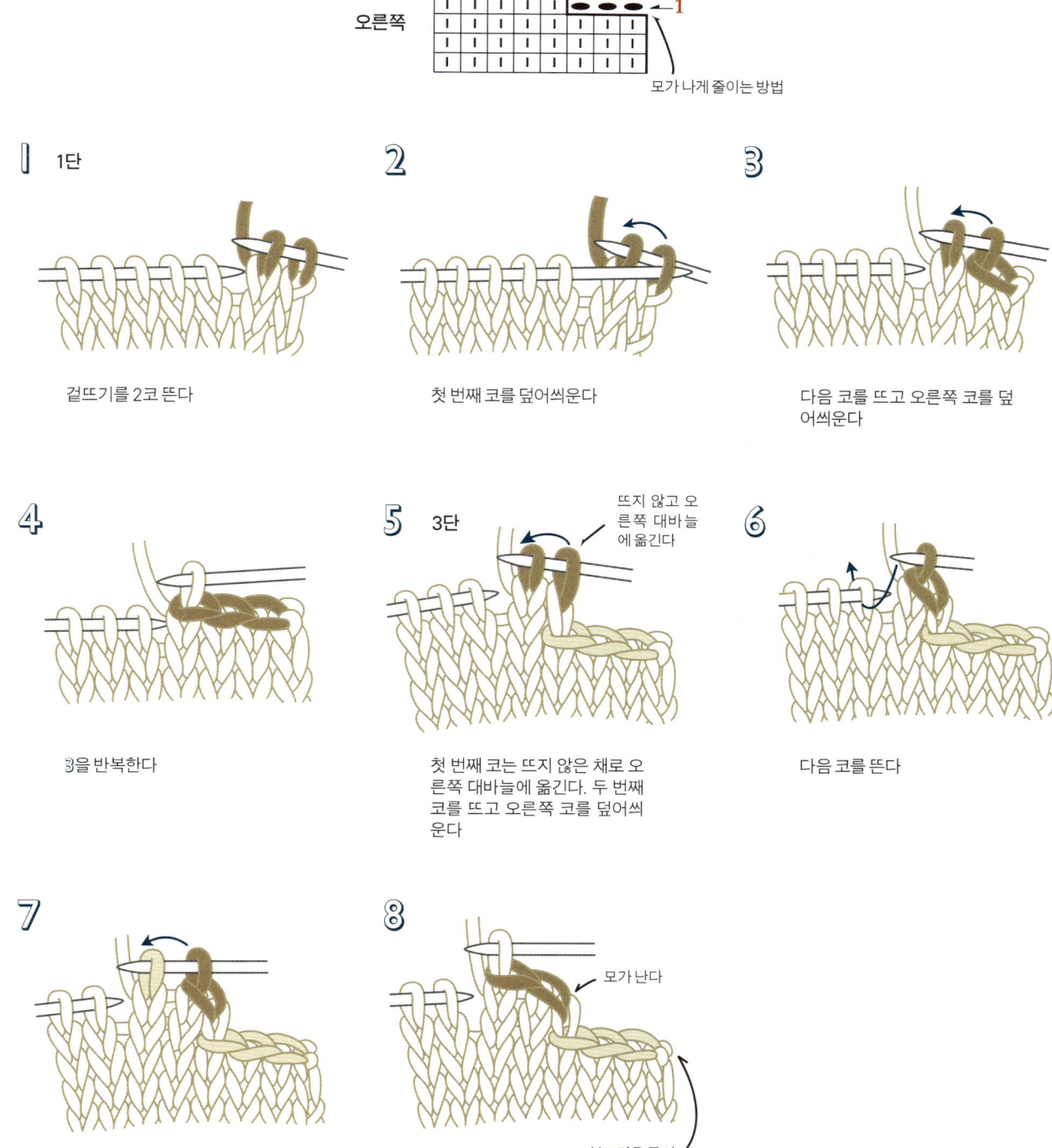

가장자리에서 2코 이상 줄이는 방법

부드러운 곡선이
되게 줄이는 방법

3
2
오른쪽
1

모가 나게 줄이는 방법

1 1단

겉뜨기를 2코 뜬다

2

첫 번째 코를 덮어씌운다

3

다음 코를 뜨고 오른쪽 코를 덮
어씌운다

4

3을 반복한다

5 3단

뜨지 않고 오
른쪽 대바늘
에 옮긴다

첫 번째 코는 뜨지 않은 채로 오
른쪽 대바늘에 옮긴다. 두 번째
코를 뜨고 오른쪽 코를 덮어씌
운다

6

다음 코를 뜬다

7

오른쪽 코를 덮어씌운다

8

모가 난다

부드러운 곡선

가장자리에서 2코 이상 줄이는 방법

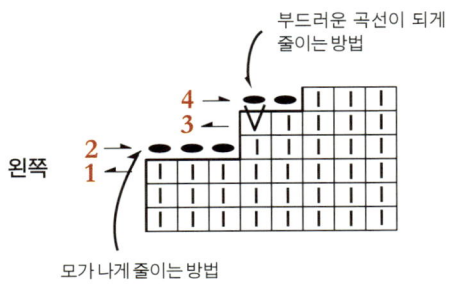

부드러운 곡선이 되게 줄이는 방법

왼쪽

모가 나게 줄이는 방법

---

1   2단

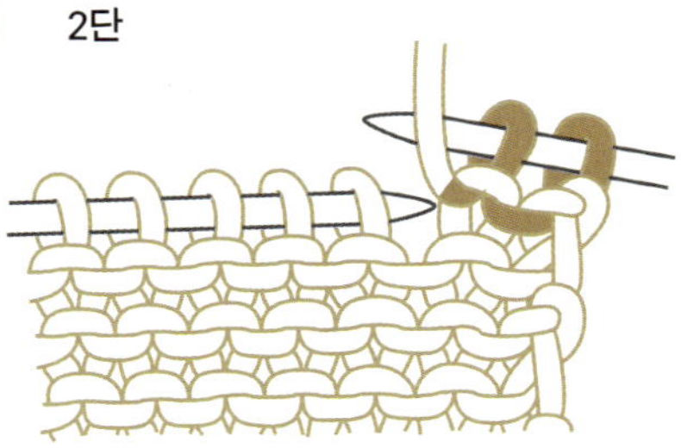

안뜨기를 2코 뜬다

2

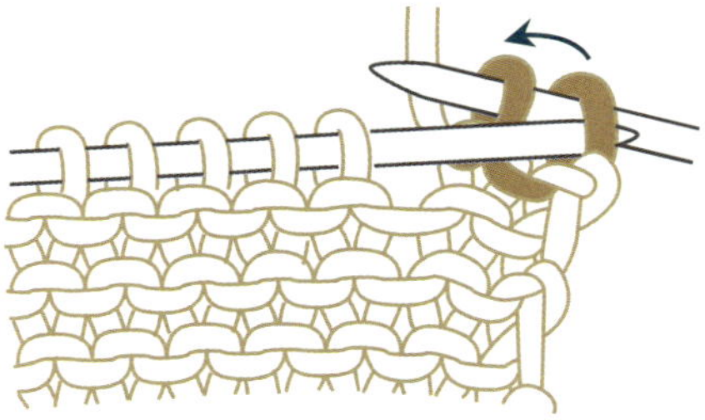

첫 번째 코를 덮어씌운다

3

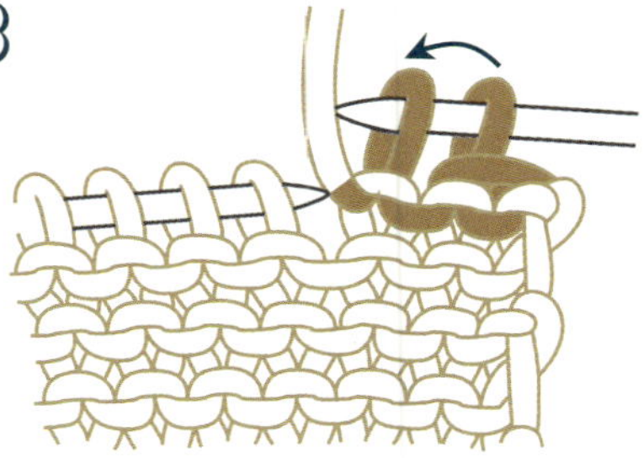

다음 코를 뜨고 오른쪽 코를 덮어씌운다

4

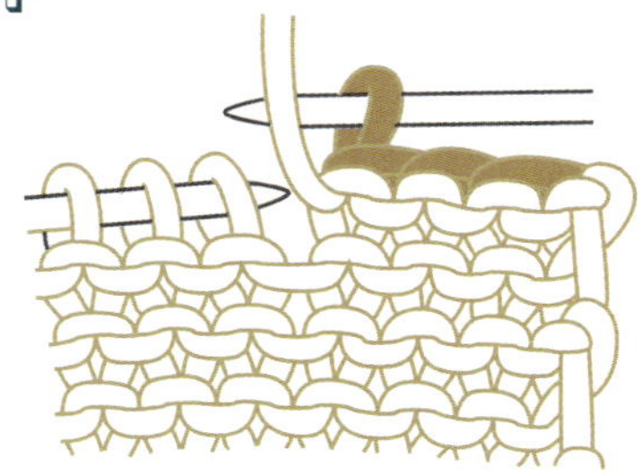

3을 반복한다

5   4단

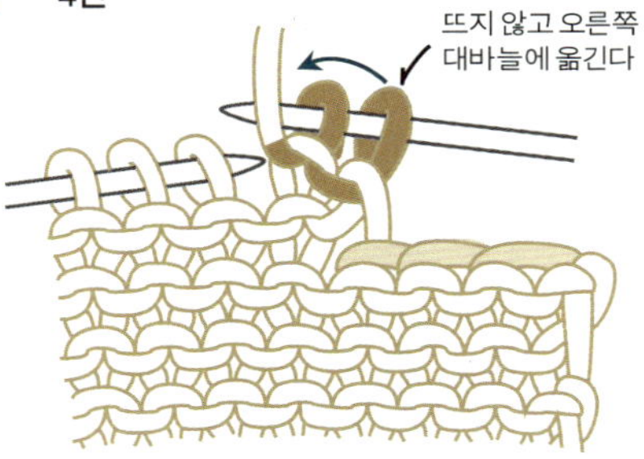

뜨지 않고 오른쪽 대바늘에 옮긴다

첫 번째 코는 뜨지 않은 채로 오른쪽 대바늘에 옮긴다. 두 번째 코를 뜨고 오른쪽 코를 덮어씌운다

6

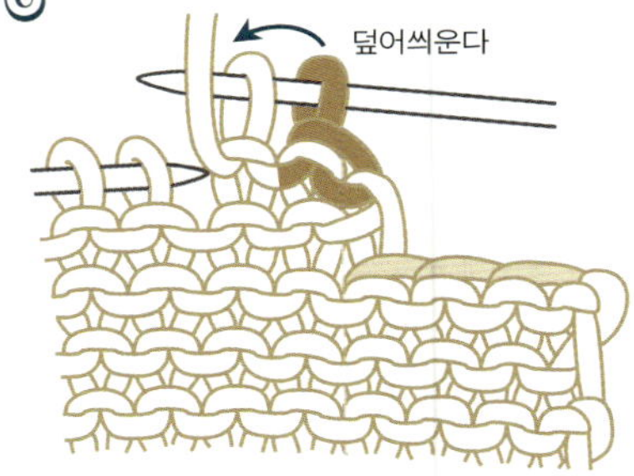

덮어씌운다

다음 코를 뜨고 오른쪽 코를 덮어씌운다

7

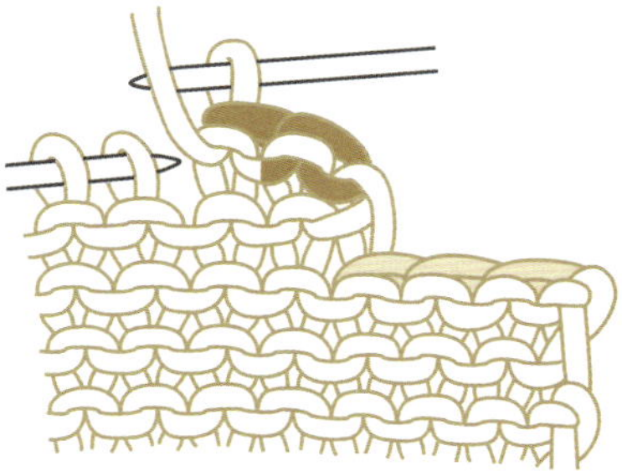

8   겉쪽

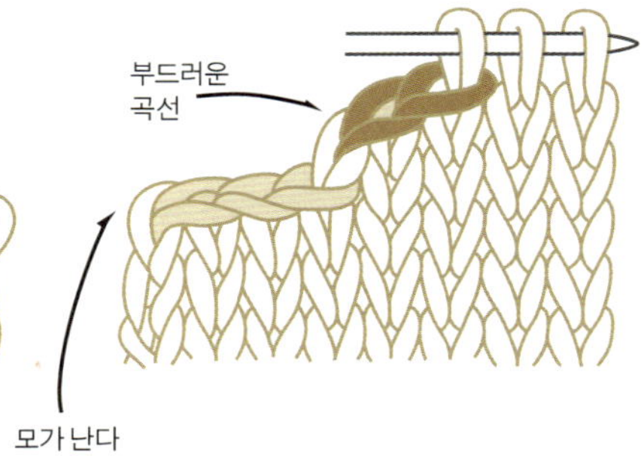

부드러운 곡선

모가 난다

48

가장자리에서 1코 늘리는 방법

코와 코 사이의 실을 꼬아서 늘립니다.

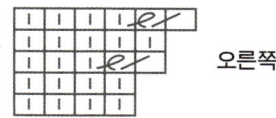

오른쪽

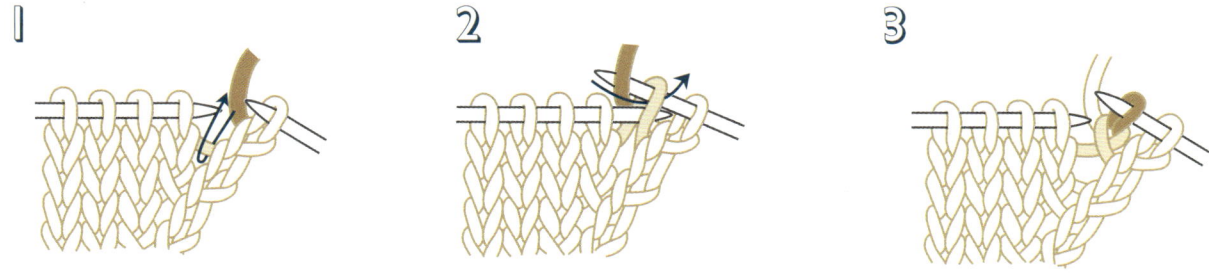

오른쪽 끝의 코를 겉뜨기로 뜨고, 첫 번째 코와 두 번째 코 사이에 걸쳐진 실을 오른쪽 대바늘로 끌어올려서 돌려뜨기로 뜬다.
왼쪽도 같은 요령으로 뜬다

2단마다 남겨 되돌아뜨기

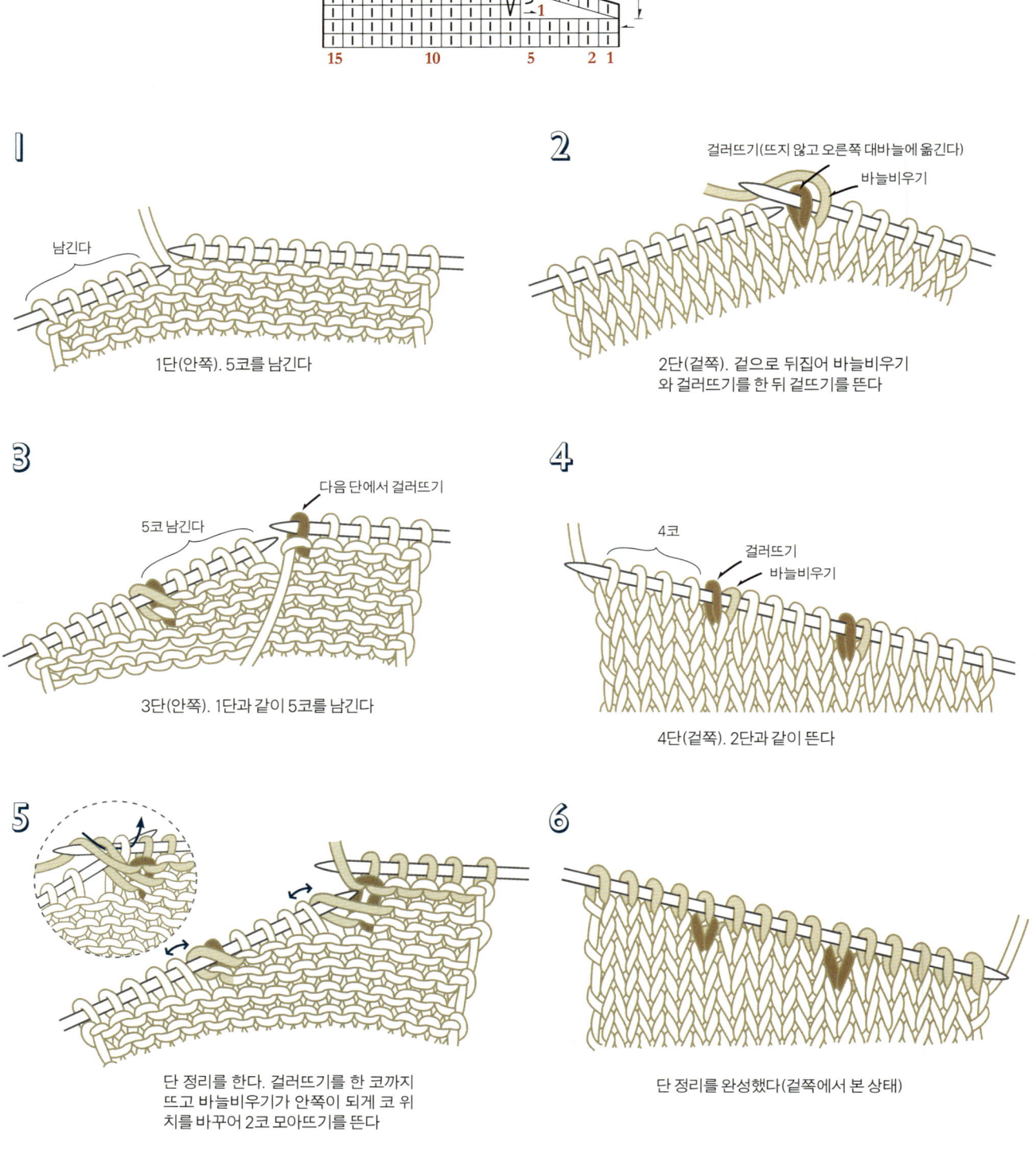

오른쪽

⊃=바늘비우기

단 정리 →

되돌아뜨기

15　　　10　　　5　　2 1

1
남긴다

1단(안쪽). 5코를 남긴다

2
걸러뜨기(뜨지 않고 오른쪽 대바늘에 옮긴다)
바늘비우기

2단(겉쪽). 겉으로 뒤집어 바늘비우기
와 걸러뜨기를 한 뒤 겉뜨기를 뜬다

3
다음 단에서 걸러뜨기
5코 남긴다

3단(안쪽). 1단과 같이 5코를 남긴다

4
4코
걸러뜨기
바늘비우기

4단(겉쪽). 2단과 같이 뜬다

5
단 정리를 한다. 걸러뜨기를 한 코까지
뜨고 바늘비우기가 안쪽이 되게 코 위
치를 바꾸어 2코 모아뜨기를 뜬다

6
단 정리를 완성했다(겉쪽에서 본 상태)

50

왼쪽

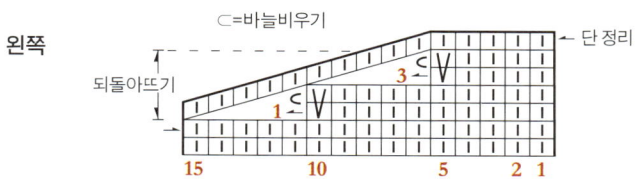

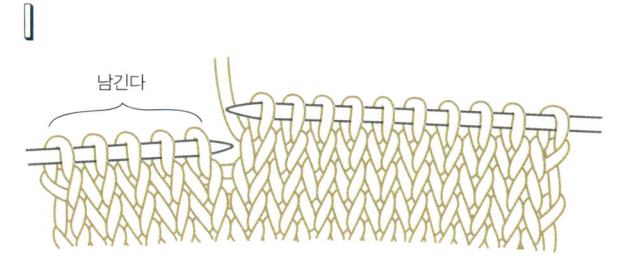

1단(겉쪽). 5코를 남긴다

2단(안쪽). 안으로 뒤집어 바늘비우기
와 걸러뜨기를 한 뒤 안뜨기를 뜬다

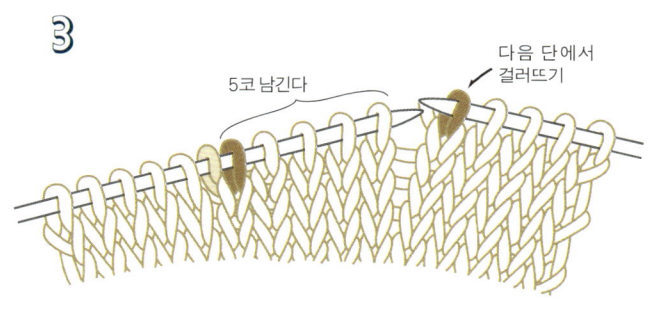

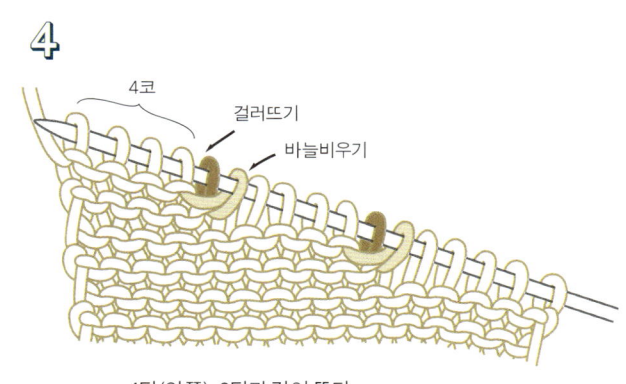

3단(겉쪽). 1단과 같이 5코를 남긴다

4단(안쪽). 2단과 같이 뜬다

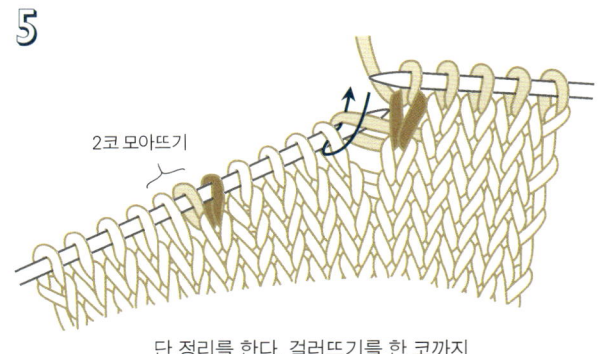

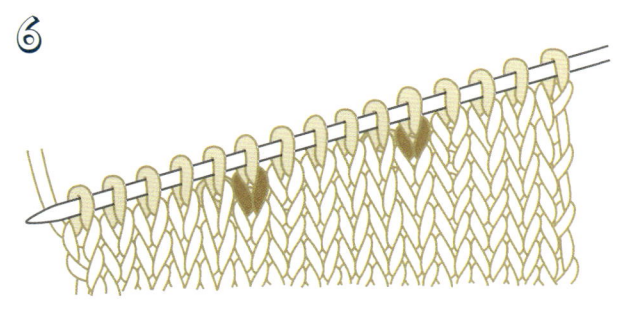

단 정리를 한다. 걸러뜨기를 한 코까지
뜨고 바늘비우기와 다음 코를 2코 모아
뜨기로 뜬다

6 단 정리를 완성했다(겉쪽에서 본 상태)

핸드 워머의 기초

● 시작코를 원형으로 만드는 방법

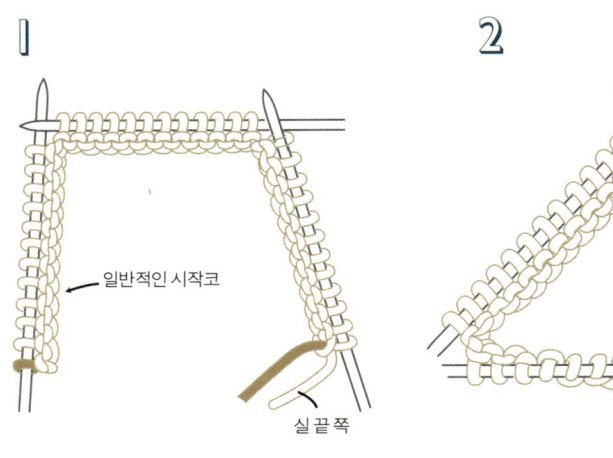

1

대바늘 1개로 시작코를 필요한 콧수만큼
만든다. 그다음 대바늘 3개에 코를 나눈다

일반적인 시작코

실 끝 쪽

2

나머지 대바늘로 첫 코를 떠서 원형으로 떠 간다
＊코가 꼬이지 않게 주의한다

● 별도의 실을 떠 넣는 방법(그림은 6코)

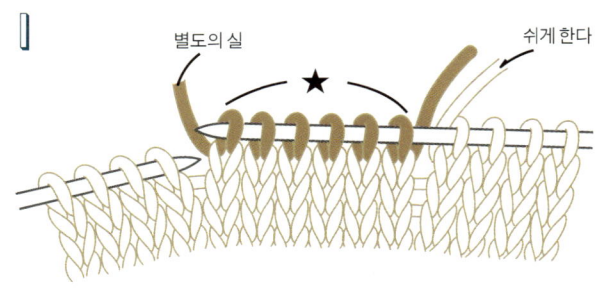

1

별도의 실

쉬게 한다

지정한 위치의 앞쪽에서 뜨고 있던 실을 쉬게
하고 별도의 실로 지정한 콧수(★)를 뜬다

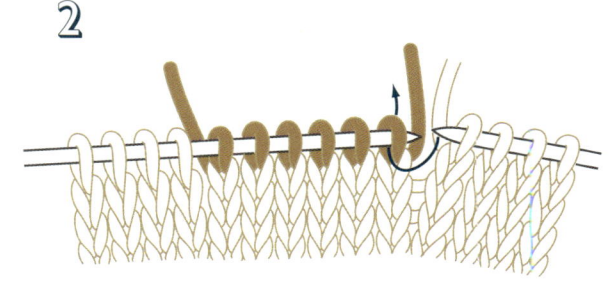

2

별도의 실로 뜬 코를 왼쪽 대바늘에 옮기고
별도의 실 위에서 이어서 뜬다

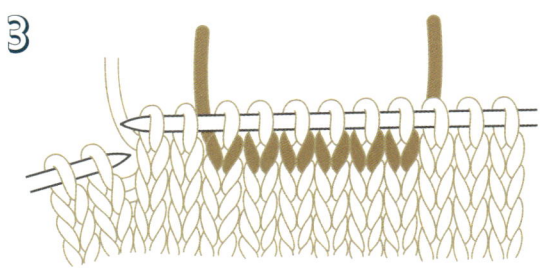

3

계속해서 떠 간다

● 엄지를 뜨는 방법

1

2코를 한 번에 줍는다

1코(▲)

1코(▲)

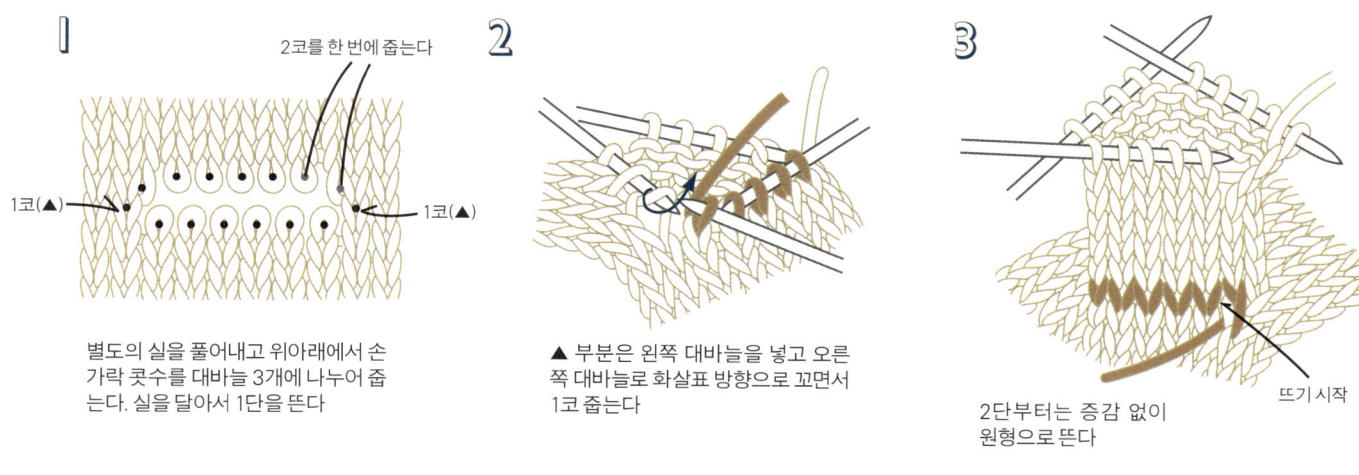

별도의 실을 풀어내고 위아래에서 손
가락 콧수를 대바늘 3개에 나누어 줍
는다. 실을 달아서 1단을 뜬다

2

▲ 부분은 왼쪽 대바늘을 넣고 오른
쪽 대바늘로 화살표 방향으로 꼬면서
1코 줍는다

3

뜨기 시작

2단부터는 증감 없이
원형으로 뜬다

주머니 뜨는 방법

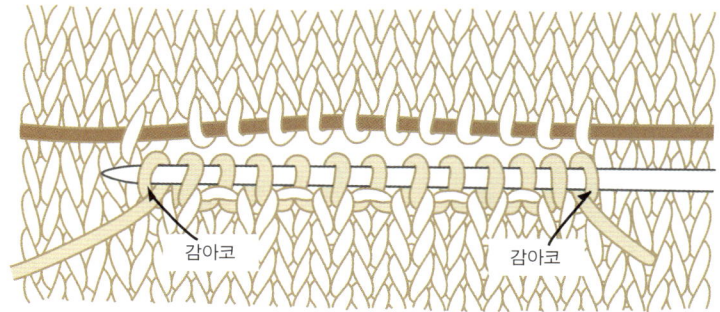

감아코

감아코

대바늘에 건 위쪽을 향한 코에 주머니 입구를 뜬다.
양 끝에서 꿰매는 부분 1코씩을 감아코로 늘린다.
아래쪽을 향한 코에 주머니 안쪽을 뜬다

메리야스자수

1

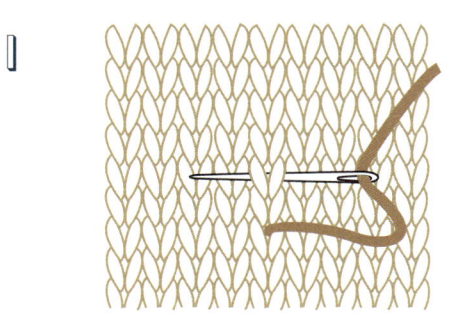

1단 위쪽의 코를 뜬다

2

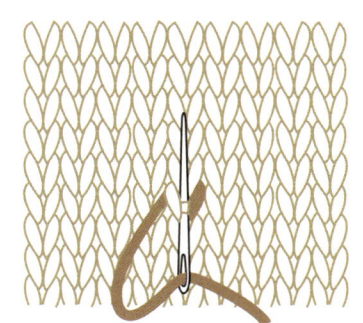

처음으로 되돌아가 가로 실을 뜬다

배색무늬 뜨는 방법(가로로 실을 걸치는 방법)

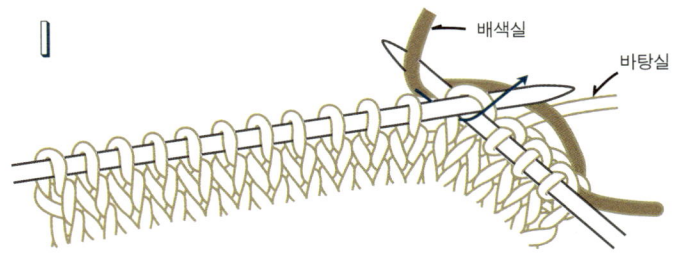

배색실을 놓는 단은 가장자리 코를 뜰 때 바탕실에 배색실을 끼워 넣어 두면 좋다. 바탕실을 아래쪽에 놓고 배색실로 1코 뜬다

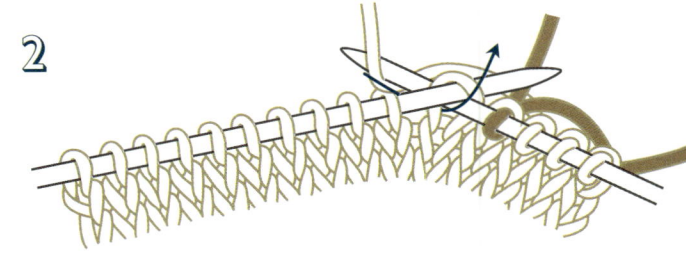

배색실을 위쪽에 놓아서 쉬게 하고 바탕실로 뜬다

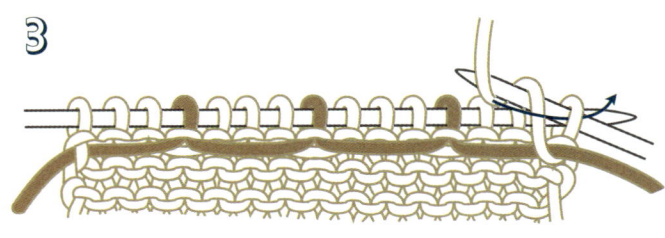

뜨개바탕 끝까지 배색실을 걸친다

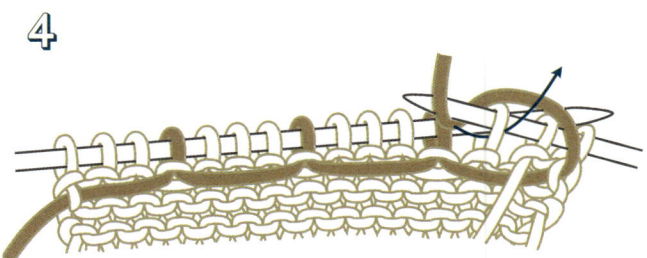

다음 단의 처음은 배색실을 가장자리까지 걸치고 바탕실에 끼워 넣는다

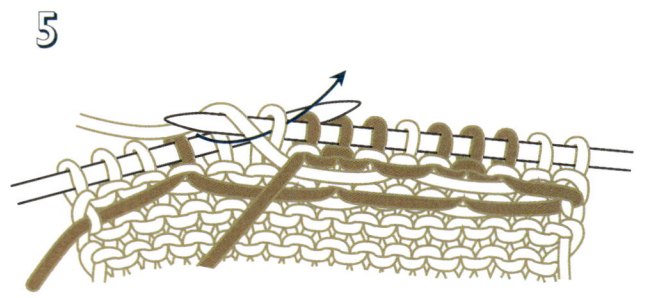

배색실을 위쪽에 놓아서 쉬게 하고 바탕실로 뜬다

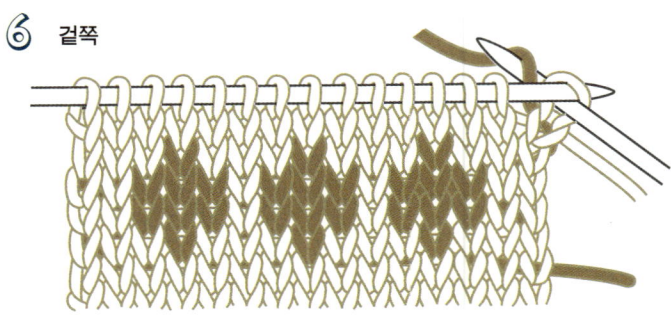

실을 조금 느슨히 걸쳐서 뜨개바탕이 땅기지 않게 주의한다

배색무늬 뜨는 방법(세로로 실을 걸치는 방법)

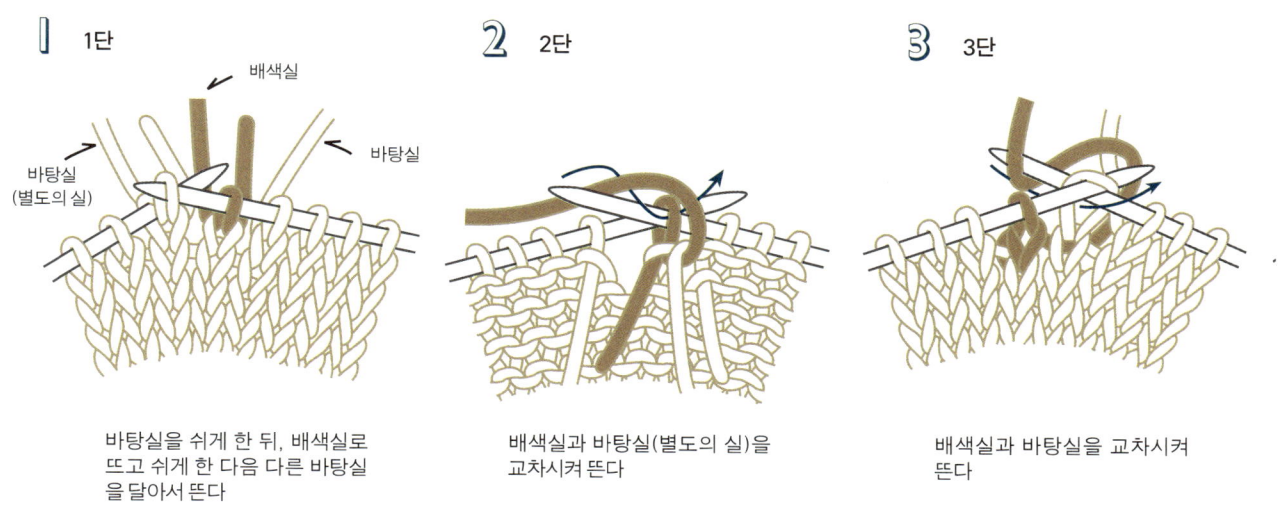

1 1단

바탕실을 쉬게 한 뒤, 배색실로
뜨고 쉬게 한 다음 다른 바탕실
을 달아서 뜬다

2 2단

배색실과 바탕실(별도의 실)을
교차시켜 뜬다

3 3단

배색실과 바탕실을 교차시켜
뜬다

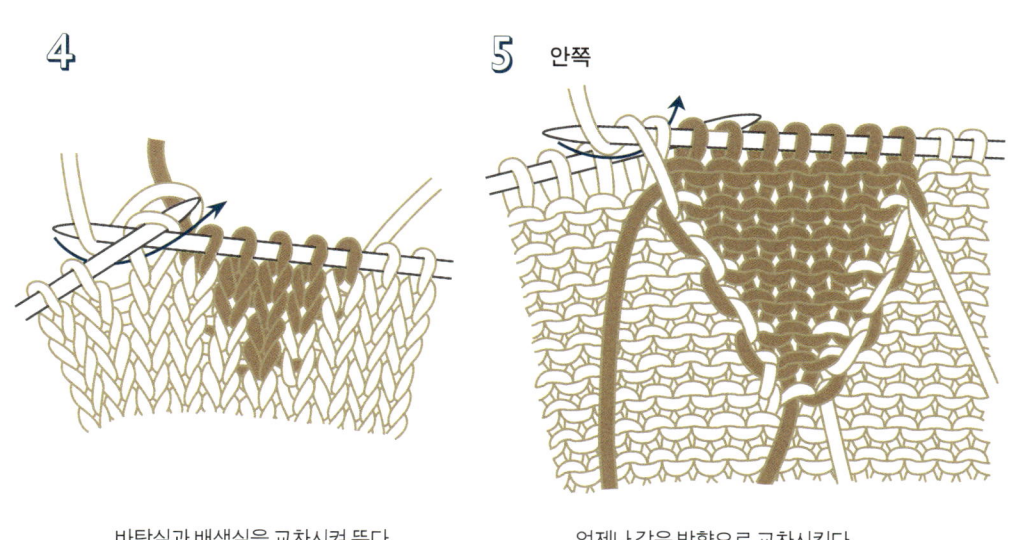

4

바탕실과 배색실을 교차시켜 뜬다

5 안쪽

언제나 같은 방향으로 교차시킨다

(감아 뜨는 방법)

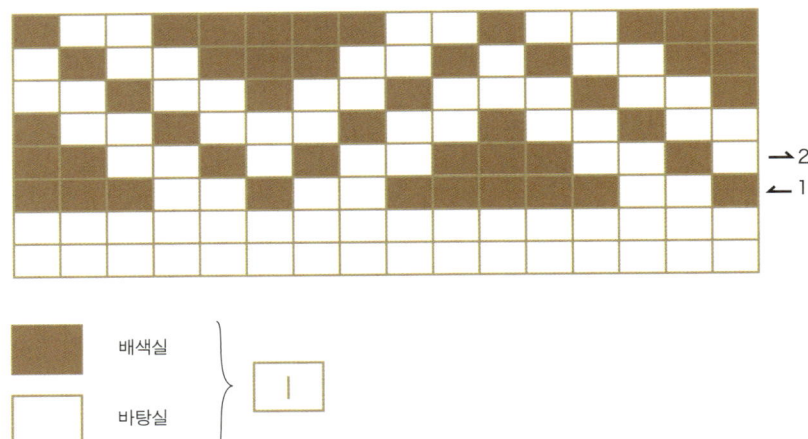

■	배색실
□	바탕실

● 겉쪽을 보며 뜰 때(1단)

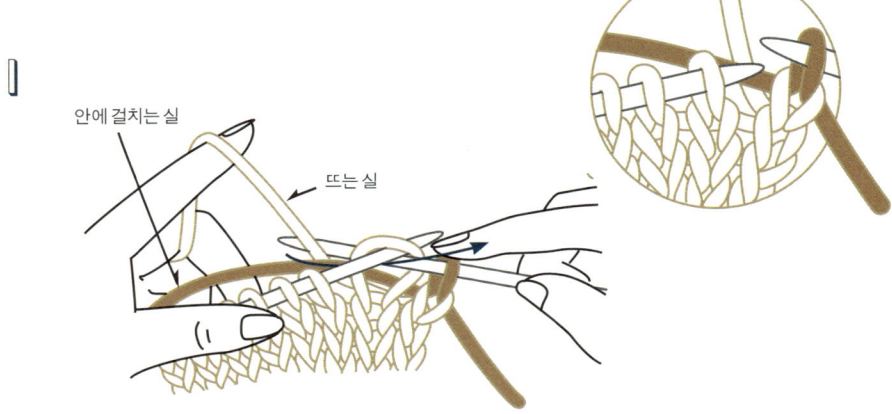

안에 걸치는 실

뜨는 실

배색실로 겉뜨기를 1코 뜬 다음 안에 걸치는 실(여기서는 배색실)을 뜨개
바탕과 뜨는 실(여기서는 바탕실) 사이에 놓고 겉뜨기를 뜬다

2

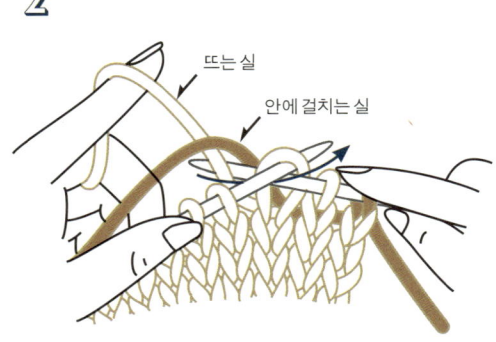

뜨는 실

안에 걸치는 실

뜨는 코에 대바늘을 넣은 뒤 안에 걸치는 실
을 대바늘 위쪽에 놓고 겉뜨기를 뜬다

3

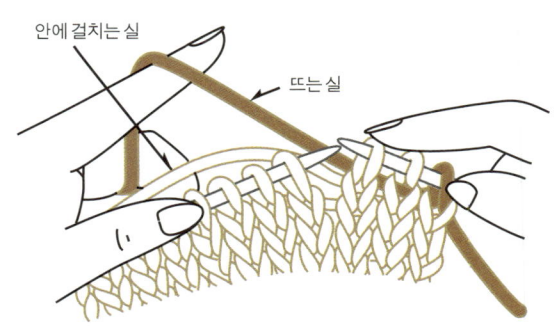

안에 걸치는 실

뜨는 실

색을 바꾸어 1, 2를 반복해 뜬다

4

1단을 뜬 뜨개바탕 안쪽의 모습이다

● 안쪽을 보며 뜰 때(2단)

5

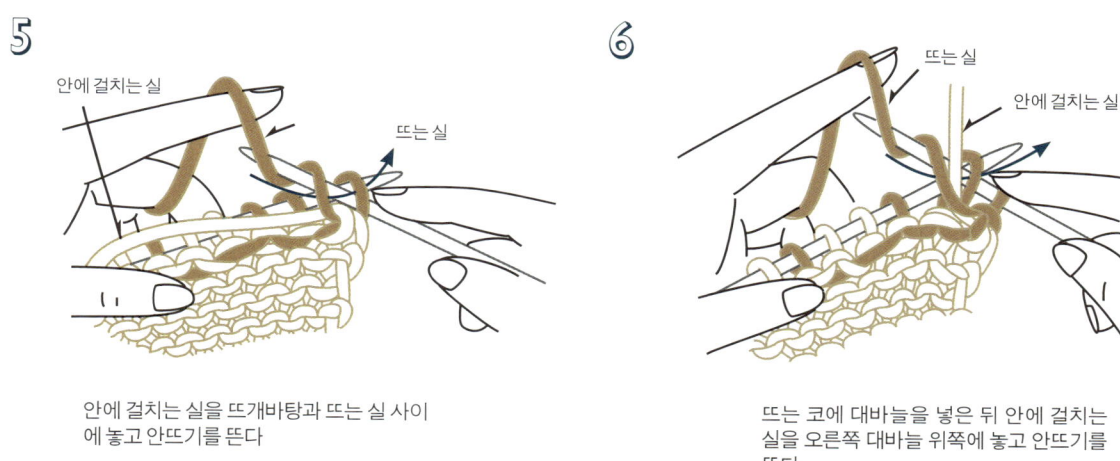

안에 걸치는 실
뜨는 실

안에 걸치는 실을 뜨개바탕과 뜨는 실 사이에 놓고 안뜨기를 뜬다

6

뜨는 실
안에 걸치는 실

뜨는 코에 대바늘을 넣은 뒤 안에 걸치는 실을 오른쪽 대바늘 위쪽에 놓고 안뜨기를 뜬다

7

뜨는 실
안에 걸치는 실

색을 바꾸어 5와 같은 요령으로 뜬다

8

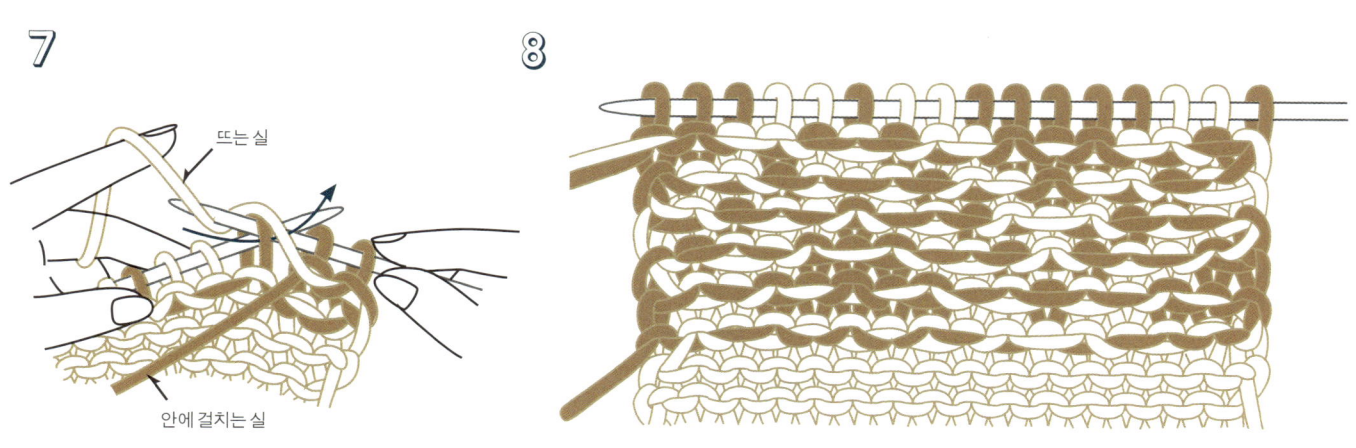

다 뜬 뜨개바탕 안쪽의 모습이다

빼뜨기 잇기

뜨개바탕을 겉끼리 맞대고 코바늘을 사용해 **빼뜨기**로 잇습니다. 뜨개바탕이 땅기지 않게 조금 느슨히 빼냅니다.

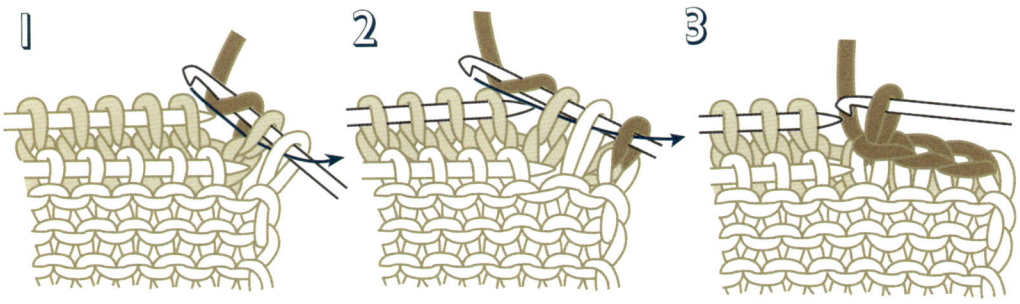

코와 단 잇기

보통은 잇는 단수가 콧수보다 많으므로 그 차이를 같은 간격으로 나눕니다. 군데군데에서 1코에 2단을 뜨며 균형 있게 연결합니다.

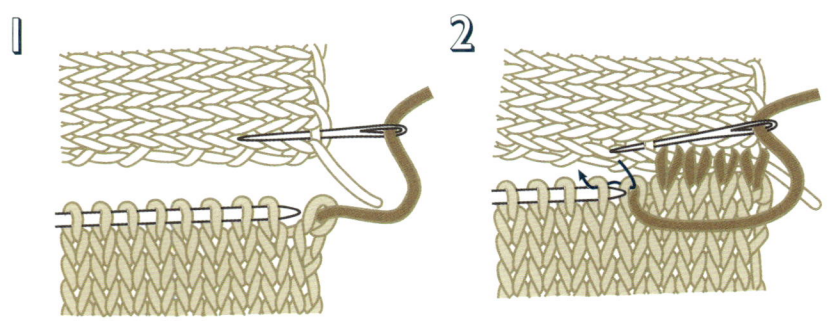

메리야스 잇기

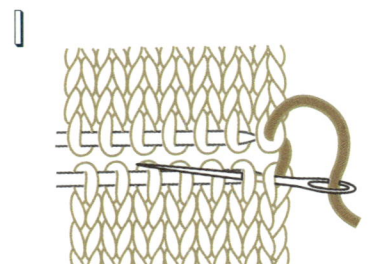
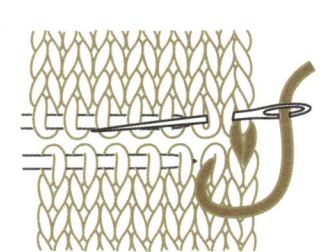

뜨개바탕을 맞대고 겉쪽에서
앞쪽 코에 돗바늘을 넣는다

반대쪽 코에 돗바늘을 넣어 코
를 만들며 잇는다

휘감쳐 잇기(1코)

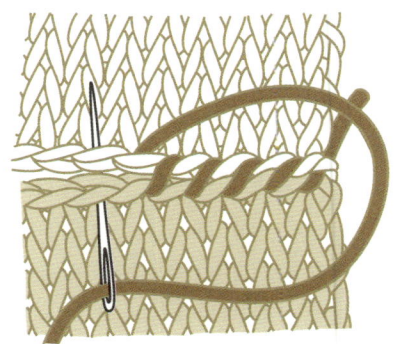

뜨개바탕을 안끼리 맞대고 앞쪽과
뒤쪽 코를 돗바늘로 한 번에 주워서
당긴다

덮어씌워 빼뜨기 잇기

뜨개바탕을 겉끼리 맞대고 코바늘로 뒤쪽 코를 빼낸 뒤 빼뜨기로 잇습니다.

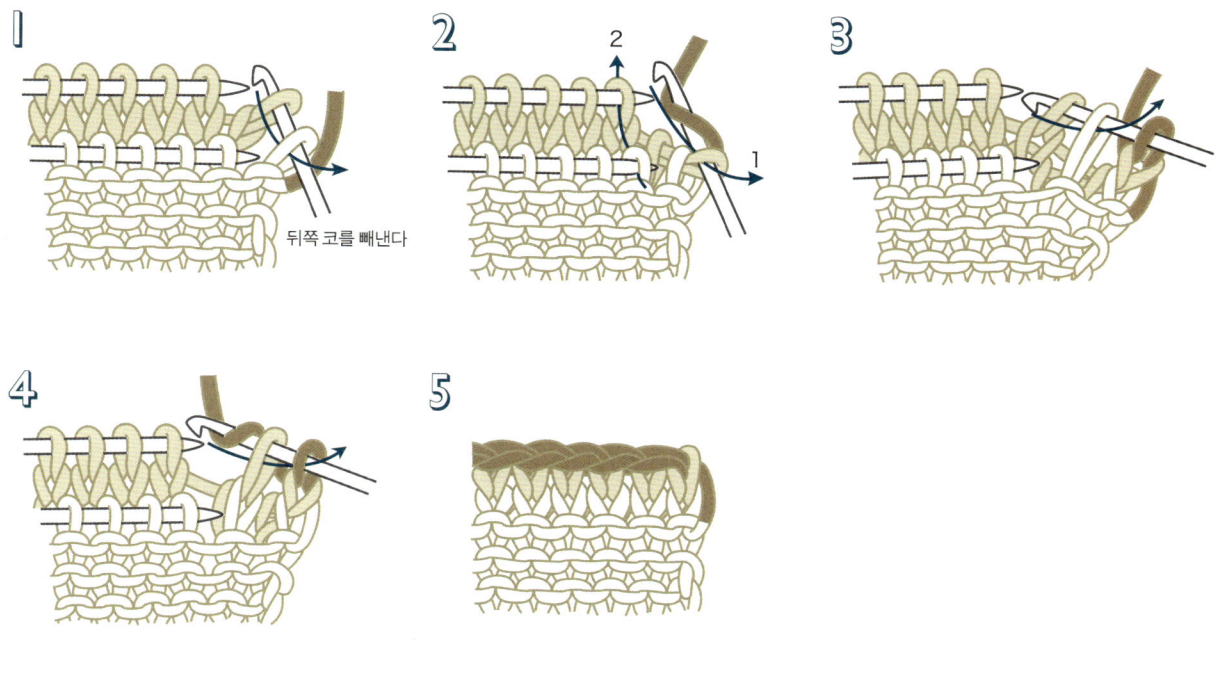

1

뒤쪽 코를 빼낸다

2

3

4

5

떠서 꿰매기

남은 실로 밑단이나 소맷부리에서 잇습니다.

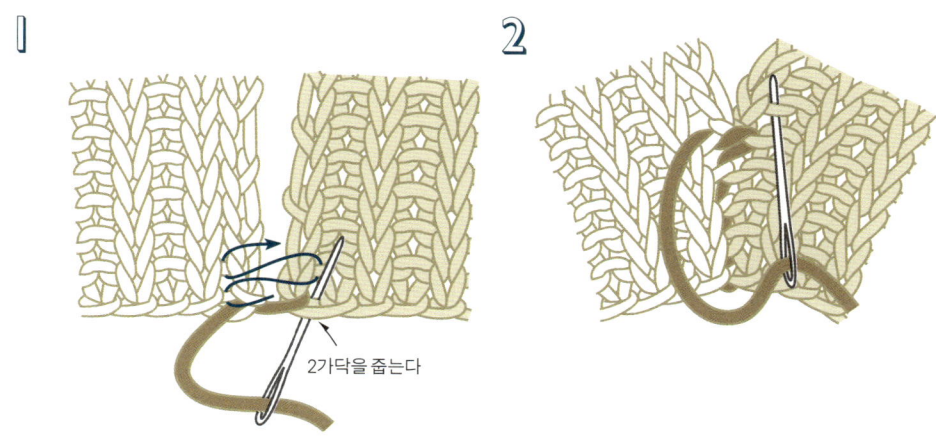

1

2가닥을 줍는다

2

가터 잇기

1

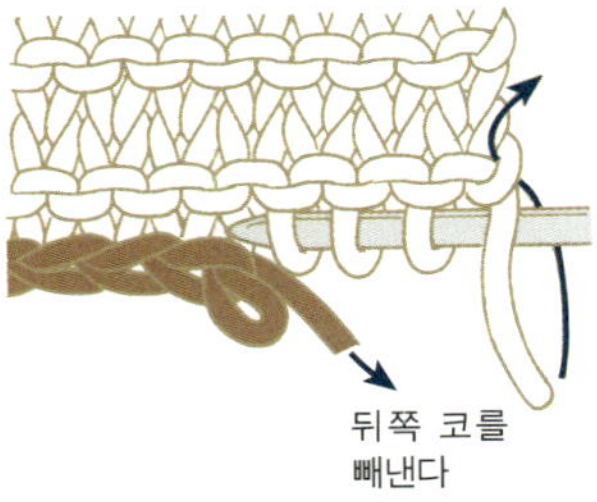

시작코를 풀어내서 대바늘에 옮기고 실 끝을 대바늘에 걸어 1코를 만든다

뒤쪽 코를
빼낸다

2

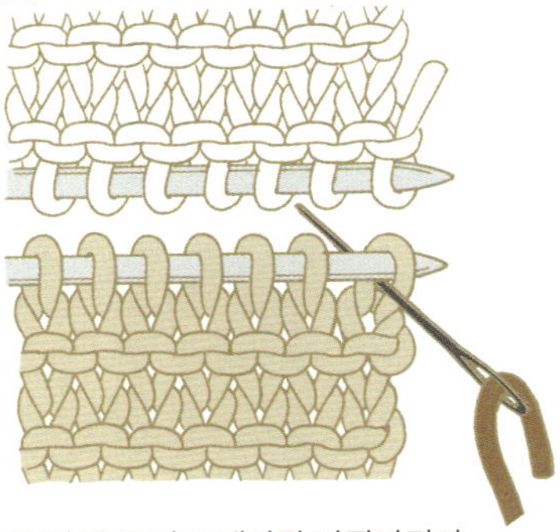

뜨기 끝 쪽의 뜨개바탕 가장자리의 코에 겉쪽에서 돗바늘을 넣는다

3

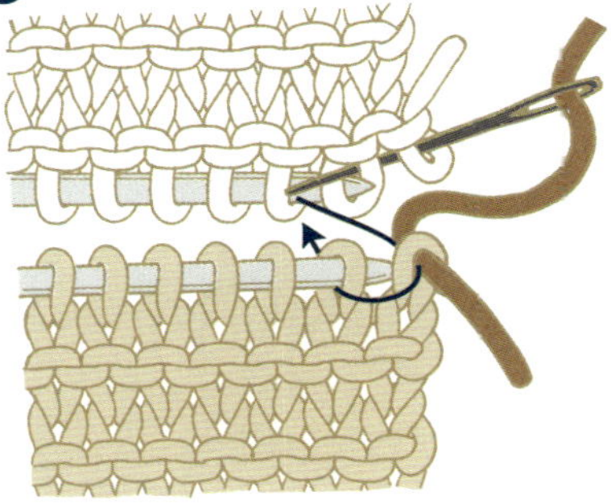

그림과 같이 돗바늘을 넣고 뜨기 끝 쪽의 뜨개바탕으로 되돌아가 화살표와 같이 돗바늘을 넣는다

4

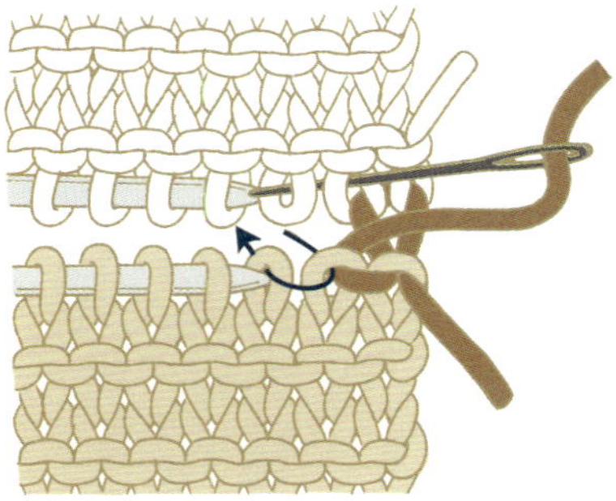

위쪽은 겉쪽에서 돗바늘을 넣어 다음 코 겉쪽으로 빼내고, 뜨기 끝 쪽은 안쪽에서 돗바늘을 넣어 다음 코 안쪽으로 빼낸다

5

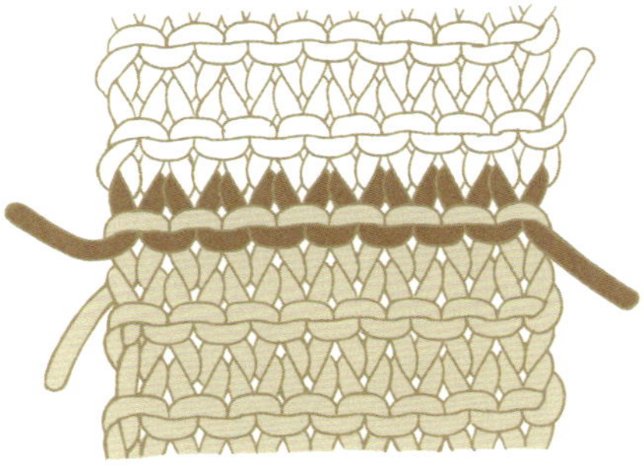

4를 반복한다

빼뜨기 꿰매기

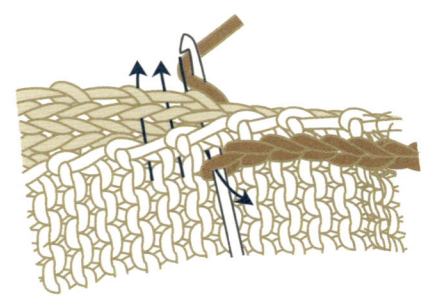

뜨개바탕을 겉끼리 맞대어 가장자리에서 첫 번째 코와 두 번째 코 사이에 코바늘을 넣고 실을 건 뒤 빼낸다

60

래글런 소매 다는 방법

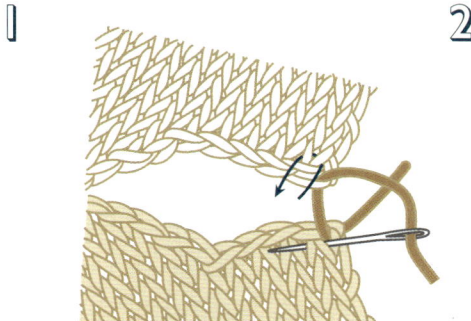

1 겉쪽이 보이게 뜨개바탕을 맞대고 가장자리 코의 안쪽에서 겉쪽으로 돗바늘을 빼낸다. 이어서 메리야스 잇기를 한다

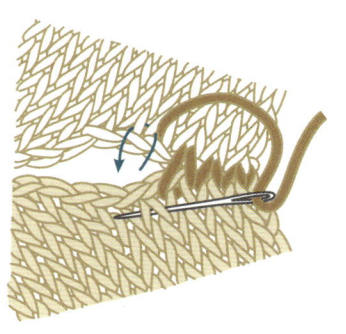

2 몸판과 소매 아래의 덮어씌운 코를 잇는다

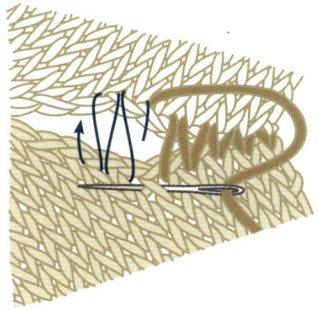

3 다음 단으로 옮길 때는 그림과 같이 돗바늘을 넣는다. 가장자리 코를 세웠을 때는 첫 번째 코와 두 번째 코 사이에 돗바늘을 넣는다

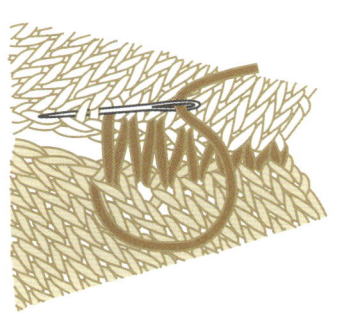

4 2단마다 코를 줄인 부분은 그림과 같이 돗바늘을 넣는다

YARN

이 책에서 사용한 실

실을 바꾸면 게이지가 달라지므로 지정한 실로 뜨는 것을 추천합니다.
작품 뜨개바탕에 따라 사용하는 실과 알맞은 바늘이 다를 수 있습니다. 사진은 실물 크기입니다.

아란 트위드

소재/울 90%, 알파카 10%　분량/한 타래 40g(약 82m)　굵기/병태사　알맞은 바늘/대바늘 8~10호

워미

소재/울 60%, 아크릴 40%　분량/한 타래 40g(약 80m)　굵기/병태사　알맞은 바늘/대바늘 8~10호

캐나디안 3S

소재/울 100%　분량/한 타래 100g(약 102m)　굵기/초극태사　알맞은 바늘/대바늘 13~15호

캐나디안 3S '트위드'

소재/울 100%　분량/한 타래 100g(약 102m)　굵기/초극태사　알맞은 바늘/대바늘 13~15호

소노모노 알파카 릴리

소재/울 80%, 알파카 20%　분량/한 타래 40g(약 120m)　굵기/태사　알맞은 바늘/대바늘 8~10호

소노모노 그러데이션

소재/울 90%, 알파카 10%　분량/한 타래 40g(약 48m)　굵기/극태사　알맞은 바늘/대바늘 10~12호

페어 레이디 50

소재/울 70%, 아크릴 30%　분량/한 타래 40g(약 100m)　굵기/병태사　알맞은 바늘/대바늘 5~6호

멘스 클럽 마스터

소재/울 60%, 아크릴 40%　분량/한 타래 50g(약 75m)　굵기/극태사　알맞은 바늘/대바늘 10~12호

HOW TO MAKE

시작하기 전에

이 책의 작품을 뜨는 방법은 모두 M, L, XL 3가지 사이즈로 나타냈습니다.
각 사이즈는 아래 표(누드 치수)에 바탕을 두었으나 디자인에 따라서 몸의 너비나 길이가 다릅니다.
뜨는 방법에 적힌 완성 사이즈를 확인하고 가지고 있는 스웨터 등과 비교해 사이즈를 고릅니다.

	신장	가슴둘레	허리둘레
M	160 ~ 170 cm	84 ~ 92 cm	72 ~ 80 cm
L	170 ~ 180 cm	90 ~ 98 cm	78 ~ 88 cm
XL	175 ~ 185 cm	96 ~ 104 cm	86 ~ 96 cm

M   L   XL

게이지에 대해

게이지란 뜨개코 크기를 말하며 '일정한 면적 안에 들어가는 콧수와 단수'를 나타냅니다. 작품과 같은 크기로 뜨기 위해서는 게이지를 맞추는 것이 중요합니다. 가로세로 15cm 정도의 뜨개바탕을 뜨고 게이지를 재어서, 표기된 게이지와 다를 때는 다음과 같은 방법으로 조정합니다.

【게이지 조정 방법】

콧수·단수가 표기된 것보다 많을 경우…뜨는 정도가 빡빡하므로 완성 크기가 작품보다 작아집니다. 지정 호수보다 1~2호 굵은 바늘로 뜹니다.

콧수·단수가 표기된 것보다 적을 경우…뜨는 정도가 느슨하므로 완성 크기가 작품보다 커집니다. 지정 호수보다 1~2호 가는 바늘로 뜹니다.

【조금 더 작은(큰) 사이즈로 뜨고 싶을 때】

가장 간단한 방법은 바늘의 굵기를 바꾸는 것입니다. 뜨는 방법에 적힌 게이지와 동일하게 뜰 경우 바늘을 1호 가늘게(굵게) 하면 사이즈는 약 5%, 2호 가늘게(굵게) 하면 약 10% 작게(크게) 됩니다. 이는 대략적인 기준으로, 뜨는 정도에 따라 오차가 나므로 반드시 시험 삼아 뜨개바탕을 떠 봅니다. 단, 바늘의 굵기를 큰 폭으로 바꾸면 뜨개바탕의 느낌이 달라지므로 ±2호 정도로 합니다. 또한 사이즈를 바꾸면 사용하는 실의 양도 바뀌므로 크게 뜰 때는 더 많은 실을 준비합니다.

01
로피 스타일 카디건

→ p.6

실…하마나카 캐나디안 3S(한 타래 100g)
차콜그레이색(5) M: 520g L: 550g XL: 575g
회색(2), 녹색(6) M: 각각 55g L·XL: 각각 60g
바늘…하마나카 아미아미 대바늘 13호(6.0mm)·11호(5.4mm) 각각 4개
기타…지름 2cm의 단추 7개
게이지…메리야스뜨기 10.5코×16단=사방 10cm
　　①메리야스뜨기 배색무늬 10.5코=10cm, 11단=7.5cm
　　②메리야스뜨기 배색무늬 10.5코×14.5단=사방 10cm
사이즈…가슴둘레 M113cm L118.5cm XL124cm
　　길이 M67.5cm L69.5cm XL72.5cm
　　화장길이 M83.5cm L86cm XL88cm

뜨는 방법…실은 3가닥을 하나로 모아 ①, ②메리야스뜨기 배색무늬 외에는 차콜그레이색으로 뜹니다.
앞뒤 몸판은 일반적인 방법으로 코를 만들고 1코 고무뜨기, ①메리야스뜨기 배색무늬, 메리야스뜨기로 그림과 같이 이어서 뜹니다. 좌우의 앞 몸판을 뜬 다음 뒤 몸판에 실을 달아서 뜹니다. 소매는 일반적인 방법으로 코를 만들고 1코 고무뜨기, ①메리야스뜨기 배색무늬, 메리야스뜨기로 그림과 같이 뜹니다. 앞뒤 몸판과 소매의 맞춤 표시 ○·●는 메리야스 잇기를 하고 △는 코와 단 잇기로 답니다. 몸판과 소매에서 코를 주워 ②메리야스뜨기 배색무늬로 바대(요크)를 뜹니다. 바대에서 이어서 네크라인을 1코 고무뜨기로 뜨고 마지막은 덮어씌워 코막음합니다. 앞 몸판 가장자리에서 코를 주워 덧단을 1코 고무뜨기로 뜨는데 겉자락에는 단춧구멍을 냅니다. 마지막은 덮어씌워 코막음합니다. 소매 아래를 떠서 꿰매기로 연결합니다. 단추를 답니다.

치수도　단위=cm　※지정한 것 외에는 각 사이즈 공통 ※①, ②메리야스뜨기 배색무늬 외에는 차콜그레이색으로 뜬다
　　　　　　　　　　※①, ②메리야스뜨기 배색무늬는 감아 뜨는 방법(p.56-57)으로 뜬다

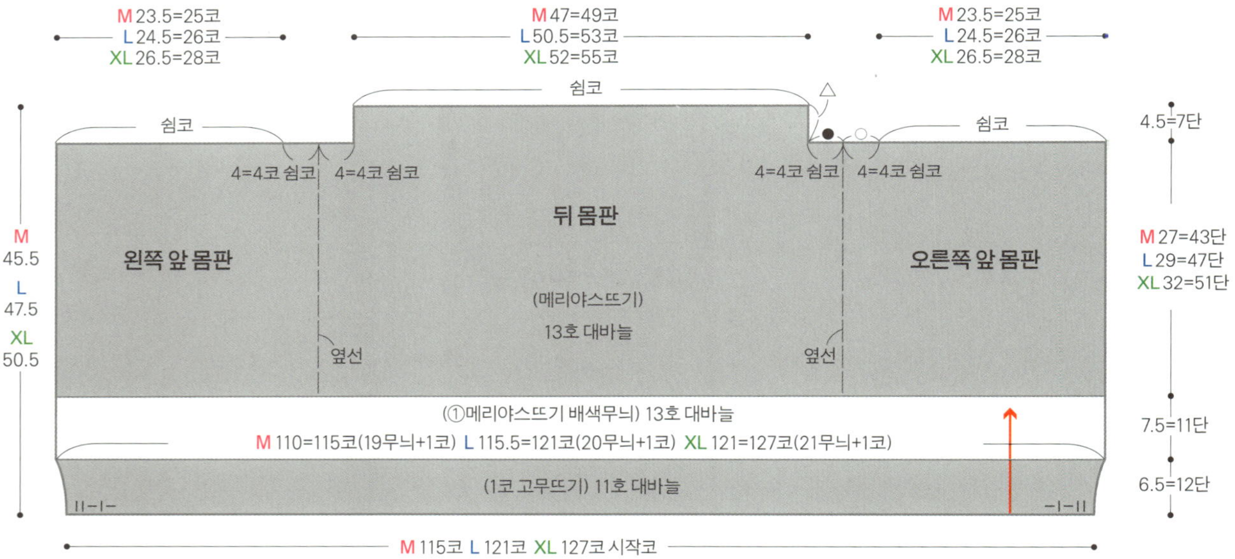

M 23.5=25코
L 24.5=26코
XL 26.5=28코

M 47=49코
L 50.5=53코
XL 52=55코

M 23.5=25코
L 24.5=26코
XL 26.5=28코

쉼코　4=4코 쉼코　4=4코 쉼코　쉼코　4=4코 쉼코　4=4코 쉼코　쉼코

4.5=7단

뒤 몸판

왼쪽 앞 몸판

오른쪽 앞 몸판

(메리야스뜨기)
13호 대바늘

M 45.5
L 47.5
XL 50.5

옆선　옆선

M 27=43단
L 29=47단
XL 32=51단

(①메리야스뜨기 배색무늬) 13호 대바늘
M 110=115코(19무늬+1코) L 115.5=121코(20무늬+1코) XL 121=127코(21무늬+1코)

(1코 고무뜨기) 11호 대바늘

7.5=11단

6.5=12단

M 115코 L 121코 XL 127코 시작코

①메리야스뜨기 배색무늬 뜨개 도안

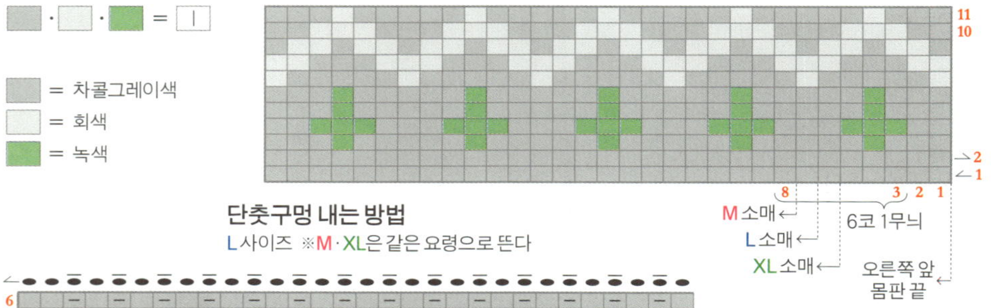

= 차콜그레이색
= 회색
= 녹색

11
10

2
1

8　　3 2 1
M 소매
L 소매
XL 소매

6코 1무늬

오른쪽 앞 몸판 끝

단춧구멍 내는 방법
L 사이즈 ※M·XL은 같은 요령으로 뜬다

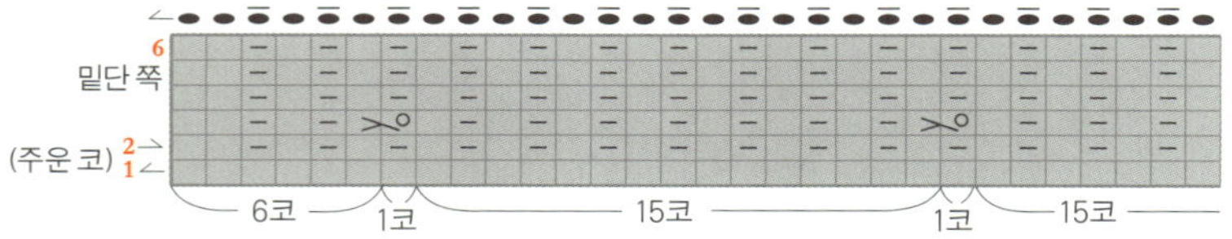

밑단 쪽 6

(주운 코) 2
1

6코　1코　15코　1코　15코

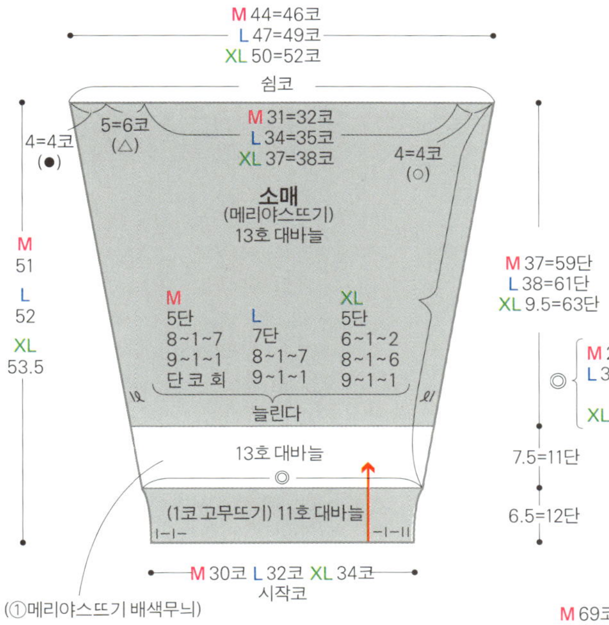

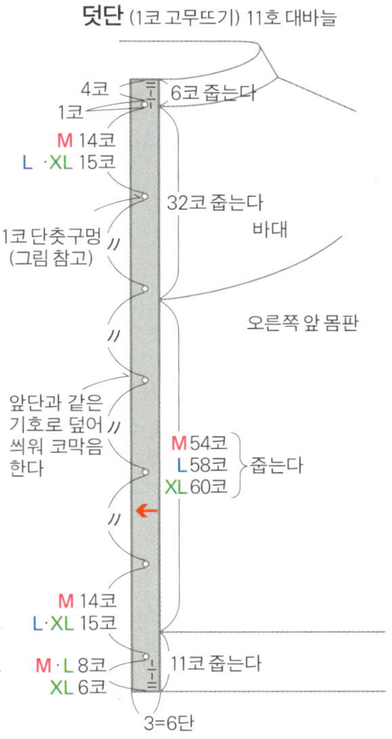

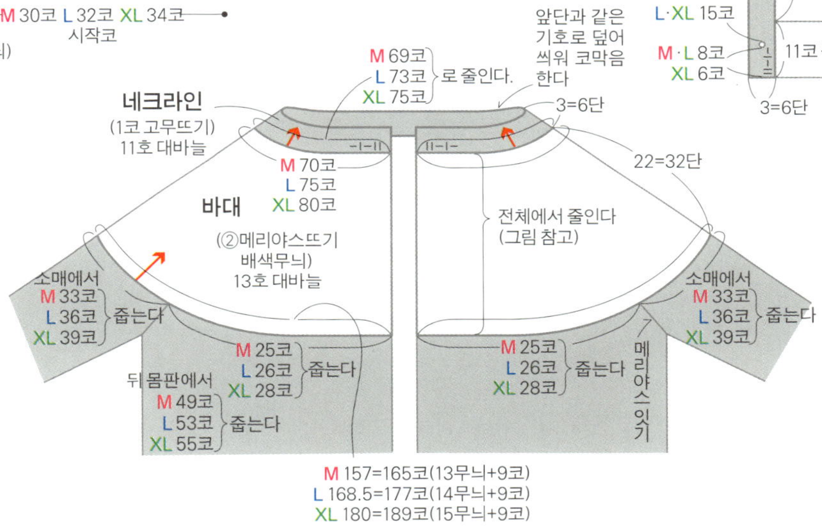

소매 diagram (left):

M 44=46코
L 47=49코
XL 50=52코

쉼코

5=6코 (△)
M 31=32코
L 34=35코
XL 37=38코

4=4코 (●)
4=4코 (○)

소매
(메리야스뜨기)
13호 대바늘

M 51
L 52
XL 53.5

M	L	XL
5단	7단	5단
8~1~7	8~1~7	6~1~2
9~1~1	9~1~1	8~1~6
단코 회		9~1~1

늘린다

M 37=59단
L 38=61단
XL 9.5=63단

◎ M 28.5=30코(5무늬)
L 31.5=33코(5무늬+3코)로 늘린다
XL 32.5=34코(5무늬+4코)

7.5=11단
6.5=12단

13호 대바늘

◎ (1코 고무뜨기) 11호 대바늘

M 30코 L 32코 XL 34코
시작코

(①메리야스뜨기 배색무늬)

덧단 diagram (right):

4코
1코
6코 줄는다
M 14코 L·XL 15코

32코 줄는다
바대

1코 단춧구멍 (그림 참고)

오른쪽 앞 몸판

앞단과 같은 기호로 덮어 씌워 코막음 한다

M 54코 L 58코 XL 60코 줄는다

M 14코 L·XL 15코

앞단과 같은 기호로 덮어 씌워 코막음 한다

M·L 8코 XL 6코
11코 줄는다
3=6단

바대 diagram (center):

네크라인
(1코 고무뜨기)
11호 대바늘

M 69코 L 73코 XL 75코 로 줄인다.

M 70코 L 75코 XL 80코

바대
(②메리야스뜨기 배색무늬)
13호 대바늘

3=6단
22=32단
전체에서 줄인다 (그림 참고)

소매에서 M 33코 L 36코 XL 39코 줄는다

소매에서 M 33코 L 36코 XL 39코 줄는다

M 25코 L 26코 XL 28코 줄는다

메리야스잇기

뒤 몸판에서 M 49코 L 53코 XL 55코 줄는다

M 157=165코(13무늬+9코)
L 168.5=177코(14무늬+9코)
XL 180=189코(15무늬+9코)

②메리야스뜨기 배색무늬 뜨개 도안과 바대의 코 줄이는 방법

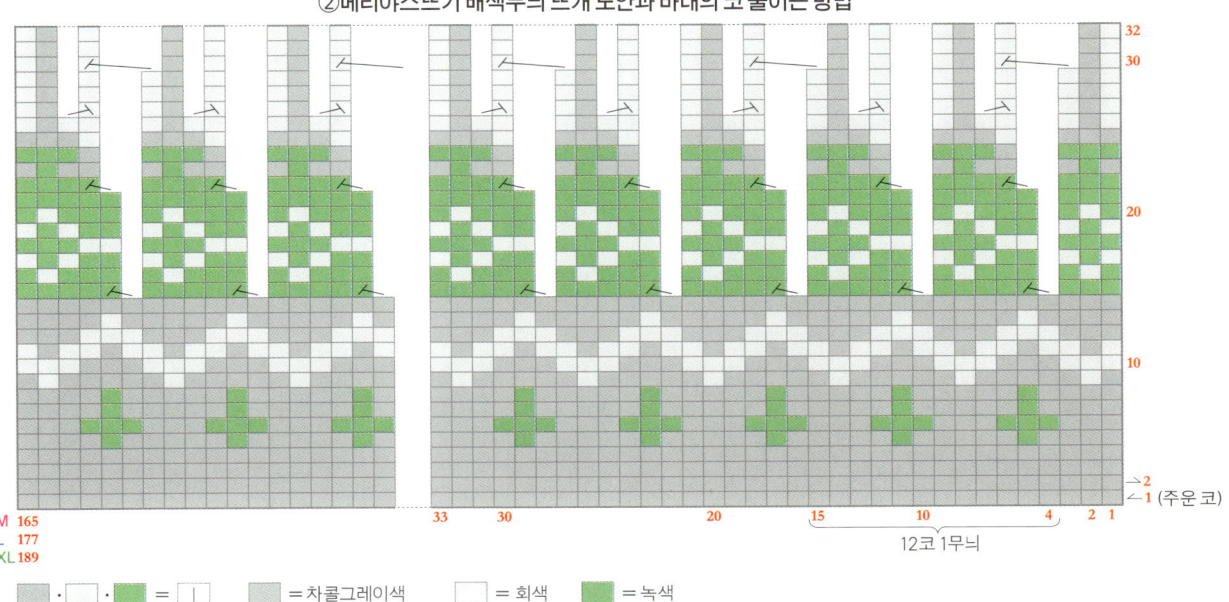

32
30
20
10
2
1 (주운 코)

M 165
L 177
XL 189

33 30 20 15 10 4 2 1

12코 1무늬

▦ · □ · ▦ = | ▨ =차콜그레이색 □ =회색 ▦ =녹색

02
벌집무늬 베스트

➠ p.7

실…하마나카 캐나디안 3S(한 타래 100g)
녹색(6) M: 580g L: 635g XL: 685g
차콜그레이색(5) M: 520g L: 550g XL: 575g
회색(2), 녹색(6) M: 각각 55g L·XL: 각각 60g
바늘…하마나카 아미아미 한쪽이 막힌 대바늘 14호(6.3㎜)·12호
(5.7㎜) 각각 2개, 대바늘 12호(5.7㎜) 4개
기타…지름 2.3㎝의 단추 5개
게이지…①무늬뜨기 11코×18단=사방 10㎝
　　　　②무늬뜨기 26코=16.5㎝, 18단=10㎝
사이즈…가슴둘레 M109.5㎝ L113.5㎝ XL117.5㎝
　　　　길이 M64㎝ L66㎝ XL69㎝
　　　　어깨너비 M41㎝ L43㎝ XL45㎝

뜨는 방법…실은 3가닥을 하나로 모아서 뜹니다.
앞뒤 몸판은 나중에 풀어내는 코를 만들고 ①, ②무늬뜨기로 그림과
같이 뜹니다. 시작코를 풀어내서 밑단에 1코 고무뜨기를 뜨고 덮어
씌워 코막음합니다. 덧단을 1코 고무뜨기로 뜨는데 겉자락에는 단
춧구멍을 내면서 뜨고 마지막은 덮어씌워 코막음합니다. 어깨를 덮
어씌워 빼뜨기 잇기로 연결하고, 뒤 옷깃을 가터뜨기로 뜬 뒤 덮어씌
워 코막음합니다. 앞 옷깃은 뒤 옷깃 안쪽에서 코를 주워 가터뜨기로
뜬 뒤 덧단에 잇고, 네크라인에 떠서 꿰매기로 연결합니다. 진동둘레
에 1코 고무뜨기를 원형으로 뜨고 마지막은 덮어씌워 코막음합니다.
단추를 답니다.

치수도 단위=㎝　　　※지정한 것 외에는 각 사이즈 공통

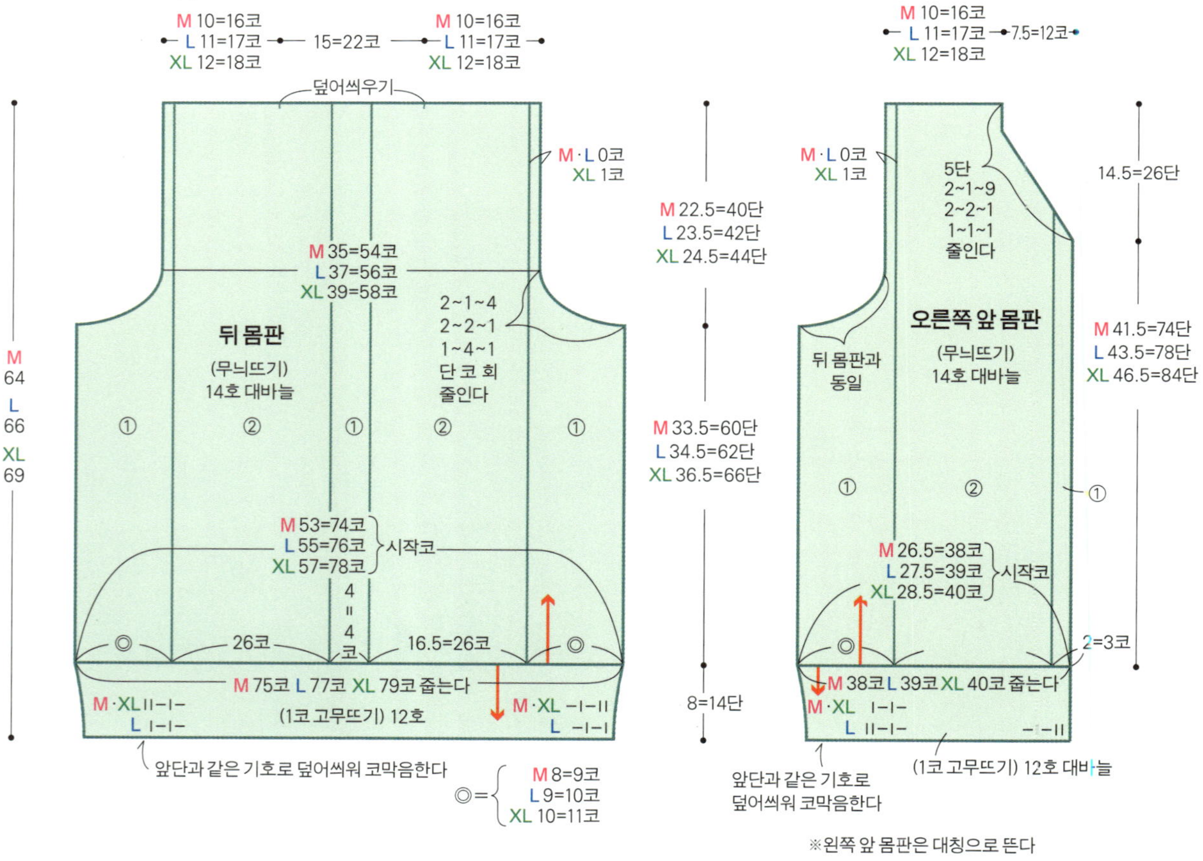

M 10=16코
L 11=17코　　15=22코
XL 12=18코

M 10=16코
L 11=17코
XL 12=18코

M 10=16코
L 11=17코　7.5=12코
XL 12=18코

덮어씌우기

M·L 0코
XL 1코

M·L 0코
XL 1코

M 22.5=40단
L 23.5=42단
XL 24.5=44단

14.5=26단

M 35=54코
L 37=56코
XL 39=58코

2~1~4
2~2~1
1~4~1
단 코 회
줄인다

5단
2~1~9
2~2~1
1~1~1
줄인다

뒤 몸판
(무늬뜨기)
14호 대바늘

① ② ① ② ①

오른쪽 앞 몸판
(무늬뜨기)
14호 대바늘

뒤 몸판과
동일

M 41.5=74단
L 43.5=78단
XL 46.5=84단

M 33.5=60단
L 34.5=62단
XL 36.5=66단

① ②

M 64
L 66
XL 69

M 53=74코
L 55=76코
XL 57=78코
시작코

4
∥
4
코

M 26.5=38코
L 27.5=39코
XL 28.5=40코
시작코

26코　16.5=26코

M·L -1-11
L -1-1

2=3코

M 75코 L 77코 XL 79코 줄인다
(1코 고무뜨기) 12호

M·XL11-1-
L 1-1-

8=14단

M 38코 L 39코 XL 40코 줄인다
(1코 고무뜨기) 12호 대바늘

M·XL 1-1-
L 11-1-

-1-11

◎= { M 8=9코
　　 L 9=10코
　　 XL 10=11코

앞단과 같은 기호로 덮어씌워 코막음한다

앞단과 같은 기호로
덮어씌워 코막음한다

※왼쪽 앞 몸판은 대칭으로 뜬다

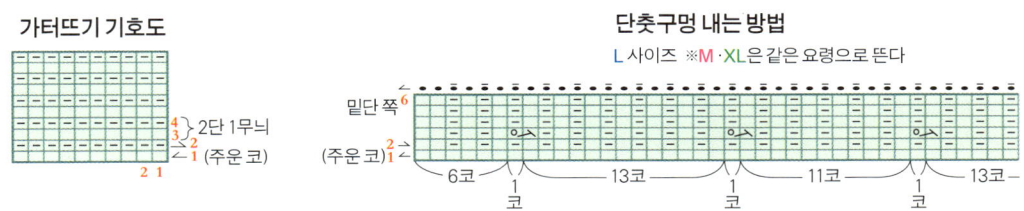

덧단·진동둘레
(1코 고무뜨기)
12호 대바늘

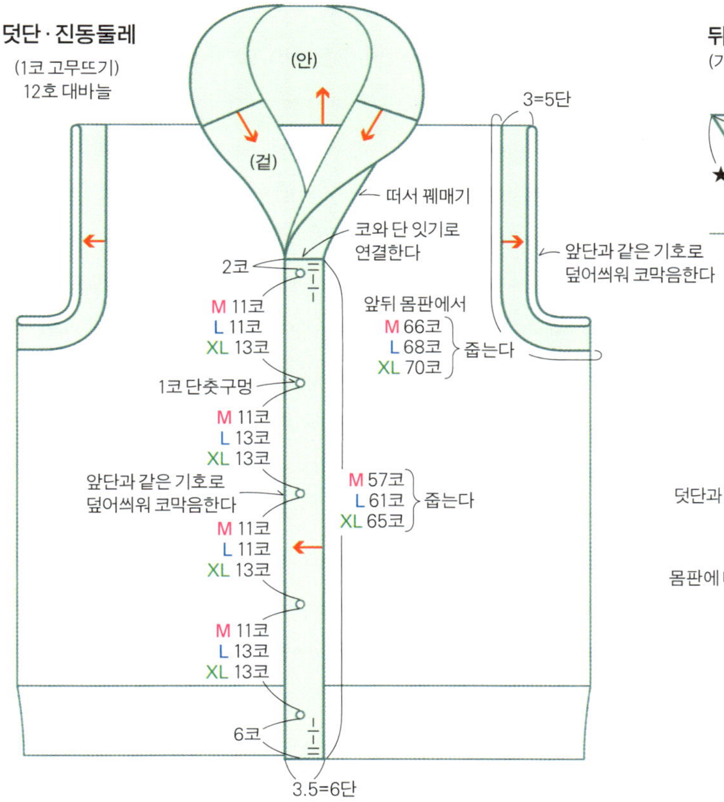

(안)
(겉)

3=5단

떠서 꿰매기
코와 단 잇기로 연결한다

앞단과 같은 기호로 덮어씌워 코막음한다

2코

M 11코
L 11코
XL 13코

앞뒤 몸판에서 M 66코 L 68코 XL 70코 줍는다

1코 단춧구멍

M 11코
L 13코
XL 13코

앞단과 같은 기호로 덮어씌워 코막음한다

M 57코
L 61코
XL 65코 줍는다

M 11코
L 11코
XL 13코

M 11코
L 13코
XL 13코

6코

3.5=6단

뒤 옷깃
(가터뜨기) 14호 대바늘

32=38코
(겉)

2단
2~1~5
2~1~1
4~1~1
6~1~1 늘린다 번갈아 2회
13=30단

덮어씌워 코막음한다

15=18코 줍는다

뒤 몸판(겉)

★ ☆

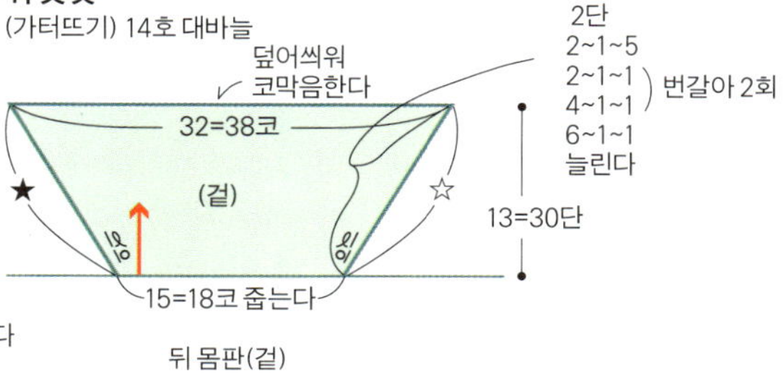

오른쪽 앞 옷깃
(가터뜨기) 14호 대바늘

3.5=5코
덮어씌워 코막음한다

덧단과 잇는다

몸판에 다는 쪽

1단
2~1~6
2~1~1
4~1~1
1~1~1 줄인다 번갈아 2회
12.5=26단

7=14단

☆에서
16코 줍는다

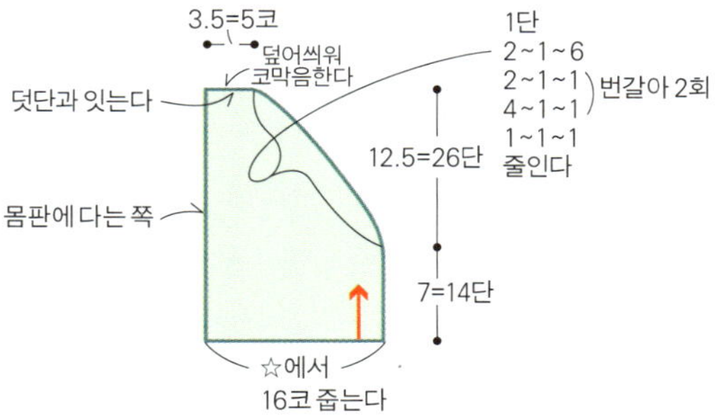

※뒤 옷깃의 안쪽을 보며 줍는다.
왼쪽 앞 옷깃은 ★에서 코를 줍고
대칭으로 뜬다

가터뜨기 기호도

4 3 2 1 2단 1무늬
2 1 (주운 코)

단춧구멍 내는 방법
L 사이즈 ※M·XL은 같은 요령으로 뜬다

밑단 쪽 6
(주운 코) 2 1

6코 1코 13코 1코 11코 1코 13코

무늬뜨기 기호도

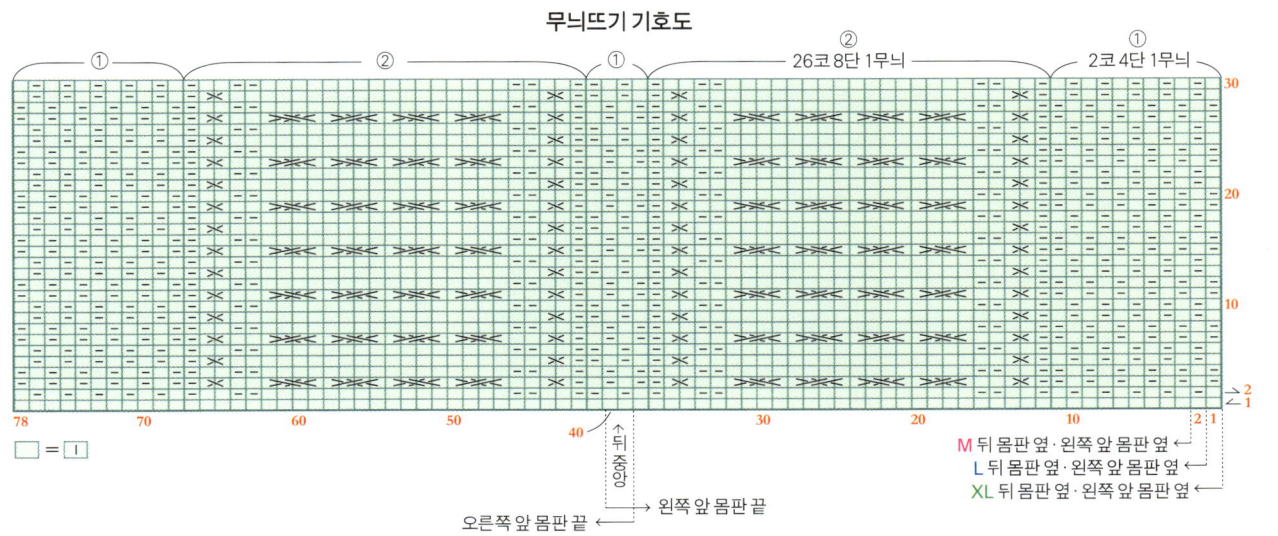

① ② ① ② ①
26코 8단 1무늬
2코 4단 1무늬

78 70 60 50 40 30 20 10 2 1

= [ ]

뒤 중앙
오른쪽 앞 몸판 끝 ← → 왼쪽 앞 몸판 끝

M 뒤 몸판 옆·왼쪽 앞 몸판 옆
L 뒤 몸판 옆·왼쪽 앞 몸판 옆
XL 뒤 몸판 옆·왼쪽 앞 몸판 옆

줄무늬 스웨터

⇒ p.8-9

p.8

p.9

실…하마나카 아란 트위드(한 타래 40g)
p.8 A색…에크뤼색(1) B색…네이비색(11) C색…캐멀색(7)
p.9 A색…연회색(3) B색…에크뤼색(1) C색…연지색(6)
M: A색 380g B색 115g C색 10g
L: A색 400g B색 120g C색 10g
XL: A색 440g B색 135g C색 10g
바늘…하마나카 아미아미 한쪽이 막힌 대바늘 8호(4.5㎜)
·6호(3.9㎜) 각각 2개, 대바늘 6호(3.9㎜) 4개
게이지…메리야스뜨기, 메리야스뜨기 줄무늬 17코×23단
=사방 10㎝

사이즈…가슴둘레 M104㎝ L107㎝ XL110㎝
길이 M65㎝ L67㎝ XL71㎝
화장길이 M77.5㎝ L79㎝ XL82.5㎝
뜨는 방법…실은 1가닥을 사용해 메리야스뜨기 줄무늬 외
에는 A색으로 뜹니다. 앞뒤 몸판, 소매는 일반적인 방법으로
코를 만들고 1코 고무뜨기, 메리야스뜨기 줄무늬, 메리야스
뜨기로 그림과 같이 뜹니다. 어깨를 빼뜨기 잇기로 연결하고
네크라인에 1코 고무뜨기를 원형으로 뜬 뒤 덮어씌워 코막
음합니다. 소매를 코와 단 잇기로 연결하고, 옆선과 소매 아
래를 떠서 꿰매기로 이어서 연결합니다.

치수도 단위=㎝　※지정한 것 외에는 각 사이즈 공통　※메리야스뜨기 줄무늬 외에는 A색으로 뜬다

□ = A색　□ = B색

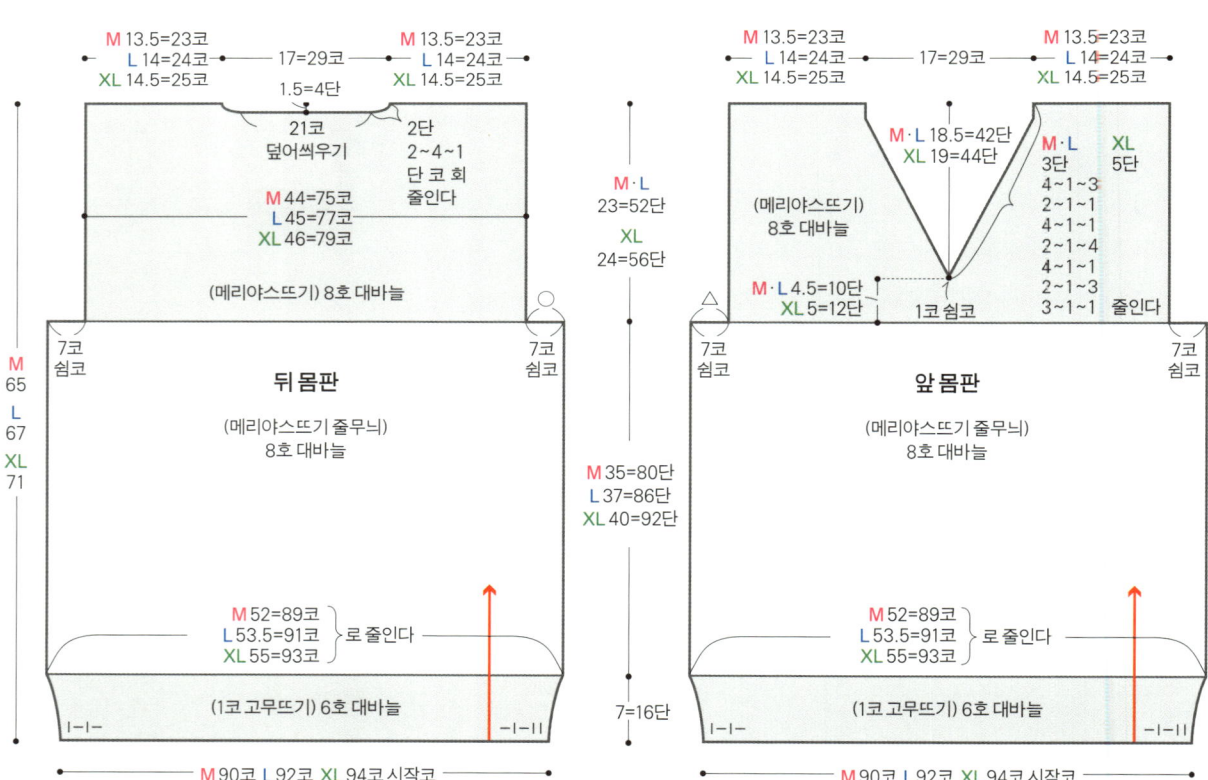

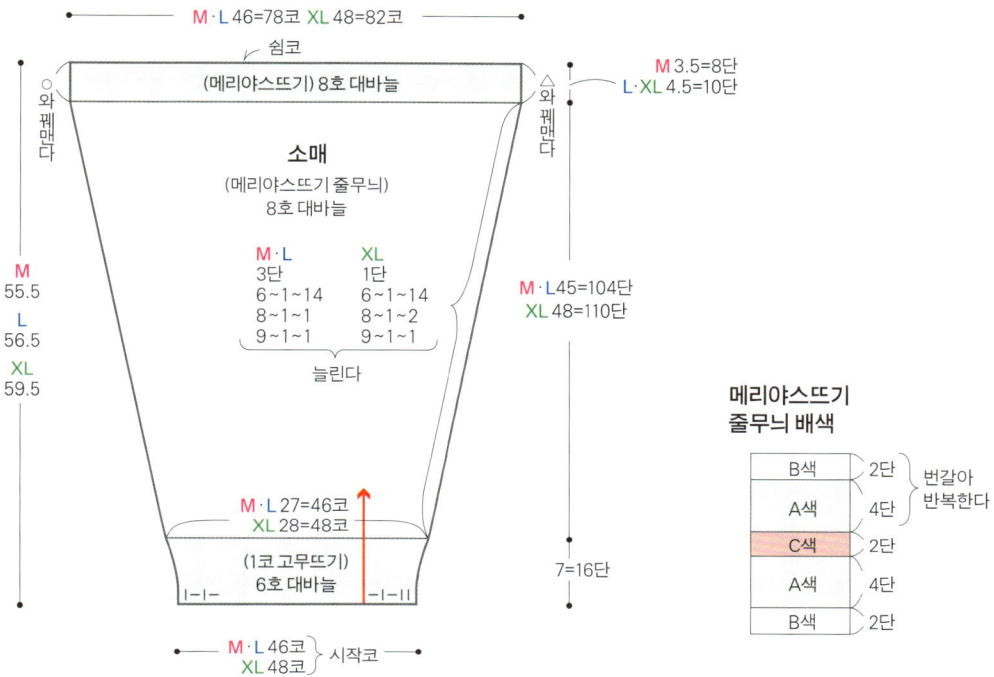

M·L 46=78코 XL 48=82코

쉼코

(메리야스뜨기) 8호 대바늘

M 3.5=8단
L·XL 4.5=10단

와 꿰맨다

와 꿰맨다

소매
(메리야스뜨기 줄무늬)
8호 대바늘

M·L	XL
3단	1단
6~1~14	6~1~14
8~1~1	8~1~2
9~1~1	9~1~1

늘린다

M
55.5
L
56.5
XL
59.5

M·L45=104단
XL 48=110단

M·L 27=46코
XL 28=48코

(1코 고무뜨기)
6호 대바늘

7=16단

M·L 46코
XL 48코 시작코

메리야스뜨기 줄무늬 배색

B색	2단	번갈아 반복한다
A색	4단	
C색	2단	
A색	4단	
B색	2단	

네크라인
(1코 고무뜨기)
6호 대바늘

29코
줍는다

3=7단

앞단과 같은 기호로
덮어씌워 코막음한다

M·L 33코
XL 34코 줍는다

M·L 33코
XL 34코 줍는다

1코 줍는다

1단
1~2~3
3~2~1
중심 3코 모아뜨기로
줄인다
(그림 참고)

네크라인의 코 줄이는 방법

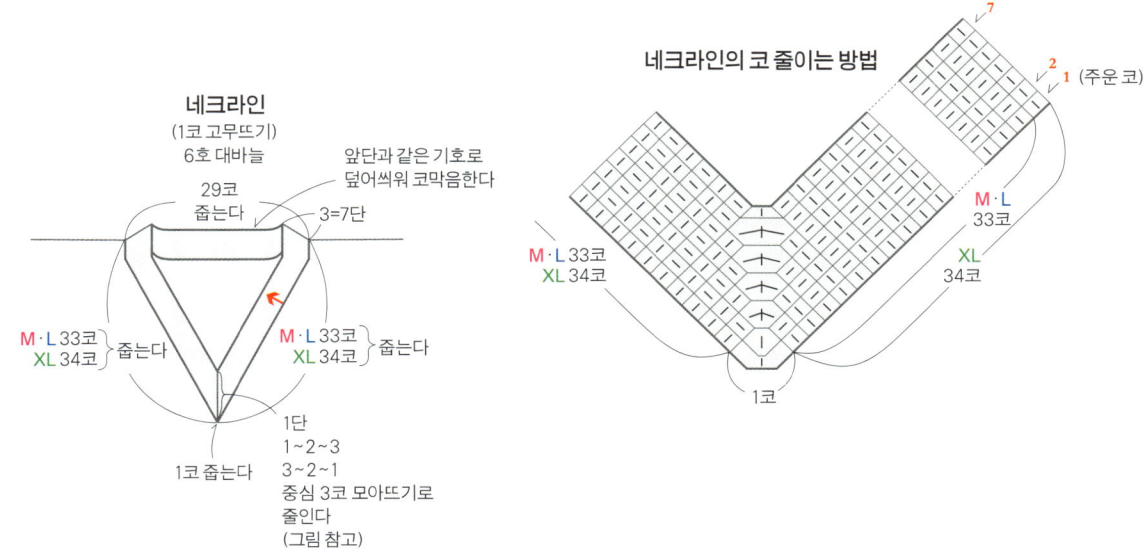

7

2

1 (주운 코)

M·L
33코

XL
34코

M·L 33코
XL 34코

1코

ⓞ4
꽈배기 무늬 카디건

p.10

p.11

→ p.10-11

실…하마나카 멘스 클럽 마스터(한 타래 50g)

p.10 파란색(66)

p.11 좌/암갈색(58) 우/에크뤼색(22)

M: 730g L: 830g XL: 900g

바늘…하마나카 아미아미 한쪽이 막힌 대바늘 10호(5.1㎜)·
8호(4.5㎜) 각각 2개

기타…단추 6개 M 지름 2.1㎝ L·XL 지름 2.3㎝

게이지…메리야스뜨기 15코×21단=사방 10㎝
①무늬뜨기 30코=13㎝, 21단=10㎝

사이즈…가슴둘레 M108.5㎝ L114.5㎝ XL118.5㎝
길이 M66㎝ L68㎝ XL70㎝
어깨너비 M42㎝ L43㎝ XL45㎝
소매길이 M56.5㎝ L57.5㎝ XL59.5㎝

뜨는 방법…실은 1가닥을 사용해 뜹니다.

앞뒤 몸판, 소매는 나중에 풀어내는 코를 만들고 메리야스뜨기, ①무늬뜨기로 그림과 같이 뜹니다. 밑단, 소맷부리는 시작코를 풀어내서 코를 주워 1코 고무뜨기를 뜨고, 1코 고무뜨기 코막음을 합니다. 어깨를 덮어씌워 빼뜨기 잇기로 연결합니다. 앞 몸판 가장자리에서 코를 주워 덧단을 1코 고무뜨기로 뜨는데 걸자락에는 단춧구멍을 내면서 뜨고 마지막은 1코 고무뜨기 코막음을 합니다. 옷깃은 ②무늬뜨기, 1코 고무뜨기, ②'무늬뜨기로 뜨고 1코 고무뜨기 코막음을 합니다. 옆선과 소매 아래를 떠서 꿰매기로 연결하고, 소매를 빼뜨기 꿰매기로 답니다. 단추를 답니다.

치수도 단위=cm　　※지정한 것 외에는 각 사이즈 공통

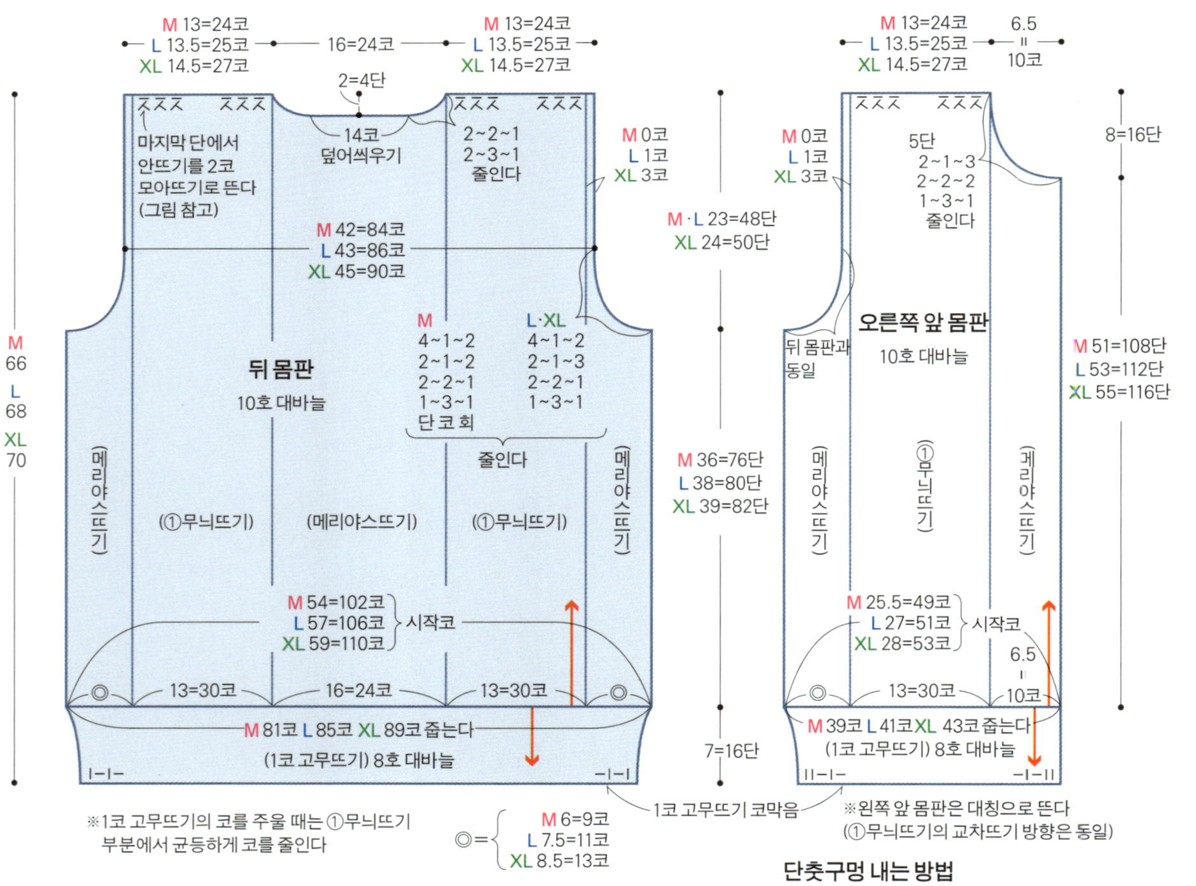

M 13=24코
L 13.5=25코
XL 14.5=27코

16=24코

M 13=24코
L 13.5=25코
XL 14.5=27코

2=4단

14코
덮어씌우기

2~2~1
2~3~1
줄인다

M 0코
L 1코
XL 3코

M·L 23=48단
XL 24=50단

마지막 단에서
안뜨기를 2코
모아뜨기로 뜬다
(그림 참고)

M 42=84코
L 43=86코
XL 45=90코

M
4~1~2
2~1~2
2~2~1
1~3~1
단코 회

L·XL
4~1~2
2~1~3
2~2~1
1~3~1

줄인다

뒤 몸판
10호 대바늘

M
66
L
68
XL
70

(메리야스뜨기)

(①무늬뜨기)

(메리야스뜨기)

(①무늬뜨기)

(메리야스뜨기)

M 54=102코
L 57=106코
XL 59=110코

시작코

13=30코

16=24코

13=30코

M 81코 L 85코 XL 89코 줍는다
(1코 고무뜨기) 8호 대바늘

M 36=76단
L 38=80단
XL 39=82단

7=16단

※1코 고무뜨기의 코를 주울 때는 ①무늬뜨기
부분에서 균등하게 코를 줄인다

◎ =
M 6=9코
L 7.5=11코
XL 8.5=13코

1코 고무뜨기 코막음

M 13=24코
L 13.5=25코
XL 14.5=27코

6.5
=
10코

5단
2~1~3
2~2~2
1~3~1
줄인다

M 0코
L 1코
XL 3코

8=16단

오른쪽 앞 몸판
10호 대바늘

뒤 몸판과
동일

M 51=108단
L 53=112단
XL 55=116단

(메리야스뜨기)

(①무늬뜨기)

(메리야스뜨기)

M 25.5=49코
L 27=51코
XL 28=53코

시작코

6.5
=
10코

13=30코

M 39코 L 41코 XL 43코 줍는다
(1코 고무뜨기) 8호 대바늘

※왼쪽 앞 몸판은 대칭으로 뜬다
(①무늬뜨기의 교차뜨기 방향은 동일)

□ = ▬

단춧구멍 내는 방법

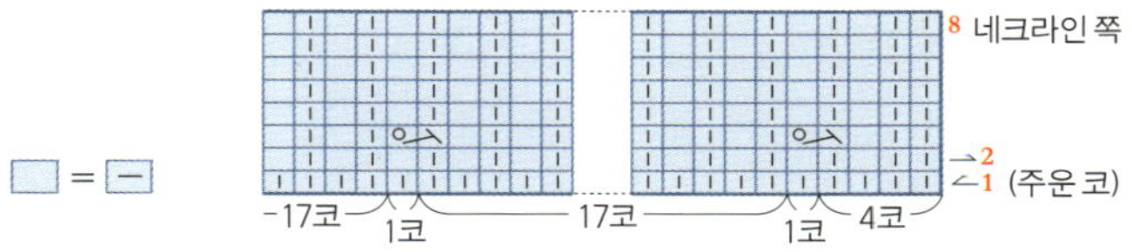

8 네크라인 쪽

2
1 (주운 코)

17코　1코　　17코　1코　4코

70

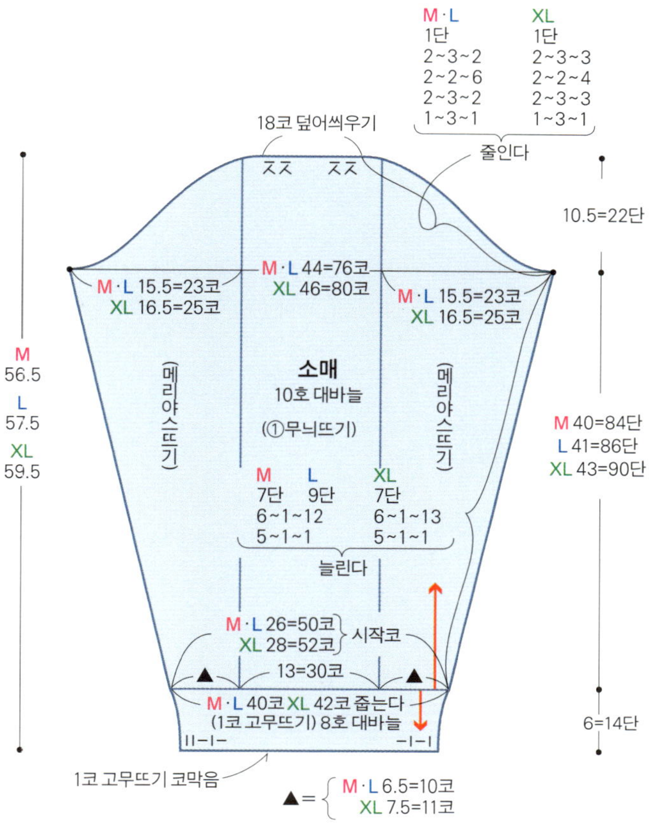

소매 (diagram)

M·L	XL
1단	1단
2-3~2	2-3~3
2-2~6	2-2~4
2-3~2	2-3~3
1-3~1	1-3~1

줄인다

18코 덮어씌우기

10.5=22단

M·L 15.5=23코
XL 16.5=25코

M·L 44=76코
XL 46=80코

M·L 15.5=23코
XL 16.5=25코

M
56.5
L
57.5
XL
59.5

메리야스뜨기

소매
10호 대바늘
(①무늬뜨기)

메리야스뜨기

M 40=84단
L 41=86단
XL 43=90단

M   L   XL
7단   9단   7단
6-1~12 6-1~13
5-1~1   5-1~1

늘린다

M·L 26=50코
XL 28=52코

시작코

13=30코

M·L 40코 XL 42코 줍는다
(1코 고무뜨기) 8호 대바늘

6=14단

1코 고무뜨기 코막음

▲ = { M·L 6.5=10코
        XL 7.5=11코 }

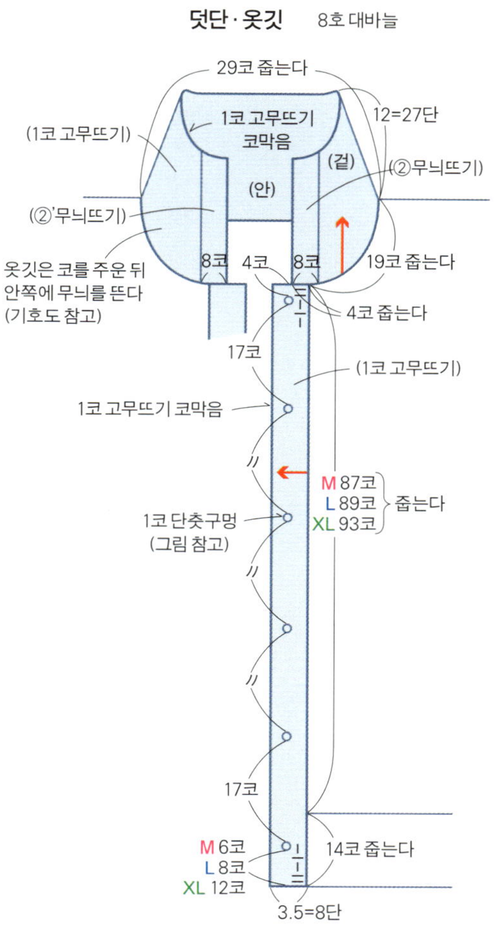

덧단·옷깃   8호 대바늘 (diagram)

29코 줍는다

12=27단

(1코 고무뜨기)
1코 고무뜨기
코막음

(겉)

(②무늬뜨기)

(②무늬뜨기)

(안)

옷깃은 코를 주운 뒤
안쪽에 무늬를 뜬다
(기호도 참고)

8코 4코 8코

17코

19코 줍는다

4코 줍는다

(1코 고무뜨기)

1코 고무뜨기 코막음

1코 단춧구멍
(그림 참고)

M 87코
L 89코
XL 93코
} 줍는다

17코

14코 줍는다

M 6코
L 8코
XL 12코

3.5=8단

①무늬뜨기 기호도

L 사이즈 ※ M·XL은 같은 요령으로 뜬다

마지막 단에서 안뜨기를 2코 모아뜨기로 뜬다
소매는 코를 줄이지 않는다

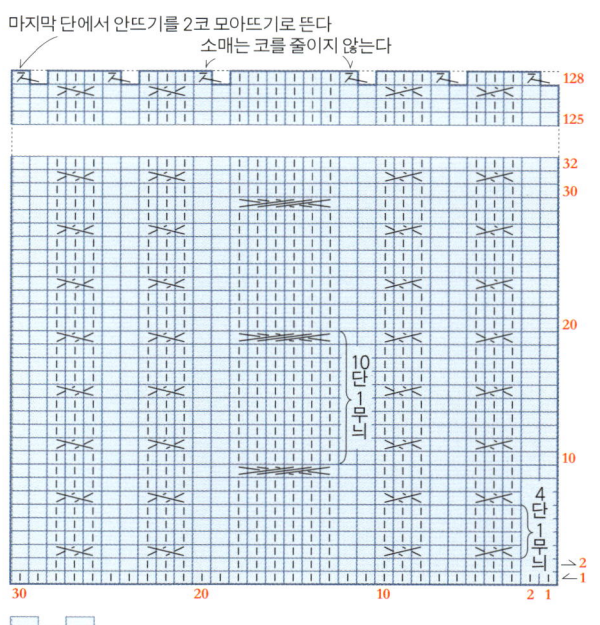

128
125
32
30
20
10
2
1

10단 1무늬

4단 1무늬

30   20   10   2 1

□ = ─

옷깃 뜨는 방법

※ 코를 주운 뒤 안쪽에 무늬를 뜬다
(접었을 때 안쪽이 겉쪽이 된다)

(②'무늬뜨기)   (1코 고무뜨기)   (②무늬뜨기)

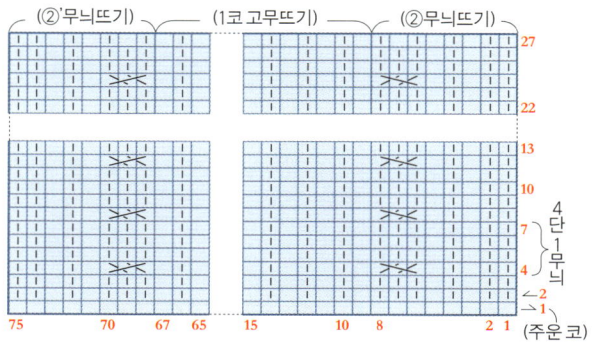

27
22
13
10
7
4
2
1

4단 1무늬

75   70   67 65   15   10 8   2 1 (주운 코)

06
메리야스뜨기 재킷

➡ p.13

실…하마나카 소노모노 그러데이션(한 타래 40g)
회색 계열(102) **M**: 730g **L**: 820g **XL** 900g

바늘…하마나카 아미아미 한쪽이 막힌 대바늘 11호(5.4㎜)·9호
(4.8㎜)·8호(4.5㎜) 각각 2개

기타…지름 2.5㎝의 단추 5개

게이지…메리야스뜨기 16코×20단=사방 10㎝

사이즈…가슴둘레 **M**112.5㎝ **L**122.5㎝ **XL**126.5㎝
길이 **M**67㎝ **L**70㎝ **XL**72㎝
어깨너비 **M**46㎝ **L**49㎝ **XL**51㎝
소매길이 **M**57㎝ **L**58㎝ **XL**58㎝

치수도 단위=㎝   ※지정한 것 외에는 각 사이즈 공통

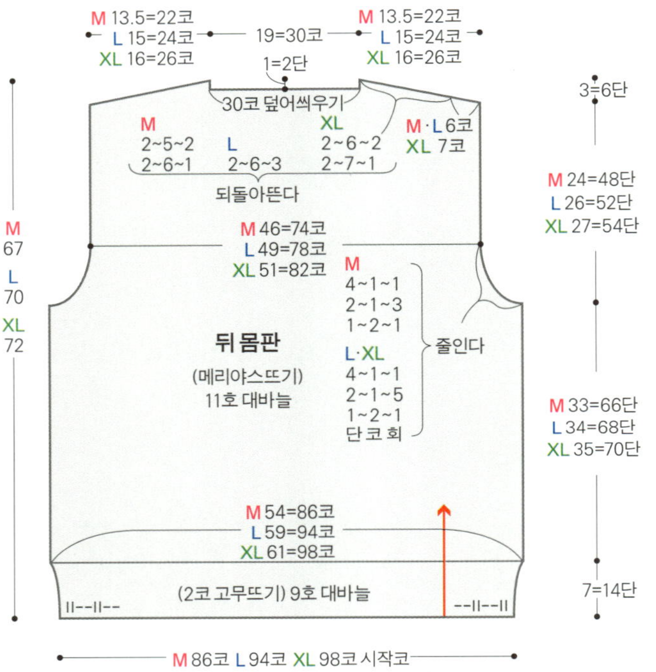

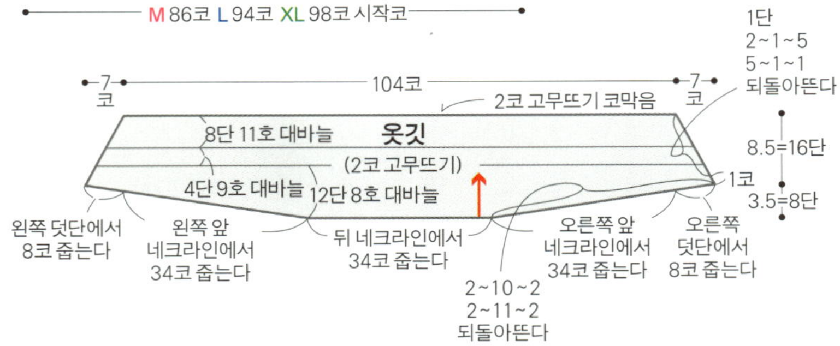

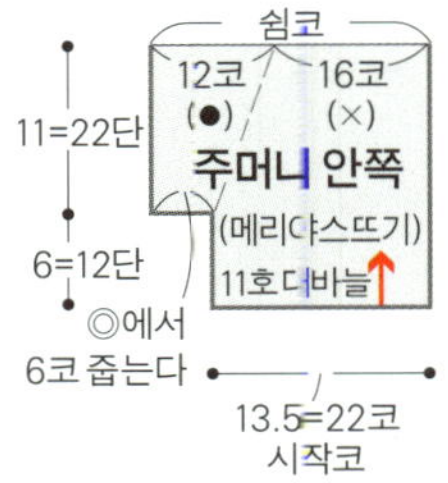

뒤 몸판
(메리야스뜨기) 11호 대바늘

M 13.5=22코 / L 15=24코 / XL 16=26코
19=30코
M 13.5=22코 / L 15=24코 / XL 16=26코
1=2단
30코 덮어씌우기
M 2~5~2 / 2~6~1
L 2~6~3
XL 2~6~2 / 2~7~1
M·L 6코 / XL 7코
되돌아뜬다
3=6단
M 24=48단 / L 26=52단 / XL 27=54단
M 46=74코 / L 49=78코 / XL 51=82코
M 4~1~1 / 2~1~3 / 1~2~1
L·XL 4~1~1 / 2~1~5 / 1~2~1
단코 회
줄인다
M 33=66단 / L 34=68단 / XL 35=70단
M 67 / L 70 / XL 72
M 54=86코 / L 59=94코 / XL 61=98코
(2코 고무뜨기) 9호 대바늘
7=14단
M 86코 L 94코 XL 98코 시작코

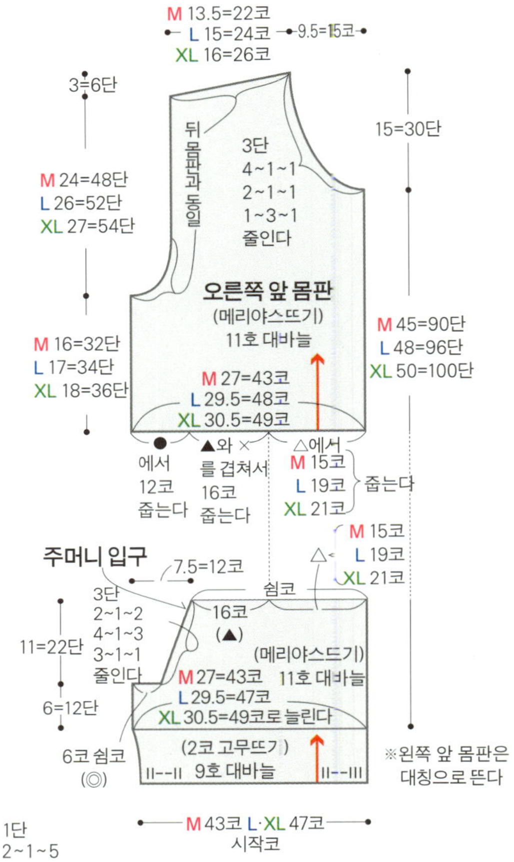

오른쪽 앞 몸판
(메리야스뜨기) 11호 대바늘

M 13.5=22코 / L 15=24코 / XL 16=26코
9.5=15코
3=6단
뒤 몸판과 동일
3단 / 4~1~1 / 2~1~1 / 1~3~1 줄인다
15=30단
M 24=48단 / L 26=52단 / XL 27=54단
M 16=32단 / L 17=34단 / XL 18=36단
M 27=43코 / L 29.5=48코 / XL 30.5=49코
●에서 12코 줄인다
▲와 ×를 겹쳐서 16코 줄인다
△에서
M 15코 / L 19코 / XL 21코 줄인다
M 45=90단 / L 48=96단 / XL 50=100단
△
M 15코 / L 19코 / XL 21코

주머니 입구
7.5=12코
3단 / 2~1~2 / 4~1~3 / 3~1~1 줄인다
11=22단
6=12단
쉼코
16코 (▲)
(메리야스드기) 11호 대바늘
M 27=43코 / L 29.5=47코 / XL 30.5=49코로 늘린다
6코 쉼코 (◎)
(2코 고무뜨기) 9호 대바늘
M 43코 L·XL 47코 시작코
※왼쪽 앞 몸판은 대칭으로 뜬다

주머니 안쪽
(메리야스뜨기) 11호대바늘
쉼코
12코 (●) / 16코 (×)
11=22단
6=12단
◎에서 6코 줄인다
13.5=22코 시작코

옷깃
7코 / 104코 / 7코
1단 / 2~1~5 / 5~1~1 되돌아뜬다
2코 고무뜨기 코막음
8단 11호 대바늘
(2코 고무뜨기)
4단 9호 대바늘 / 12단 8호 대바늘
8.5=16단
3.5=8단
1코
왼쪽 덧단에서 8코 줄인다
왼쪽 앞 네크라인에서 34코 줄인다
뒤 네크라인에서 34코 줄인다
2~10~2 / 2~11~2 되돌아뜬다
오른쪽 앞 네크라인에서 34코 줄인다
오른쪽 덧단에서 8코 줄인다

옷깃 되돌아뜨는 방법
(p.75 참고)

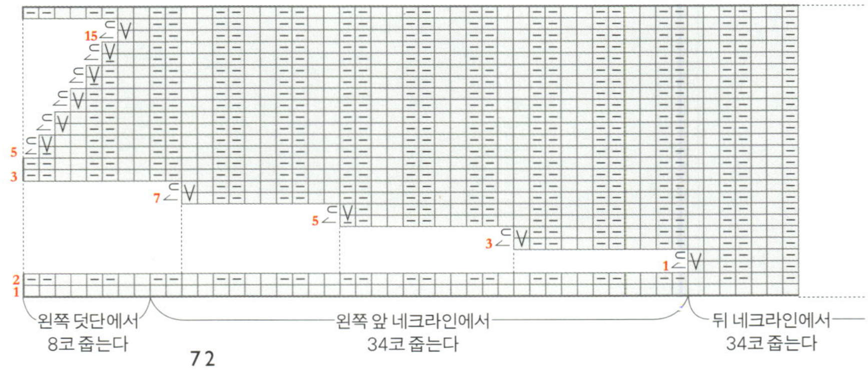

15
5
3
7
5
3
2 / 1
1

왼쪽 덧단에서 8코 줄인다
왼쪽 앞 네크라인에서 34코 줄인다
뒤 네크라인에서 34코 줄인다

뜨는 방법…실은 1가닥을 사용해 뜹니다.

뒤 몸판, 소매는 일반적인 방법으로 코를 만들고 2코 고무뜨기, 메리야스뜨기로 그림과 같이 뜹니다. 앞 몸판은 일반적인 방법으로 코를 만들고 2코 고무뜨기와 메리야스뜨기로 뜨는데 그림과 같이 주머니 입구를 뜬 뒤 코를 쉬게 합니다. 주머니 안쪽은 일반적인 방법으로 코를 만들고 메리야스뜨기로 그림과 같이 뜬 뒤 코를 쉬게 합니다. 주머니 안쪽의 쉼코에 앞 몸판의 쉼코를 겹쳐서 코를 주워 앞 몸판을 메리야스뜨기로 뜹니다. 앞 몸판 가장자리에서 코를 주워 덧단을 2코 고무뜨기로 뜨

는데 겉자락에는 단춧구멍을 내고 마지막은 2코 고무뜨기 코막음을 합니다. 주머니 입구에서 코를 주워 2코 고무뜨기를 뜨고, 2코 고무뜨기 코막음을 합니다. 어깨를 빼뜨기 잇기로 연결하고, 옷깃을 코를 주워 2코 고무뜨기로 대바늘을 바꾸며 뜬 뒤, 2코 고무뜨기 코막음을 합니다. 옆선과 소매 아래를 떠서 꿰매기로 연결하고, 소매를 빼뜨기 꿰매기로 답니다. 주머니 입구를 꿰매어 달고 주머니 안쪽을 몸판 안쪽에 감쳐서 답니다. 단추를 답니다.

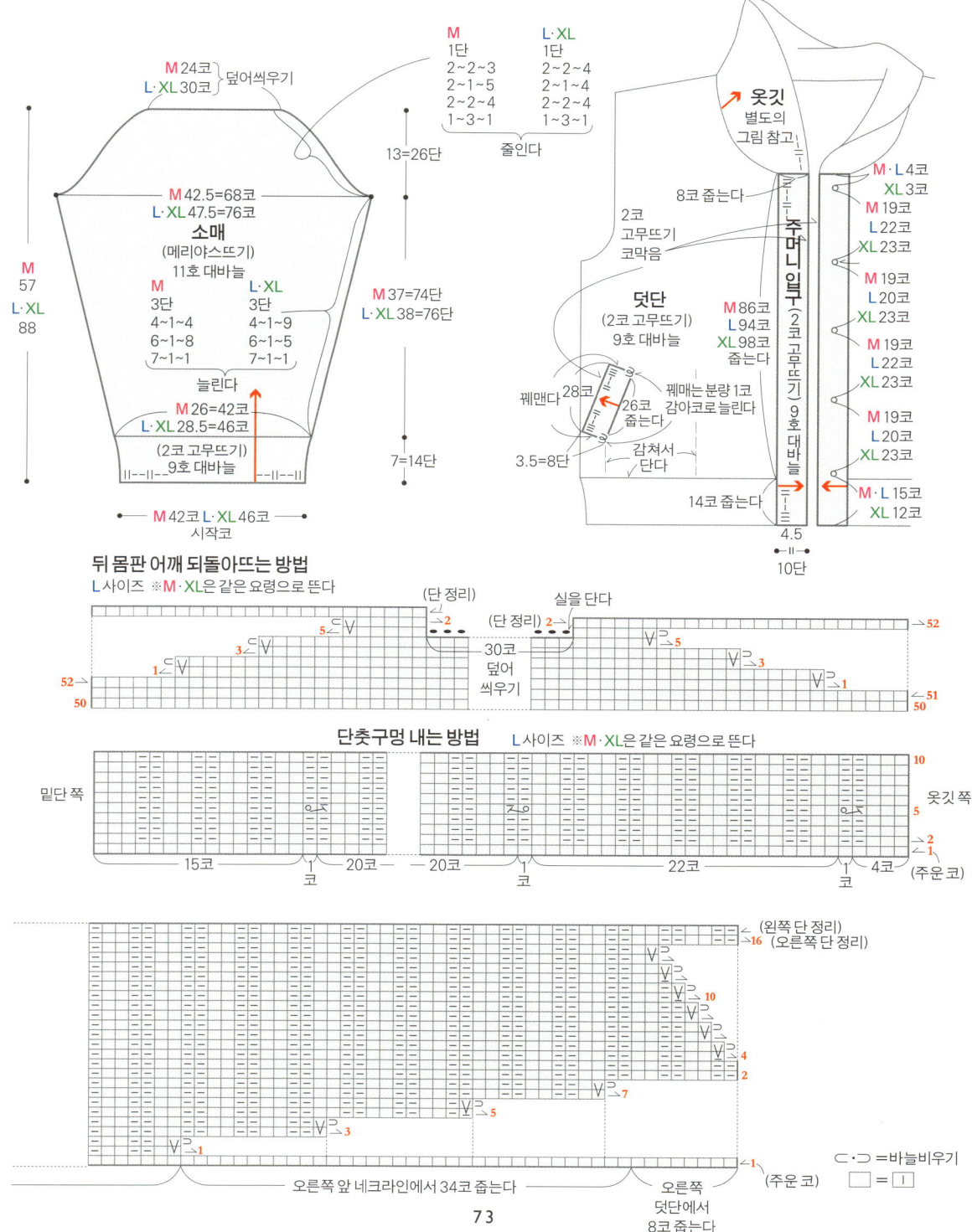

헨리넥 스웨터

➡ p.14

실…하마나카 아란 트위드(한 타래 40g)
연갈색(2) **M**: 590g **L**: 620g **XL**: 675g
바늘…하마나카 아미아미 한쪽이 막힌 대바늘 9호(4.8㎜)·7호(4.2㎜) 각각 2개, 대바늘 7호(4.2㎜) 4개
기타…지름 2.2㎝의 단추 3개
게이지…무늬뜨기 19코×24단=사방 10㎝
사이즈…가슴둘레 **M**108㎝ **L**113㎝ **XL**118㎝
길이 **M**66㎝ **L**68㎝ **XL**70㎝
화장길이 **M**82㎝ **L**84㎝ **XL**86.5㎝

뜨는 방법…실은 1가닥을 사용해 뜹니다.
앞뒤 몸판, 소매는 일반적인 방법으로 코를 만들고 1코 고무뜨기, 무늬뜨기로 그림과 같이 뜹니다. 앞트임에서 코를 주워 덧단을 1코 고무뜨기로 뜨는데 겉자락에는 단춧구멍을 내면서 뜨고 마지막은 1코 고무뜨기 코막음을 합니다. 덧단을 몸판에 꿰매어 답니다. 어깨를 덮어씌워 빼뜨기 잇기로 연결하고, 네크라인에 1코 고무뜨기를 뜨는데 겉자락에는 단춧구멍을 냅니다. 마지막은 1코 고무뜨기 코막음을 합니다. 옆선과 소매 아래를 떠서 꿰매기로 연결하고, 소매를 빼뜨기 꿰매기로 답니다. 단추를 답니다.

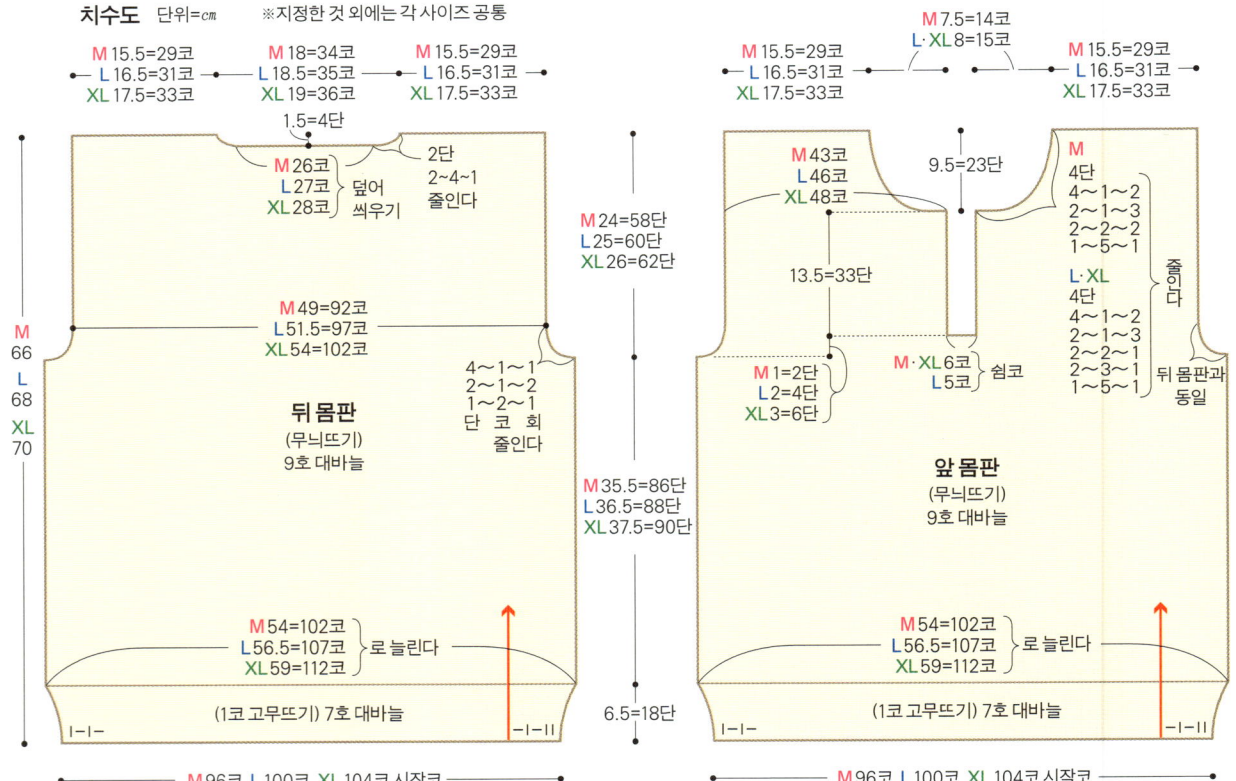

치수도 단위=cm ※지정한 것 외에는 각 사이즈 공통

뒤 몸판 (무늬뜨기) 9호 대바늘

앞 몸판 (무늬뜨기) 9호 대바늘

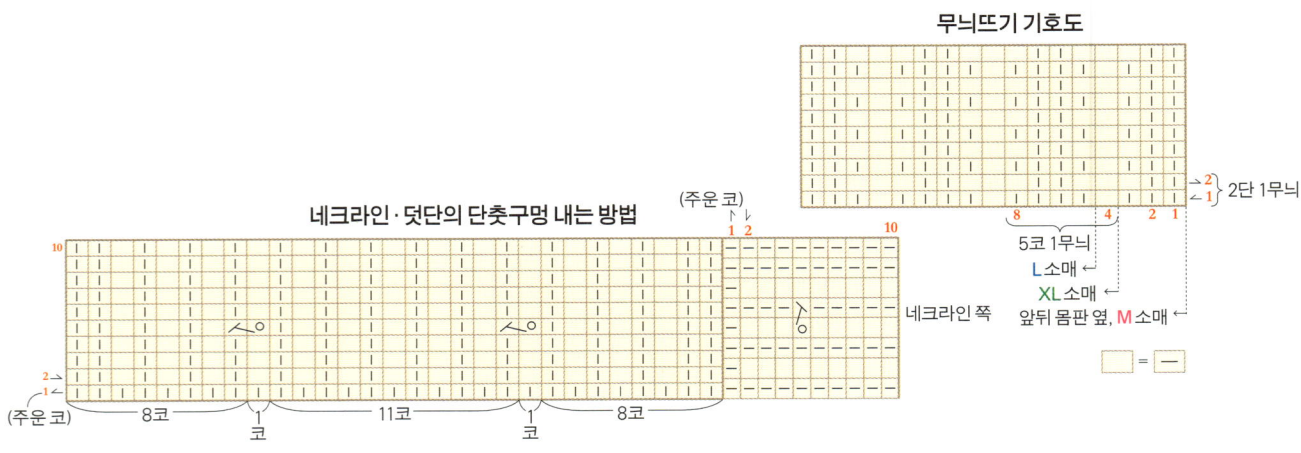

네크라인·덧단의 단춧구멍 내는 방법

무늬뜨기 기호도

74

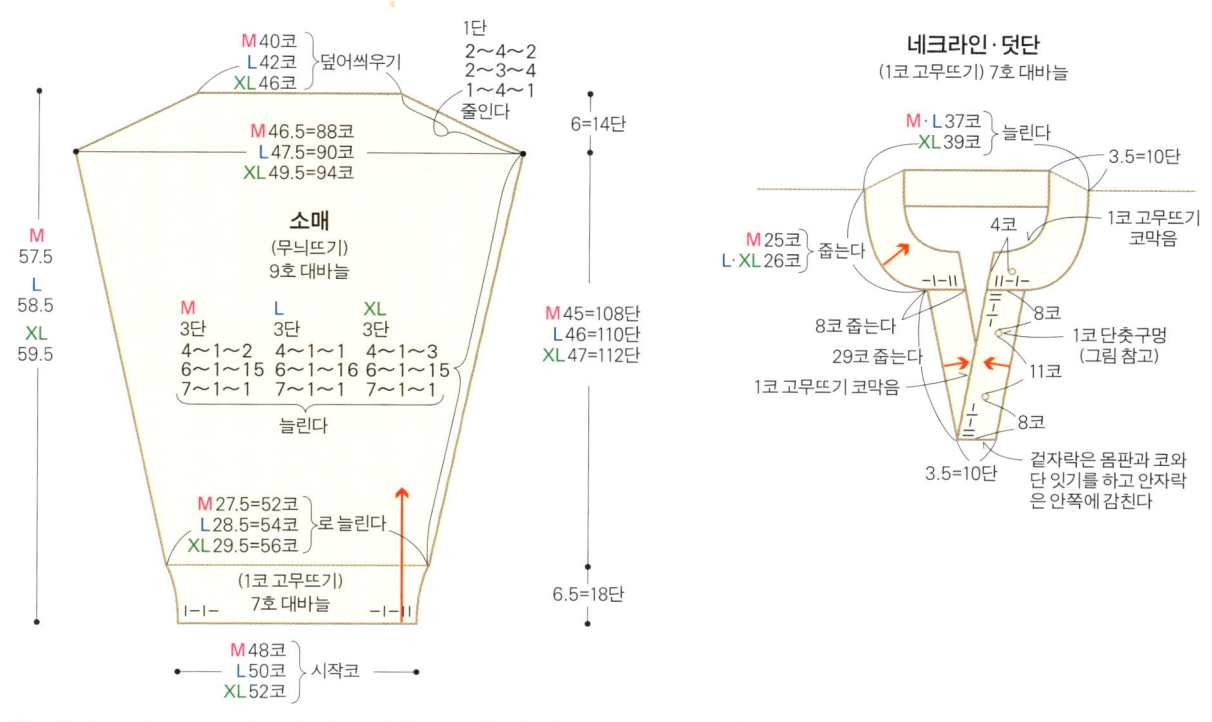

2단마다 늘려 되돌아뜨기(이 책에 공통되는 기초 기법)

되돌아뜨기는 뜨기 끝 쪽에서 시작하므로
좌우에서 1단 차이가 납니다.

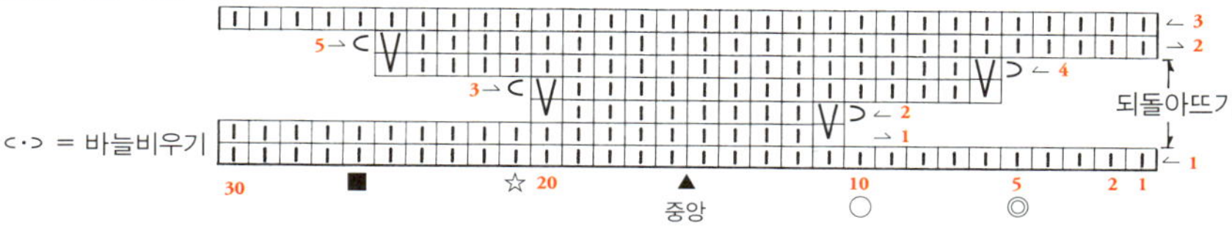

⟨·⟩ = 바늘비우기

1
되돌아뜨기의 1단(안쪽). 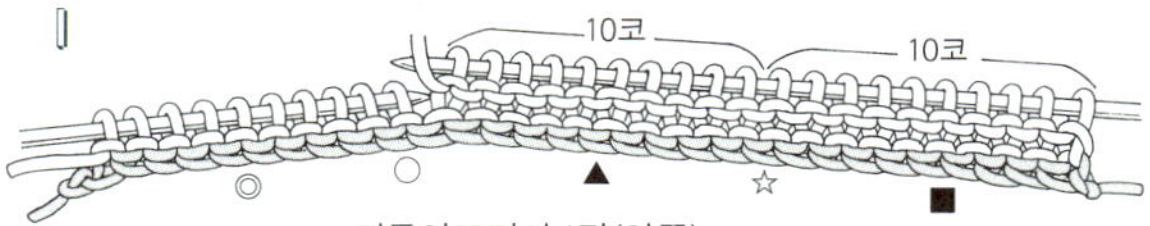
가장자리에서 ○의 앞쪽(20번째 코)까지 뜬다

2 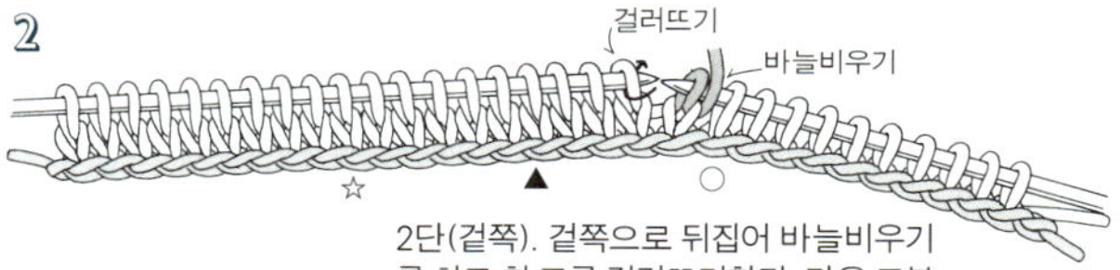
2단(겉쪽). 겉쪽으로 뒤집어 바늘비우기
를 하고 첫 코를 걸러뜨기한다. 다음 코부
터 겉뜨기를 뜬다

걸러뜨기
바늘비우기

3
☆의 앞쪽까지 뜬다

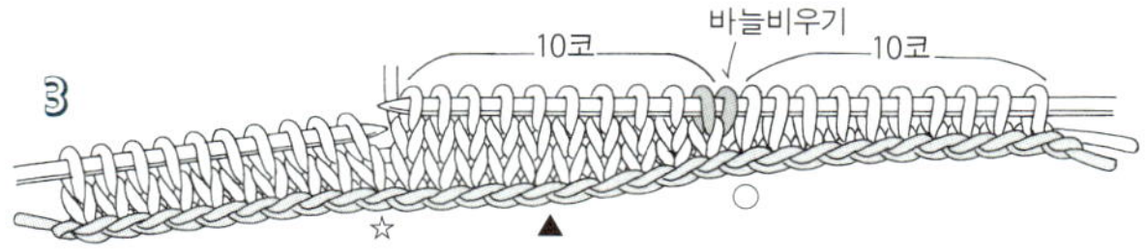

10코 바늘비우기 10코

4 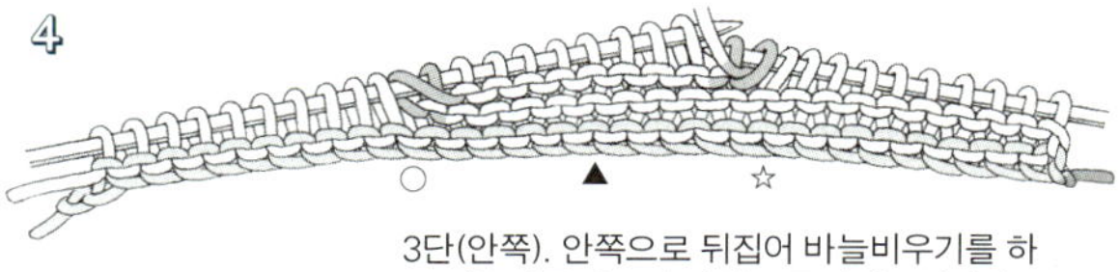
3단(안쪽). 안쪽으로 뒤집어 바늘비우기를 하
고 실을 앞쪽에 놓아서 첫 코를 걸러뜨기한다

5
코 위치를 바꾸어
안뜨기로 2코 모아뜨기

여기까지 뜬다

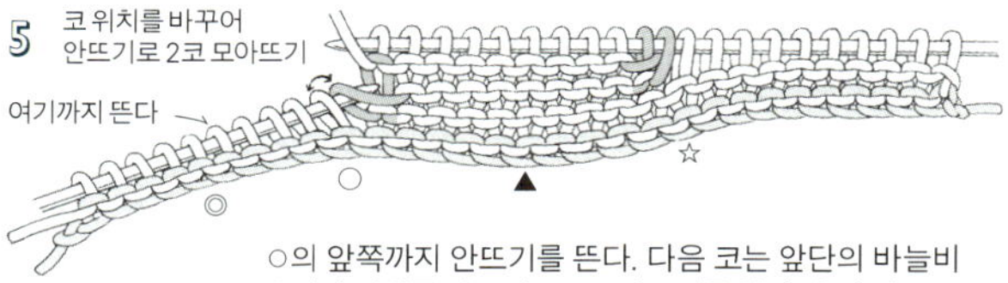

○의 앞쪽까지 안뜨기를 뜬다. 다음 코는 앞단의 바늘비
우기와 위치를 바꾸어 2코 모아뜨기를 한다. ◎의 앞쪽 코
까지 안뜨기를 뜬다

6 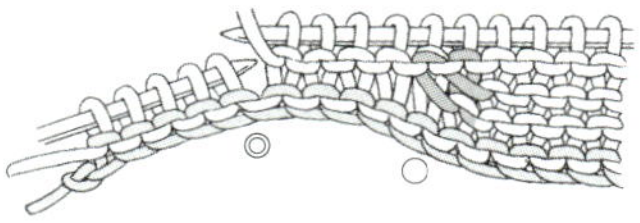
3단을 다 뜬 모습이다

7
겉뜨기로
2코 모아뜨기

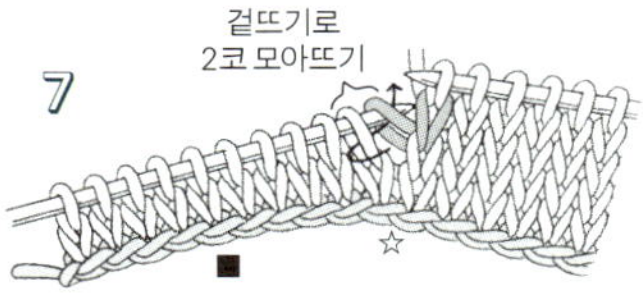

4단(겉쪽). 겉쪽으로 뒤집어 2, 3과
같은 요령으로 ☆의 앞쪽까지 겉뜨
기를 뜨고, 다음 코는 바늘비우기와
2코 모아뜨기를 한다. ■의 앞쪽까지
겉뜨기를 뜬다

8 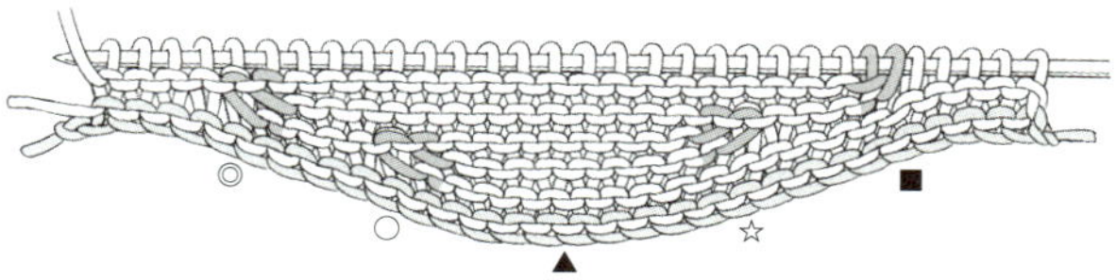
5단. 4, 5와 같은 요령으로 ◎의 위치에서 바늘비우기와 2코 모아뜨기
를 하고 가장자리까지 뜬다. 다음 단은 7과 같은 요령으로 ■의 위치에
서 2코 모아뜨기를 하고 가장자리까지 뜬다

08
노르딕 무늬 스웨터

▶ p.15

실…하마나카 멘스 클럽 마스터(한 타래 50g)

진남색(7) **M**: 295g **L**: 315g **XL**: 350g

회색(56) **M**: 100g **L**: 110g **XL**: 120g

빨간색(42) **M**: 90g **L**: 95g **XL**: 105g

에크뤼색(22) **M**: 75g **L**: 80g **XL**: 85g

바늘…하마나카 아미아미 한쪽이 막힌 대바늘 12호(5.7㎜)·10호 (5.1㎜) 각각 2개, 대바늘 10호(5.1㎜) 4개

게이지…①메리야스뜨기 배색무늬 14.5코×20단=사방 10㎝

②메리야스뜨기 배색무늬 14.5코×17.5단=사방 10㎝

메리야스뜨기 14.5코×20.5단=사방 10㎝

사이즈…가슴둘레 **M**104㎝ **L**109㎝ **XL**114㎝

길이 **M**63㎝ **L**65㎝ **XL**68㎝

어깨너비 **M**39㎝ **L**42㎝ **XL**45㎝

소매길이 **M**57㎝ **L**57㎝ **XL**60.5㎝

뜨는 방법…실은 1가닥을 사용해 ①, ②메리야스뜨기 배색무늬 외에는 진남색으로 뜹니다.

앞뒤 몸판, 소매는 나중에 풀어내는 코를 만들고 ①메리야스뜨기 배색무늬, 메리야스뜨기, ②메리야스뜨기 배색무늬로 그림과 같이 뜹니다. 시작코를 풀어내서 밑단과 소맷부리에 1코 고무뜨기를 뜨고 1코 고무뜨기 코막음을 합니다. 어깨를 빼뜨기 잇기로 연결하고, 네크라인에 1코 고무뜨기를 원형으로 뜬 뒤 1코 고무뜨기 코막음을 합니다. 옆선과 소매 아래를 떠서 꿰매기로 연결하고, 소매를 빼뜨기 꿰매기로 답니다.

치수도 단위=㎝ ※지정한 것 외에는 각 사이즈 공통
※①, ②메리야스뜨기 배색무늬 외에는 진남색으로 뜬다

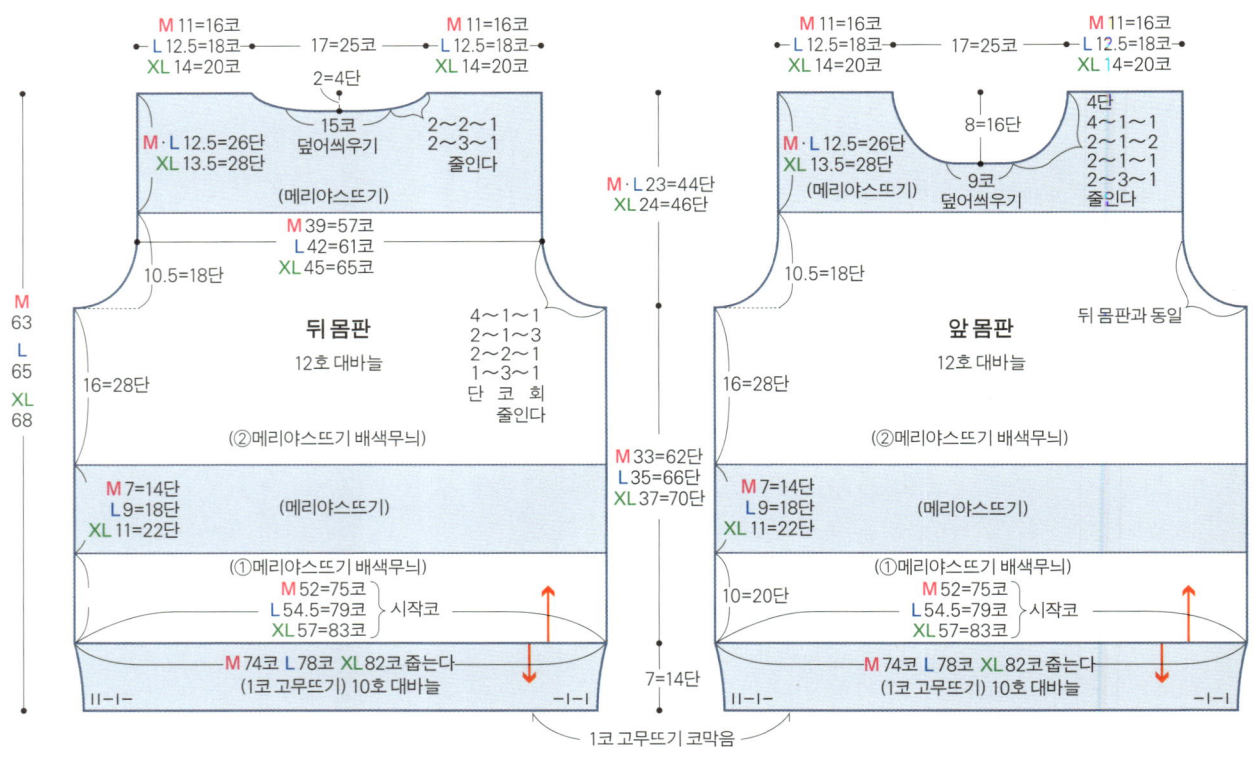

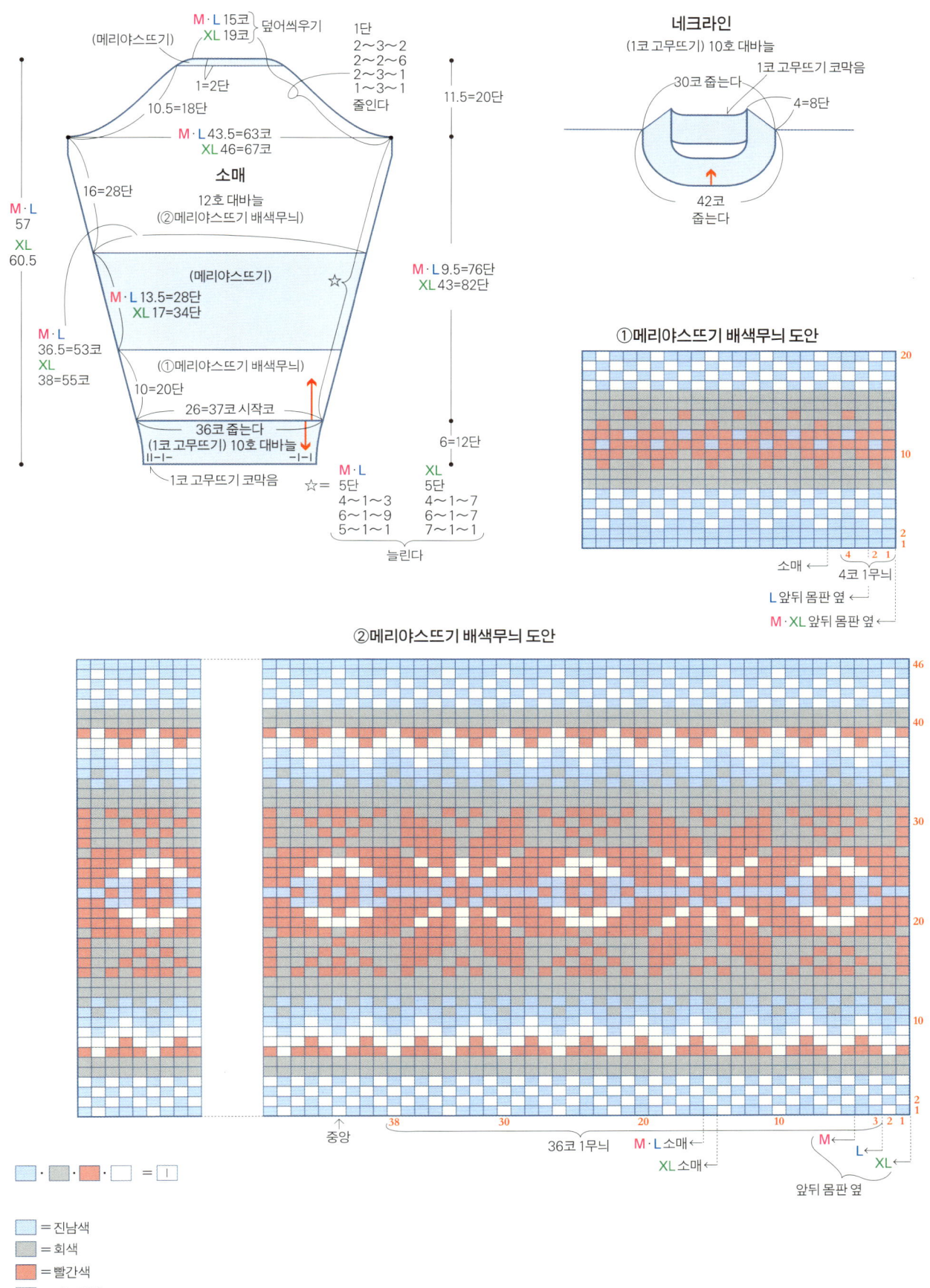

ⓞ9
아란 무늬 베스트

실…하마나카 멘스 클럽 마스터(한 타래 50g)
회색(56) **M**: 450g **L**: 480g **XL**: 505g
바늘…하마나카 아미아미 한쪽이 막힌 대바늘 10호(5.1㎜)·8호
(4.5㎜) 각각 2개, 대바늘 8호(4.5㎜) 4개
기타…지름 2.1㎝의 단추 2개
게이지…①, ①'무늬뜨기 14코=9㎝, 22단=10㎝
②, ②'무늬뜨기 25코=13㎝, 22단=10㎝
③무늬뜨기 12코=6㎝, 22단=10㎝
사이즈…가슴둘레 **M**106㎝ **L**112㎝ **XL**118㎝
길이 **M**63.5㎝ **L**64.5㎝ **XL**65.5㎝
어깨너비 **M**46.5㎝ **L**47.5㎝ **XL**47.5㎝

↦ p.16

뜨는 방법…실은 1가닥을 사용해 뜹니다.
앞뒤 몸판은 나중에 풀어내는 코를 만들고 ①~③무늬뜨기로 그림과 같이 뜨는데 앞 몸판은 지정한 위치에서 감아코로 코를 늘리고 좌우로 나누어 뜹니다. 시작코를 풀어내서 밑단에 1코 고무뜨기를 뜨고 1코 고무뜨기 코막음을 합니다. 어깨를 덮어씌워 **빼뜨기** 잇기로 연결하고, 네크라인에 1코 고무뜨기를 뜬 뒤 1코 고무뜨기 코막음을 합니다. 덧단은 겉자락에 단춧구멍을 내면서 1코 고무뜨기를 뜨고 1코 고무뜨기 코막음을 합니다. 덧단을 몸판에 꿰매어 답니다. 옆선을 떠서 꿰매기로 연결하고, 진동둘레에 1코 고무뜨기를 원형으로 뜬 뒤 1코 고무뜨기 코막음을 합니다. 단추를 답니다.

네크라인
(1코 고무뜨기) 8호 대바늘

29코 줄인다 — 1코 고무뜨기 코막음
3.5=8단
M24코 L·XL26코 줄인다
M24코 L·XL26코 줄인다

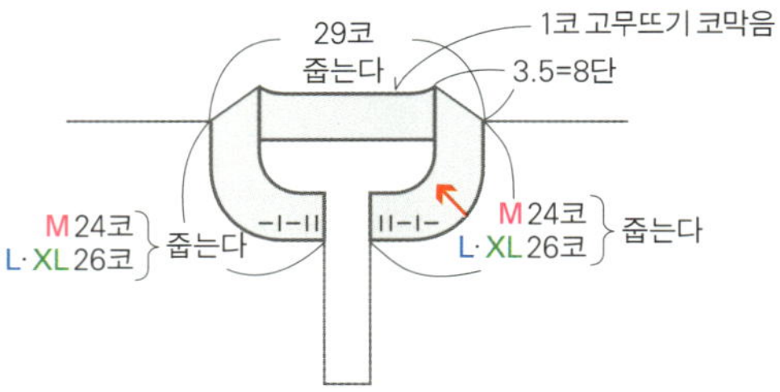

덧단, 진동둘레
(1코 고무뜨기) 8호 대바늘

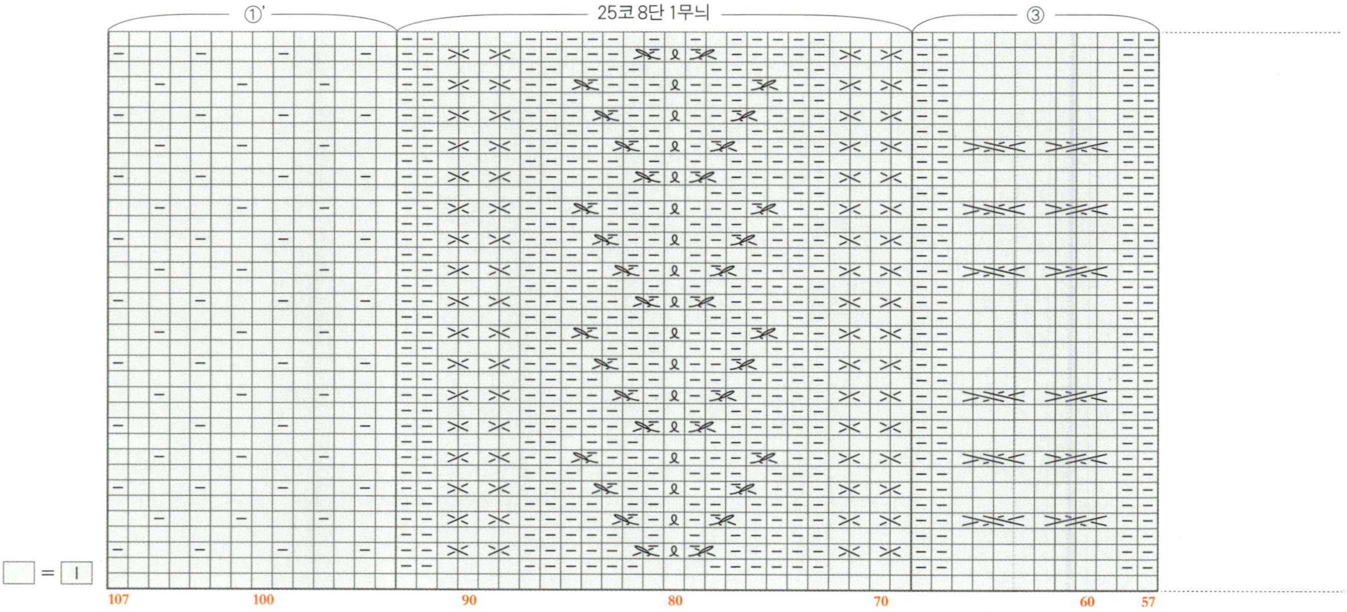

4코
1코 단춧구멍 (그림 참고)
13코
1코 고무뜨기 코막음
10코
29코 줄인다
3.5=8단
겉자락은 몸판과 코와 단 잇기를 하고 안자락은 안쪽에 감친다
앞뒤 몸판에서 M100코 L106코 XL110코 줄인다
1코 고무뜨기 코막음

(패턴 차트)
①' | ②' 25코 8단 1무늬 | ③
107 100 90 80 70 60 57
□ = |

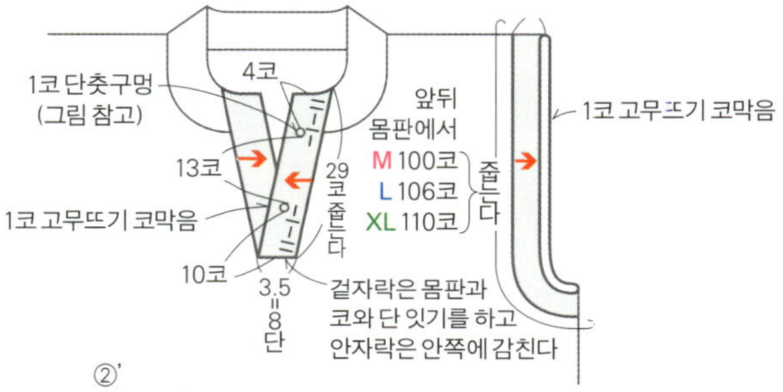

단춧구멍 내는 방법
8 네크라인 쪽
2
1 (주운 코)
10코 1코 13코 1코 4코

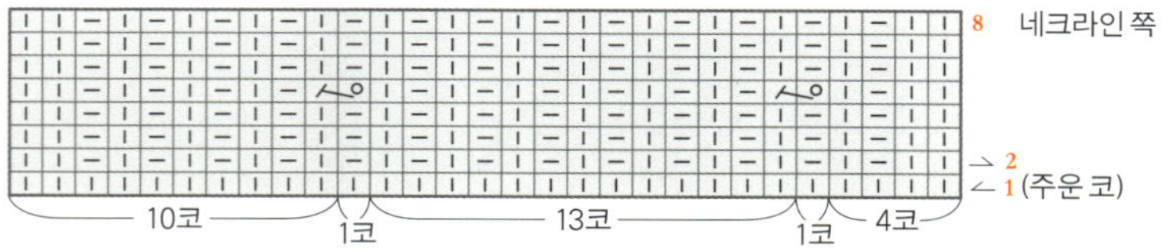

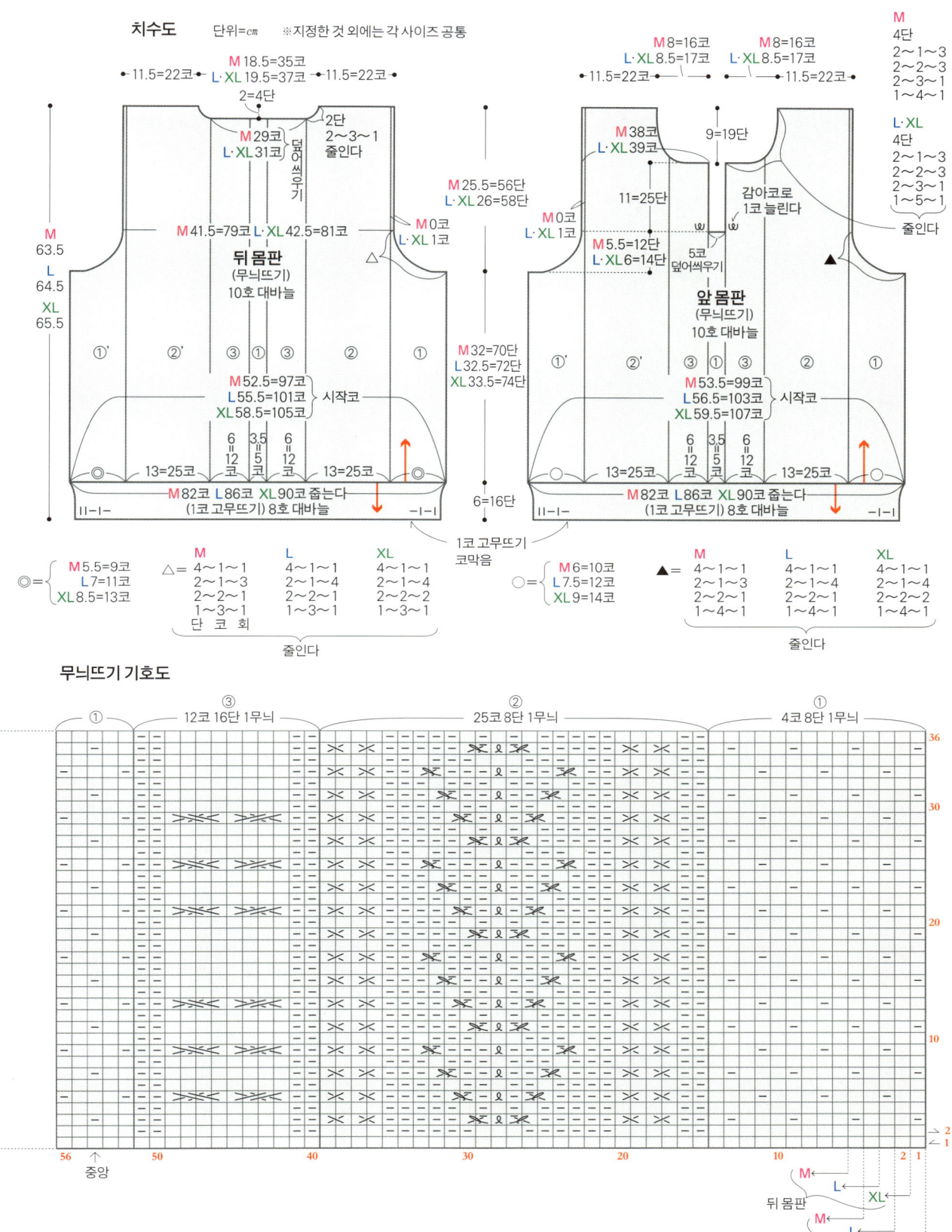

10
숄칼라 카디건

⇢ p.17

실…하마나카 멘스 클럽 마스터(한 타래 50g)
주황색(60) **M**: 750g **L**: 830g **XL**: 900g
바늘…하마나카 아미아미 한쪽이 막힌 대바늘 12호(5.7㎜) · 10호 (5.1㎜) 각각 2개
기타…지름 2㎝의 단추 6개
게이지…무늬뜨기 39코=20㎝, 22단=10㎝
　　　　멍석뜨기 15코×22단=사방 10㎝
　　　　가터뜨기 6코=4㎝, 22단=10㎝
사이즈…가슴둘레 M108㎝ L114㎝ XL120㎝
　　　　길이 M66㎝ L69㎝ XL71㎝
　　　　어깨너비 M42㎝ L44㎝ XL47㎝
　　　　소매길이 M56㎝ L58㎝ XL59㎝

뜨는 방법…실은 1가닥을 사용해 뜹니다.
뒤 몸판은 일반적인 방법으로 코를 만들고 1코 고무뜨기, 멍석뜨기, 무늬뜨기로 그림과 같이 뜹니다. 앞 몸판은 일반적인 방법으로 코를 만들고 1코 고무뜨기, 가터뜨기, 무늬뜨기, 멍석뜨기로 그림과 같이 뜨는데 겉자락에는 단춧구멍을 내면서 뜹니다. 소매는 일반적인 방법으로 코를 만들고 1코 고무뜨기, 멍석뜨기, 무늬뜨기로 그림과 같이 뜹니다. 어깨를 덮어씌워 빼뜨기 잇기로 연결하고, 뒤 옷깃을 가터뜨기로 뜬 뒤 덮어씌워 코막음합니다. 앞 몸판(★)에서 코를 주워 앞 옷깃을 가터뜨기로 뜨고 덮어씌워 코막음합니다. 뒤 옷깃과 앞 옷깃을 코와 단 잇기로 연결하고 네크라인에 떠서 꿰매기로 연결합니다. 옆선과 소매 아래를 떠서 꿰매기로 연결하고, 소매를 빼뜨기 꿰매기로 답니다. 단추를 답니다.

치수도 　단위=㎝ 　※지정한 것 외에는 각 사이즈 공통

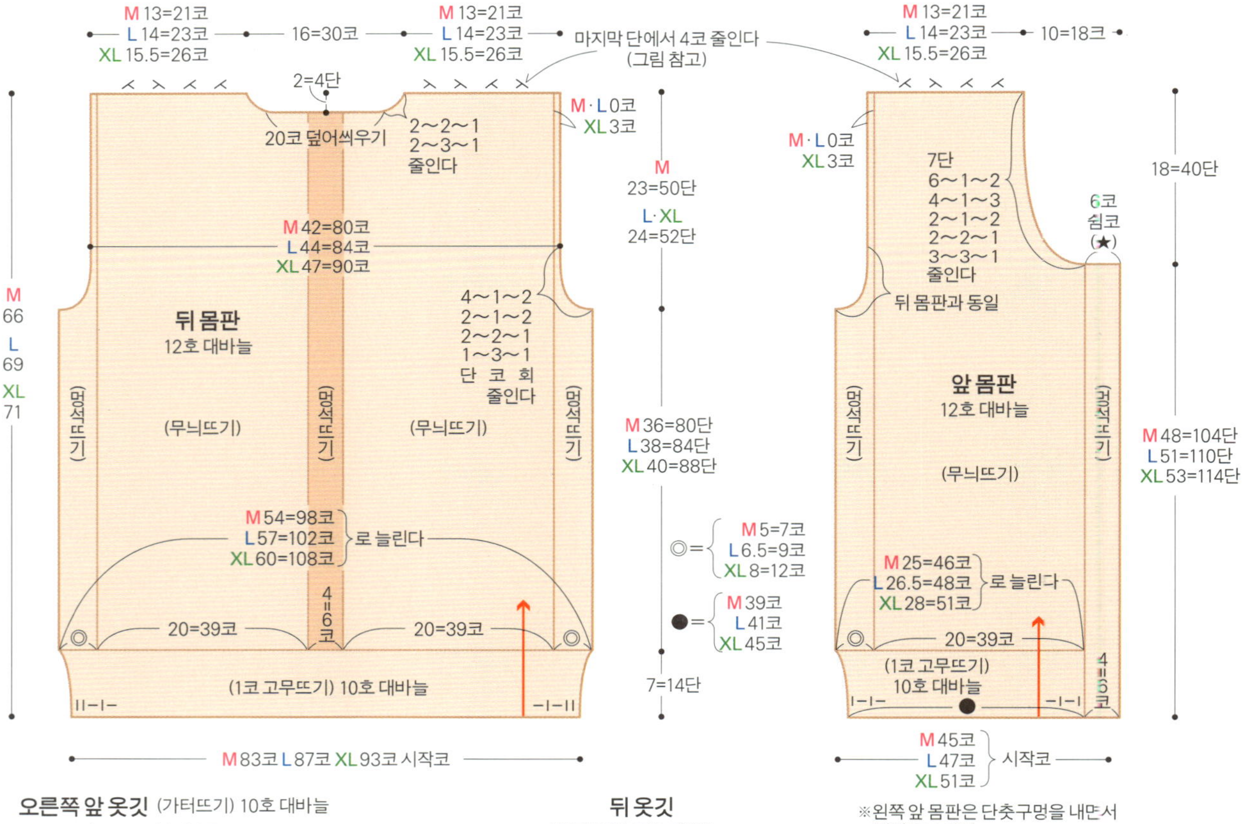

뒤 몸판 (12호 대바늘)

M 13=21코 / L 14=23코 / XL 15.5=26코　　16=30코　　M 13=21코 / L 14=23코 / XL 15.5=26코

마지막 단에서 4코 줄인다 (그림 참고)

20코 덮어씌우기　2=4단

2~2~1 / 2~3~1 줄인다　M·L 0코 XL 3코

M 42=80코 / L 44=84코 / XL 47=90코

(무늬뜨기)　(멍석뜨기)　(무늬뜨기)

4~1~2 / 2~1~2 / 2~2~1 / 1~3~1 단 코 회 줄인다

M 54=98코 / L 57=102코 / XL 60=108코 로 늘린다

20=39코　4=6코　20=39코

(1코 고무뜨기) 10호 대바늘

M 83코 L 87코 XL 93코 시작코

M 66 / L 69 / XL 71

앞 몸판 (12호 대바늘)

M 13=21코 / L 14=23코 / XL 15.5=26코　　10=18크

M·L 0코 XL 3코

7단 / 6~1~2 / 4~1~3 / 2~1~2 / 2~2~1 / 3~3~1 줄인다

뒤 몸판과 동일

6코 쉼코 (★)

18=40단

(무늬뜨기)

M 25=46코 / L 26.5=48코 / XL 28=51코 로 늘린다

20=39코　4=6코

(1코 고무뜨기) 10호 대바늘

M 45코 / L 47코 / XL 51코 시작코

M 48=104단 / L 51=110단 / XL 53=114단

※왼쪽 앞 몸판은 단춧구멍을 내면서 대칭으로 뜬다

소매

M 23=50단 / L·XL 24=52단

M 36=80단 / L 38=84단 / XL 40=88단

◎ = M 5=7코 / L 6.5=9코 / XL 8=12코
● = M 39코 / L 41코 / XL 45코

7=14단

오른쪽 앞 옷깃 (가터뜨기) 10호 대바늘

14=22코

덮어씌워 코막음한다

8=23단

10=27단

※왼쪽 앞 옷깃도 똑같이 뜬다

8~1~1 / 4~1~2 / 2~1~4 / 3~1~1 늘린다

★에서 6코 줍는다

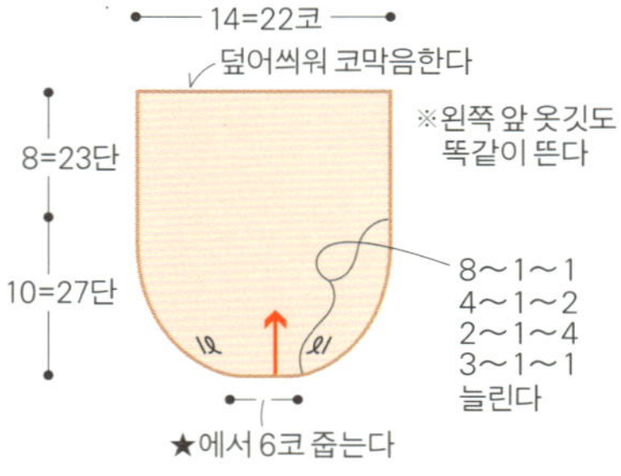

뒤 옷깃 (가터뜨기) 10호 대바늘

29=42코

덮어씌워 코막음한다

5단 / 4~1~7 / 3~1~1 늘린다 (겉)

13=36단

뒤 몸판 (겉)

26코 줍는다

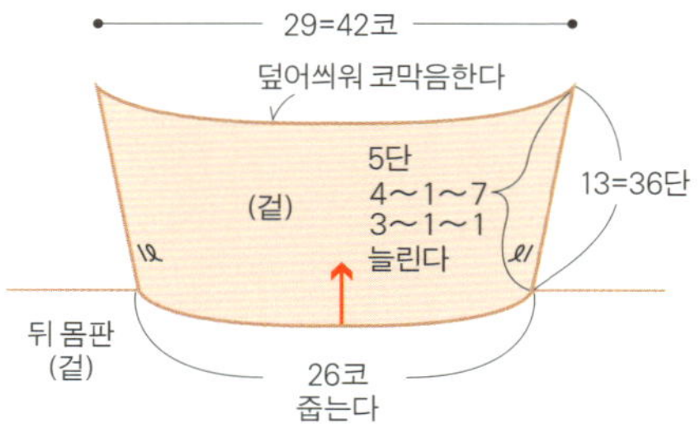

가터뜨기 기호도

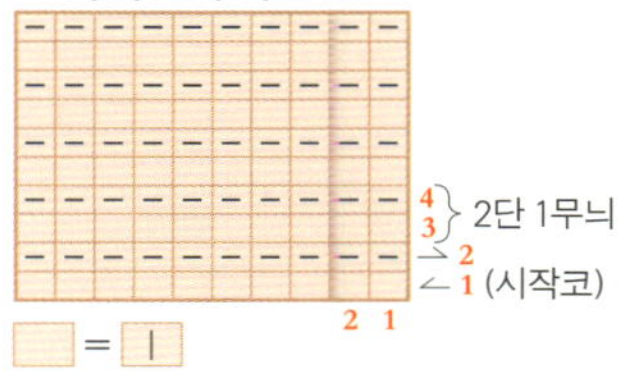

2단 1무늬

4 / 3 / 2 / 1 (시작코)

□ = |

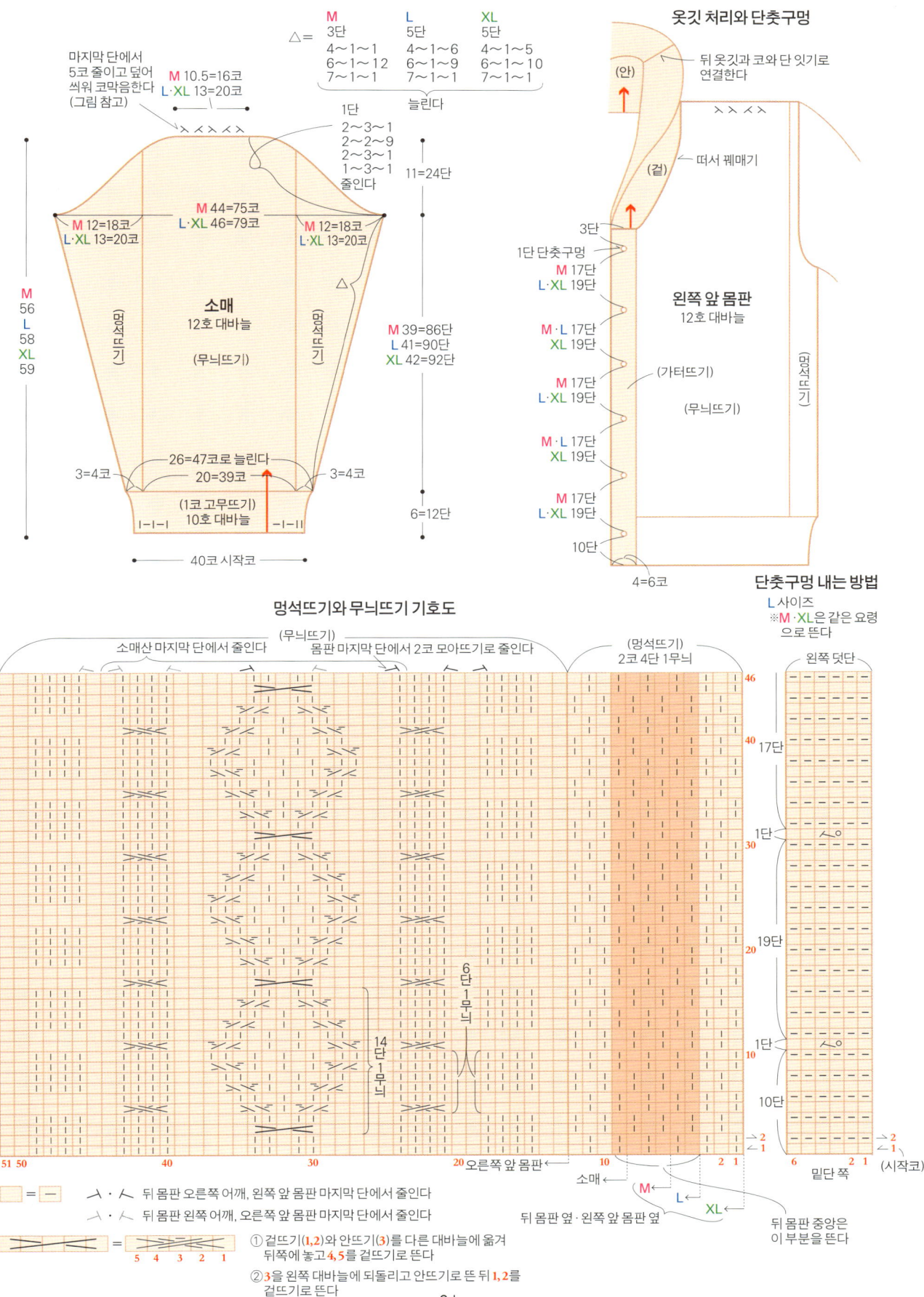

옷깃 처리와 단춧구멍

소매
12호 대바늘
(무늬뜨기)

마지막 단에서
5코 줄이고 덮어
씌워 코막음한다
(그림 참고)

M 10.5=16코
L·XL 13=20코

△ =

	M	L	XL
	3단	5단	5단
	4~1~1	4~1~6	4~1~5
	6~1~12	6~1~9	6~1~10
	7~1~1	7~1~1	7~1~1
	늘린다		

1단
2~3~1
2~2~9
2~3~1
1~3~1
줄인다

11=24단

M 44=75코
L·XL 46=79코

M 12=18코
L·XL 13=20코

M 12=18코
L·XL 13=20코

M 56
L 58
XL 59

뒤 옷깃과 코와 단 잇기로
연결한다

(안)

(겉)

떠서 꿰매기

3단

1단 단춧구멍
M 17단
L·XL 19단

M·L 17단
XL 19단

M 17단
L·XL 19단

M·L 17단
XL 19단

M 17단
L·XL 19단

왼쪽 앞 몸판
12호 대바늘

(가터뜨기)

(무늬뜨기)

(멍석뜨기)

M 39=86단
L 41=90단
XL 42=92단

6=12단

26=47코로 늘린다
20=39코

3=4코
3=4코

(1코 고무뜨기)
10호 대바늘

40코 시작코

10단

4=6코

단춧구멍 내는 방법
L 사이즈
※ M·XL은 같은 요령
으로 뜬다

멍석뜨기와 무늬뜨기 기호도

소매산 마지막 단에서 줄인다

(무늬뜨기)
몸판 마지막 단에서 2코 모아뜨기로 줄인다

(멍석뜨기)
2코 4단 1무늬

왼쪽 덧단

46

40
17단

1단
30

19단

20

1단
10

10단

6단
1무늬

14단
1무늬

51 50   40   30   20 오른쪽 앞 몸판 ←   10   2 1   6   2 1 (시작코)

밑단 쪽

오른쪽 앞 몸판 ←

소매

M ←
L ←
XL ←

뒤 몸판 옆·왼쪽 앞 몸판 옆

뒤 몸판 중앙은
이 부분을 뜬다

= −

↘·↙ 뒤 몸판 오른쪽 어깨, 왼쪽 앞 몸판 마지막 단에서 줄인다

↙·↘ 뒤 몸판 왼쪽 어깨, 오른쪽 앞 몸판 마지막 단에서 줄인다

=
5 4 3 2 1

① 겉뜨기(1,2)와 안뜨기(3)를 다른 대바늘에 옮겨
뒤쪽에 놓고 4,5를 겉뜨기로 뜬다
② 3을 왼쪽 대바늘에 되돌리고 안뜨기로 뜬 뒤 1,2를
겉뜨기로 뜬다

➡ p.18-19

바이컬러 스웨터

p.18

p.19

실…하마나카 멘스 클럽 마스터(한 타래 50g)
p.18 A색…멜란지그레이색(31) B색…검은색(13)
p.19 A색…파란색(66) B색…녹색(65)
M: A색 380g B색 240g **L**: A색 430g B색 270g **XL**: A색 450g B색 290g
바늘…하마나카 아미아미 한쪽이 막힌 대바늘 10호(5.1mm)·7호(4.2mm) 각각 2개, 대바늘 7호(4.2mm) 4개
게이지…메리야스뜨기 14.5코×20.5단=사방 10cm
①, ①'무늬뜨기 23코=11cm, 20.5단=10cm
②무늬뜨기 30코=13cm, 20.5단=10cm
③, ③'무늬뜨기 19코=9cm, 20.5단=10cm
사이즈…가슴둘레 M112cm L116cm XL124cm
길이 M68cm L70cm XL73cm

어깨너비 M43cm L45cm XL49cm
소매길이 M59cm L60cm XL62cm
뜨는 방법…실은 1가닥을 사용해 지정한 배색대로 뜹니다.
뒤 몸판은 일반적인 방법으로 코를 만들고 1코 고무뜨기, 메리야스뜨기로 그림과 같이 뜹니다. 앞 몸판, 소매는 일반적인 방법으로 코를 만들고 1코 고무뜨기, 메리야스뜨기, ①~③무늬뜨기로 그림과 같이 뜹니다. 어깨를 덮어씌워 **빼뜨기** 잇기로 연결합니다. 네크라인에서 코를 주워 1코 고무뜨기를 원형으로 뜨고 1코 고무뜨기 코막음을 합니다. 옆선과 소매 아래를 떠서 꿰매기로 연결하고, 소매를 빼뜨기 꿰매기로 답니다.

치수도 단위=cm ※지정한 것 외에는 각 사이즈 공통
□ = A색   ▨ = B색

뒤 몸판 (메리야스뜨기) 10호 대바늘
M 43=62코 / L 45=66코 / XL 49=72코
M 56=80코 / L 58=84코 / XL 62=90코
(1코 고무뜨기) 7호 대바늘
M 80코 L 84코 XL 90코 시작코

M 12.5=18코 / L 13.5=20코 / XL 15=22코
M·L 18=26코 / XL 19=28코
M 12.5=18코 / L 13.5=20코 / XL 15=22코
2=4단
M·L 22코 / XL 24코
M·L 5코 / XL 6코
덮어씌우기
2단 2~2~1 줄인다
M 2~4~2 2~5~1 / L 2~5~3 / XL 2~5~2 2~6~1 되돌아뜬다
3=6단
M 23.5=48단 / L 24.5=50단 / XL 26.5=54단
4=8단
M 30=62단 / L 31=64단 / XL 32=66단
7.5=20단
4~1~1 2~1~3 2~2~1 1~3~1 단코 회 줄인다

M 68 L 70 XL 73

앞 몸판 10호 대바늘
M 12.5=23코 / L 13.5=25코 / XL 15=27코
M·L 18=42코 / XL 19=44코
M 12.5=23코 / L 13.5=25코 / XL 15=27코
M 2~5~1 2~6~2 / L 2~6~3 / XL 2~6~1 2~7~2 되돌아뜬다
9.5=20단
M·L 18코 / XL 20코
M 6코 / L·XL 7코
덮어씌우기
4~1~1 2~1~2 2~2~1 2~3~1 2~4~1 줄인다
뒤 몸판과 동일
M 17=34단 / L 18=36단 / XL 20=40단
메리야스뜨기 / ①'무늬뜨기 / ②무늬뜨기 / ①무늬뜨기 / 메리야스뜨기
M 56=106코 / L 58=110코 / XL 62=116코 로 늘린다
11=23코 / 13=30코 / 11=23코
(1코 고무뜨기) 7호 대바늘
M 80코 L 84코 XL 90코 시작코
◎ = M 10.5=15코 / L 11.5=17코 / XL 13.5=20코

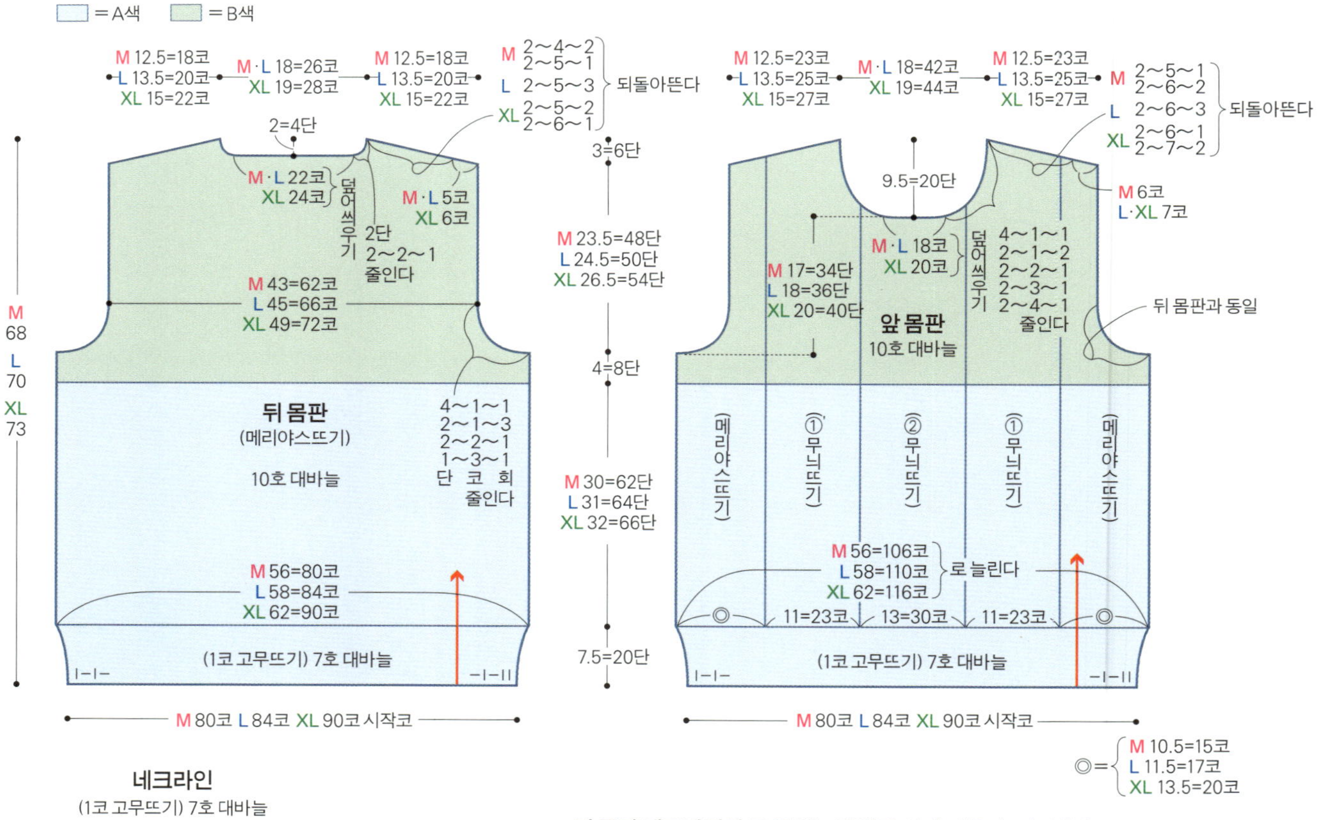

네크라인
(1코 고무뜨기) 7호 대바늘
M·L 28코 / XL 30코 줍는다
1코 고무뜨기 코막음
3.5=10단
M·L 50코 / XL 52코 줍는다

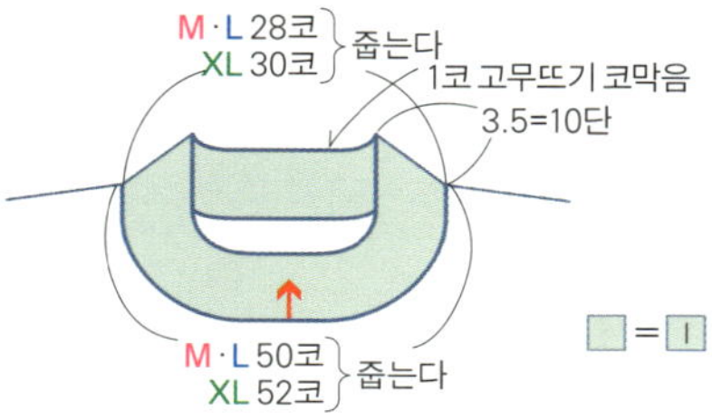

뒤 몸판 네크라인의 코 줄이는 방법과 어깨 되돌아뜨는 방법
L 사이즈 ※M·XL은 같은 요령으로 뜬다
☐ = I
(단 정리)
실을 단다
22코 덮어 씌우기
50 / 49 / 50

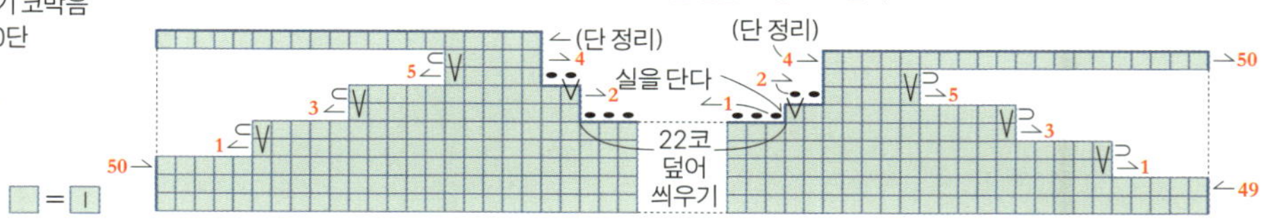

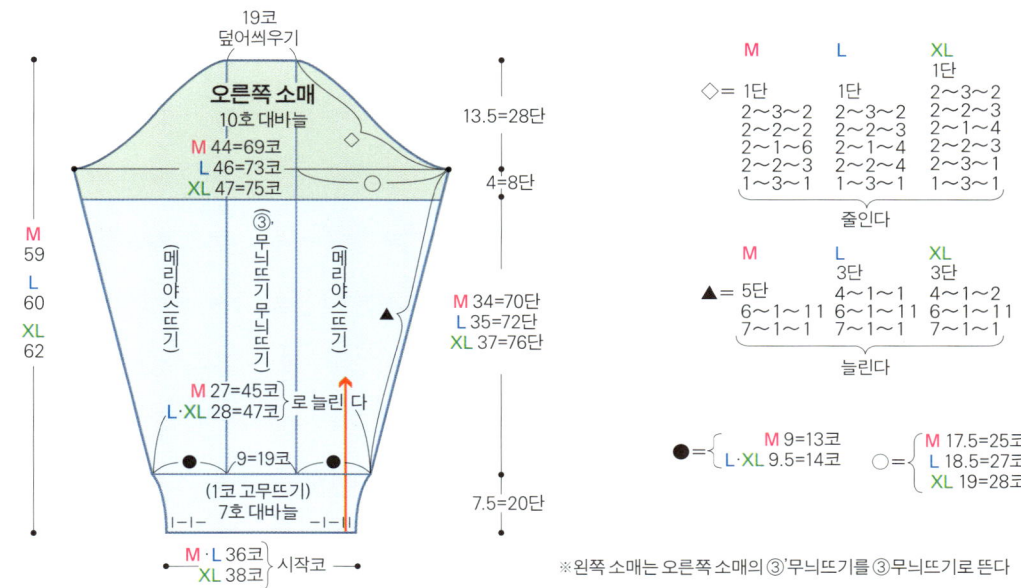

19코
덮어씌우기

오른쪽 소매
10호 대바늘
M 44=69코
L 46=73코
XL 47=75코

13.5=28단

4=8단

M
59
L
60
XL
62

[메리야스뜨기]　③'무늬뜨기무늬뜨기　[메리야스뜨기]

M 34=70단
L 35=72단
XL 37=76단

M 27=45코
L·XL 28=47코 ﹜로 늘린다

9=19코

M·L 36코
XL 38코 ﹜시작코

(1코 고무뜨기)
7호 대바늘

7.5=20단

M	L	XL
		1단
◇= 1단	1단	2~3~2
2~3~2	2~3~2	2~2~3
2~2~2	2~2~2	2~1~6
2~1~6	2~1~4	2~2~3
2~2~3	2~2~4	2~3~1
1~3~1	1~3~1	1~3~1

줄인다

M	L	XL
	3단	3단
▲= 5단	4~1~1	4~1~2
6~1~11	6~1~11	6~1~11
7~1~1	7~1~1	7~1~1

늘린다

●= { M 9=13코
L·XL 9.5=14코

○= { M 17.5=25코
L 18.5=27코
XL 19=28코

※왼쪽 소매는 오른쪽 소매의 ③'무늬뜨기를 ③'무늬뜨기로 뜬다

무늬뜨기 기호도와 앞 몸판의 코 늘리는 위치

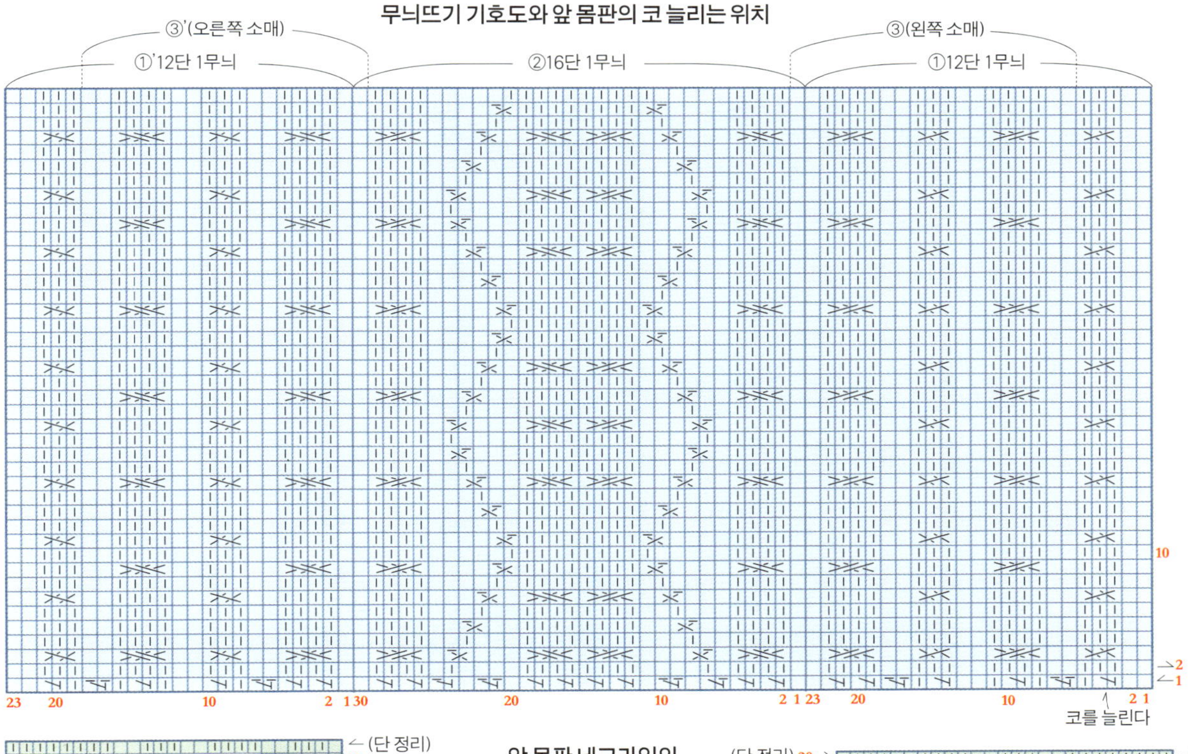

③'(오른쪽 소매)　②16단 1무늬　③(왼쪽 소매)

①'12단 1무늬　　①12단 1무늬

10

23　20　　10　　2 1 30　　20　　10　　2 1 23　20　　10　　2 1

코를 늘린다

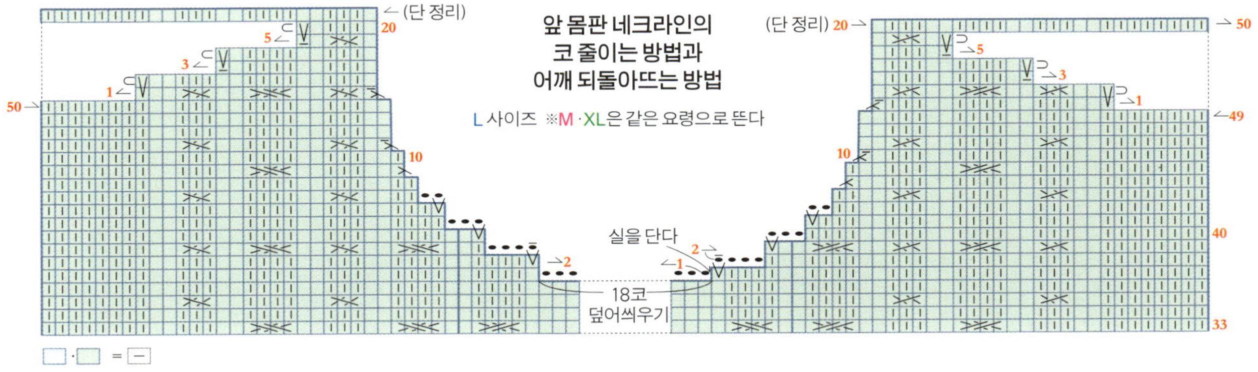

2
1

앞 몸판 네크라인의 코 줄이는 방법과 어깨 되돌아뜨는 방법

L 사이즈 ※M·XL은 같은 요령으로 뜬다

← (단 정리)　20　　　　　(단 정리) 20 →　50 →

50 ←

49 →

10

실을 단다

18코
덮어씌우기

40

33

▢·▢ = ▭

12

순록 무늬 재킷

↝ p.20

실…하마나카 캐나디안 3S '트위드'(한 타래 100g)
베이지색(101) M: 250g L: 290g XL: 300g
회색(106) M: 230g L: 245g XL: 260g
남색(107) M: 190g L: 205g XL: 230g
황록색(103) M: 80g L: 90g XL: 95g
바늘…하마나카 아미아미 대바늘 15호(6.6mm) 4개
기타…지름 2.5cm의 단추 5개
게이지…메리야스뜨기 배색무늬 12.5코×15단=사방 10cm
사이즈…가슴둘레 M108.5cm L112.5cm XL118.5cm
길이 M68cm L70.5cm XL74.5cm
화장길이 M82.5cm L85cm XL87.5cm

뜨는 방법…실은 3가닥을 하나로 모아서 메리야스뜨기 배색무늬 외에는 회색으로 뜹니다.
앞 몸판, 덧단은 이어서 일반적인 방법으로 코를 만들고 가터뜨기, 2코 고무뜨기, 메리야스뜨기 배색무늬로 겉자락에 단춧구멍을 내면서 옷깃도 이어서 뜹니다. 소매는 일반적인 방법으로 코를 만들고 2코 고무드기, 메리야스뜨기 배색무늬로 그림과 같이 뜹니다. 몸판고 소매의 래글런 선을 메리야스 잇기와 떠서 꿰매기로 답니다. 옷깃을 중앙을 가터 잇기를 하고 뒤 옷깃 트임과 옷깃을 1코 회감치기로 답니다. 소매 아래를 떠서 꿰매기로 연결합니다. 단추를 답니다.

치수도 단위=cm

※지정한 것 외에는 각 사이즈 공통
※메리야스뜨기 배색무늬 외에는 회색으로 뜬다
※메리야스뜨기 배색무늬는 감아 뜨는 방법
　(p.56-57)으로 뜬다
※앞뒤 몸판, 소매의 1단(시작코)은 안쪽을 겉쪽
　으로 사용한다

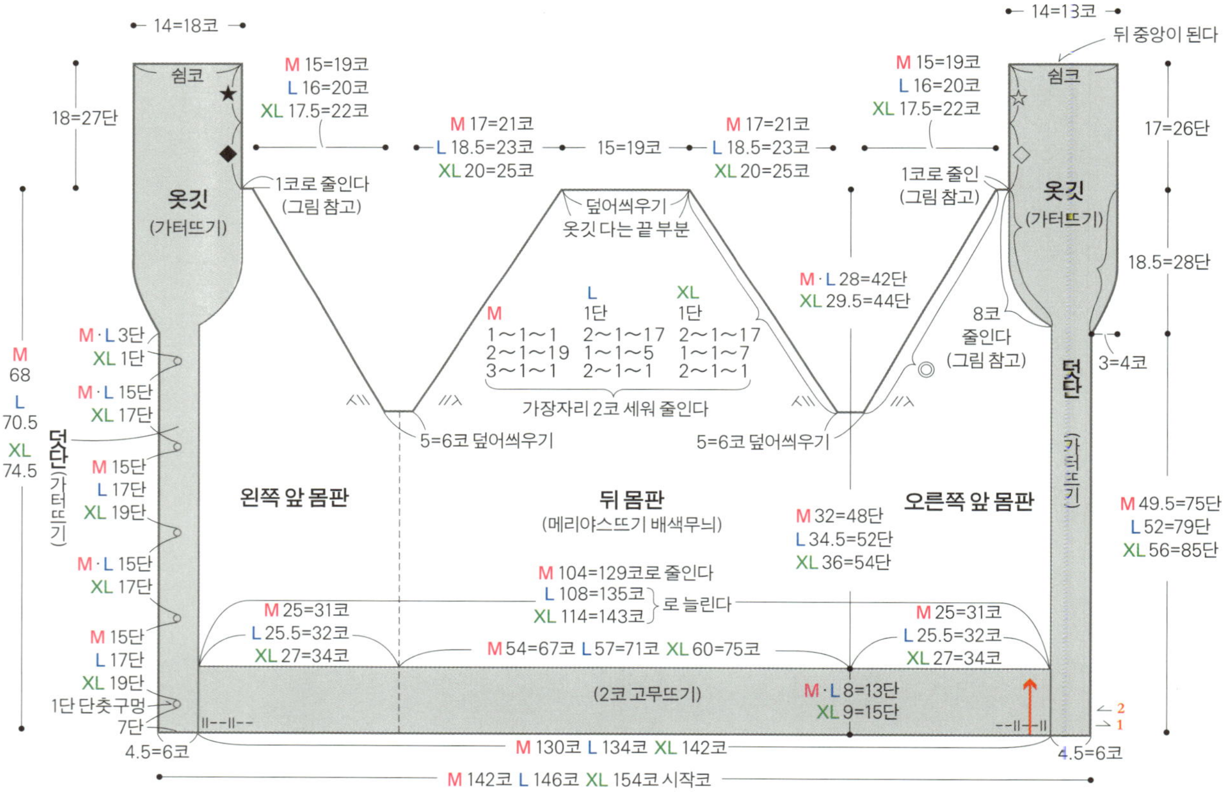

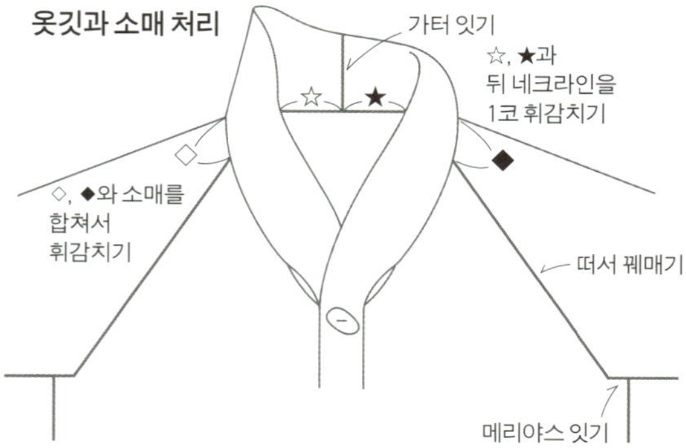

[도안 및 치수 표기 — 생략]

옷깃과 소매 처리

84

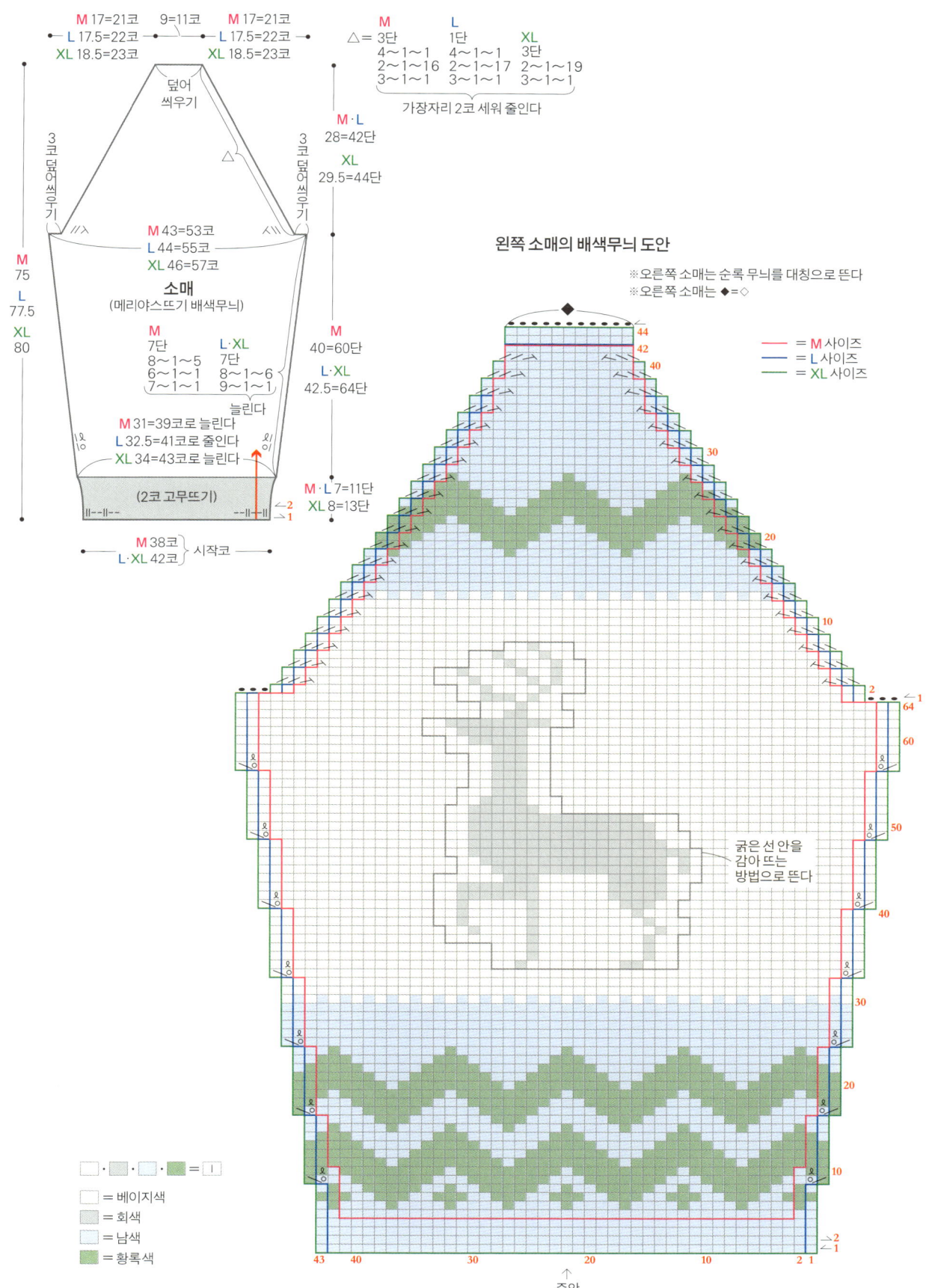

M 17=21코　9=11코　M 17=21코
L 17.5=22코　　　L 17.5=22코
XL 18.5=23코　　　XL 18.5=23코

덮어
씌우기

3코덮어씌우기

3코덮어씌우기

△ = 3단　　1단
　4〜1〜1　4〜1〜1　3단
　2〜1〜16　2〜1〜17　2〜1〜19
　3〜1〜1　3〜1〜1　3〜1〜1
가장자리 2코 세워 줄인다

M
75
L
77.5
XL
80

M 43=53코
L 44=55코
XL 46=57코

소매
(메리야스뜨기 배색무늬)

M
7단
8〜1〜5　　L·XL
6〜1〜1　　7단
7〜1〜1　　8〜1〜6
　　　　　9〜1〜1
늘린다

M 31=39코로 늘린다
L 32.5=41코로 줄인다
XL 34=43코로 늘린다

(2코 고무뜨기)

M 38코
L·XL 42코

시작코

M·L
28=42단
XL
29.5=44단

M
40=60단
L·XL
42.5=64단

M·L 7=11단
XL 8=13단

2
1

왼쪽 소매의 배색무늬 도안

※오른쪽 소매는 순록 무늬를 대칭으로 뜬다
※오른쪽 소매는 ◆=◇

= M 사이즈
= L 사이즈
= XL 사이즈

44
42
40

30

20

10

2
1

64

60

50

40

30

20

10

2
1

굵은 선안을
감아 뜨는
방법으로 뜬다

= 베이지색
= 회색
= 남색
= 황록색

43　40　　30　　20　　10　2 1
↑
중앙

85

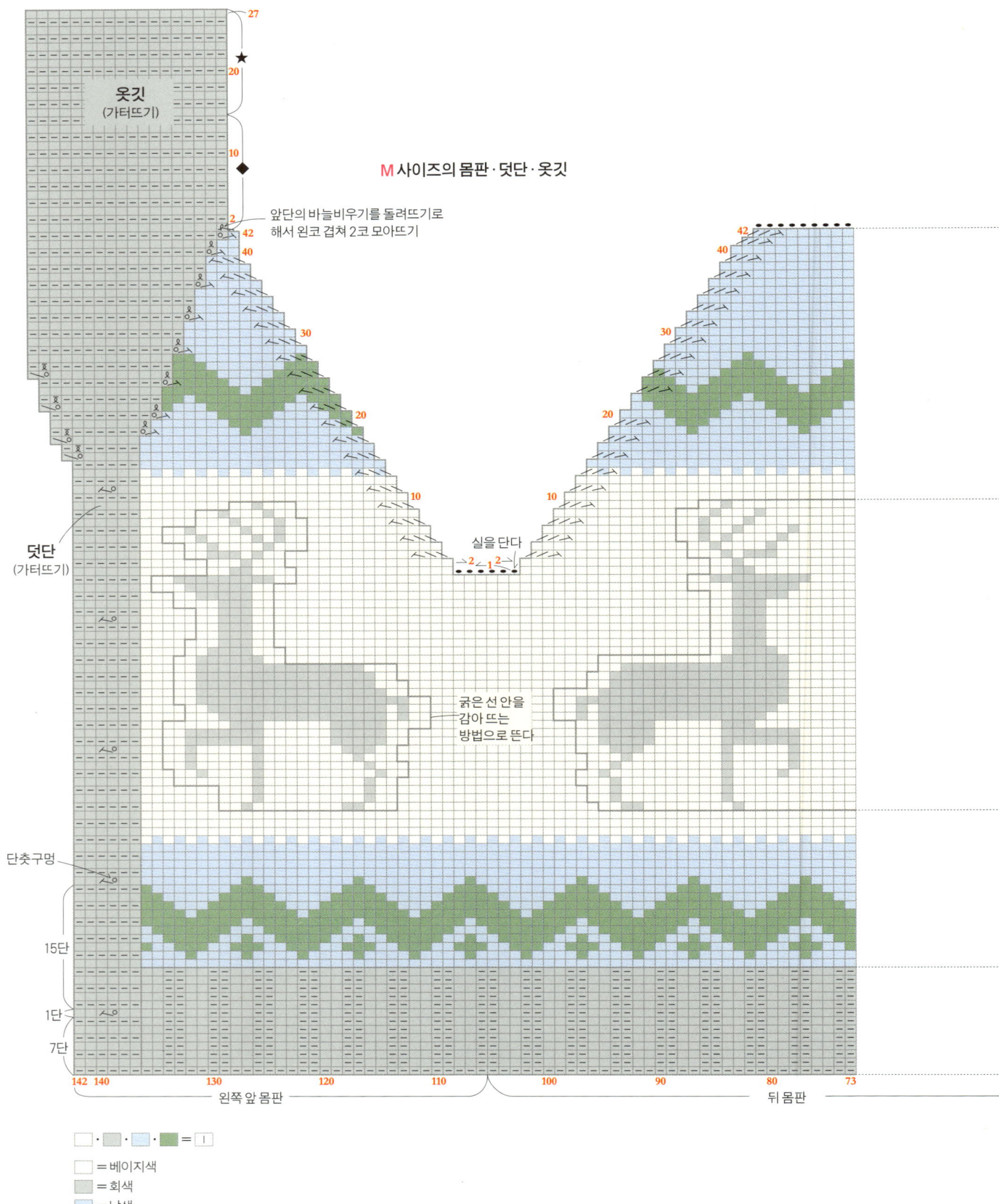

옷깃
(가터뜨기)

M 사이즈의 몸판·덧단·옷깃

앞단의 바늘비우기를 돌려뜨기로
해서 왼코 겹쳐 2코 모아뜨기

덧단
(가터뜨기)

실을 단다

굵은 선 안을
감아 뜨는
방법으로 뜬다

단춧구멍

15단

1단

7단

왼쪽 앞 몸판

뒤 몸판

☐ · ▨ · ▨ · ▨ = ☐

☐ = 베이지색
▨ = 회색
▨ = 남색
▨ = 황록색

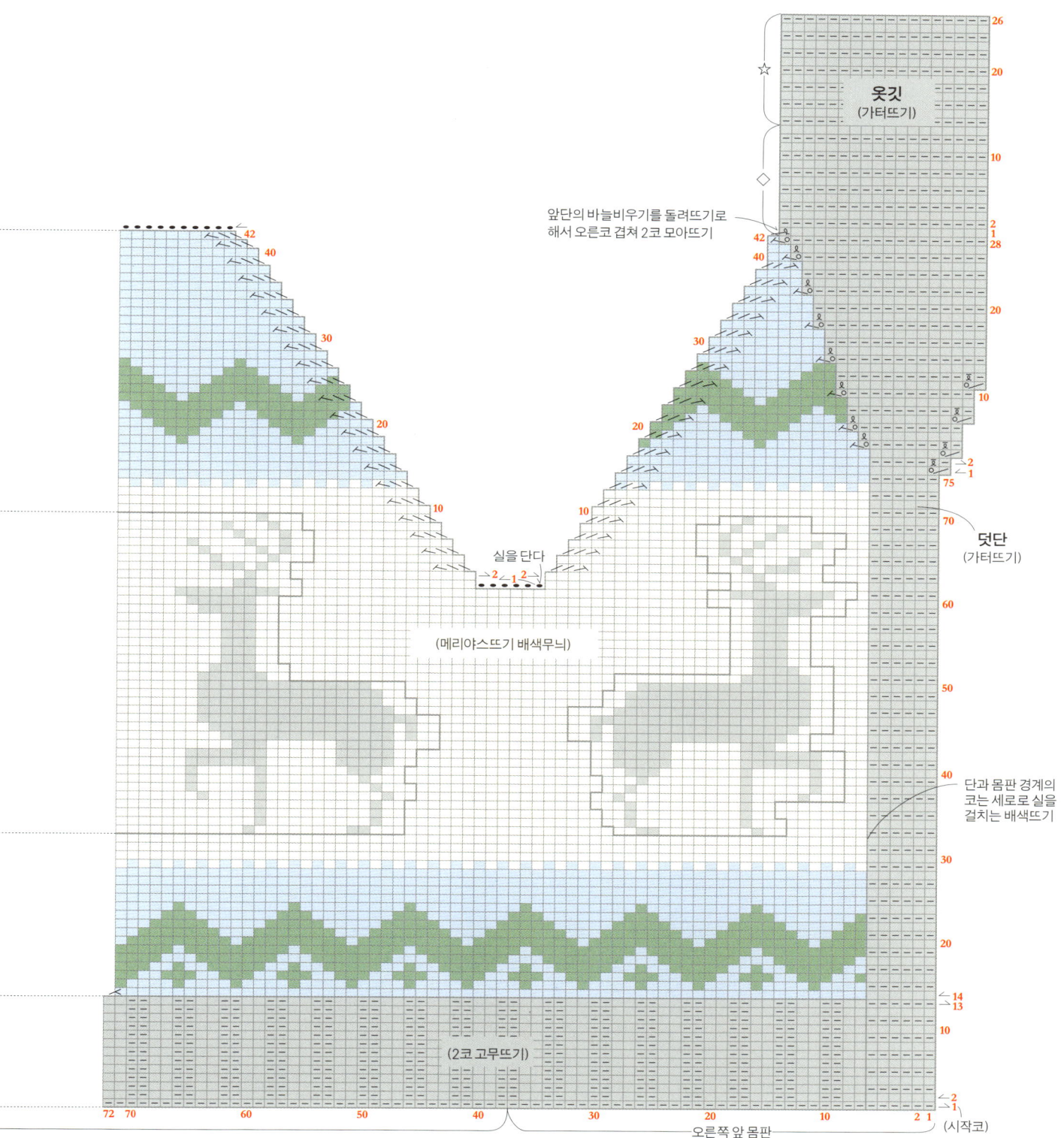

옷깃
(가터뜨기)

앞단의 바늘비우기를 돌려뜨기로
해서 오른코 겹쳐 2코 모아뜨기

덧단
(가터뜨기)

(메리야스뜨기 배색무늬)

실을 단다

단과 몸판 경계의
코는 세로로 실을
걸치는 배색뜨기

(2코 고무뜨기)

오른쪽 앞 몸판

(시작코)

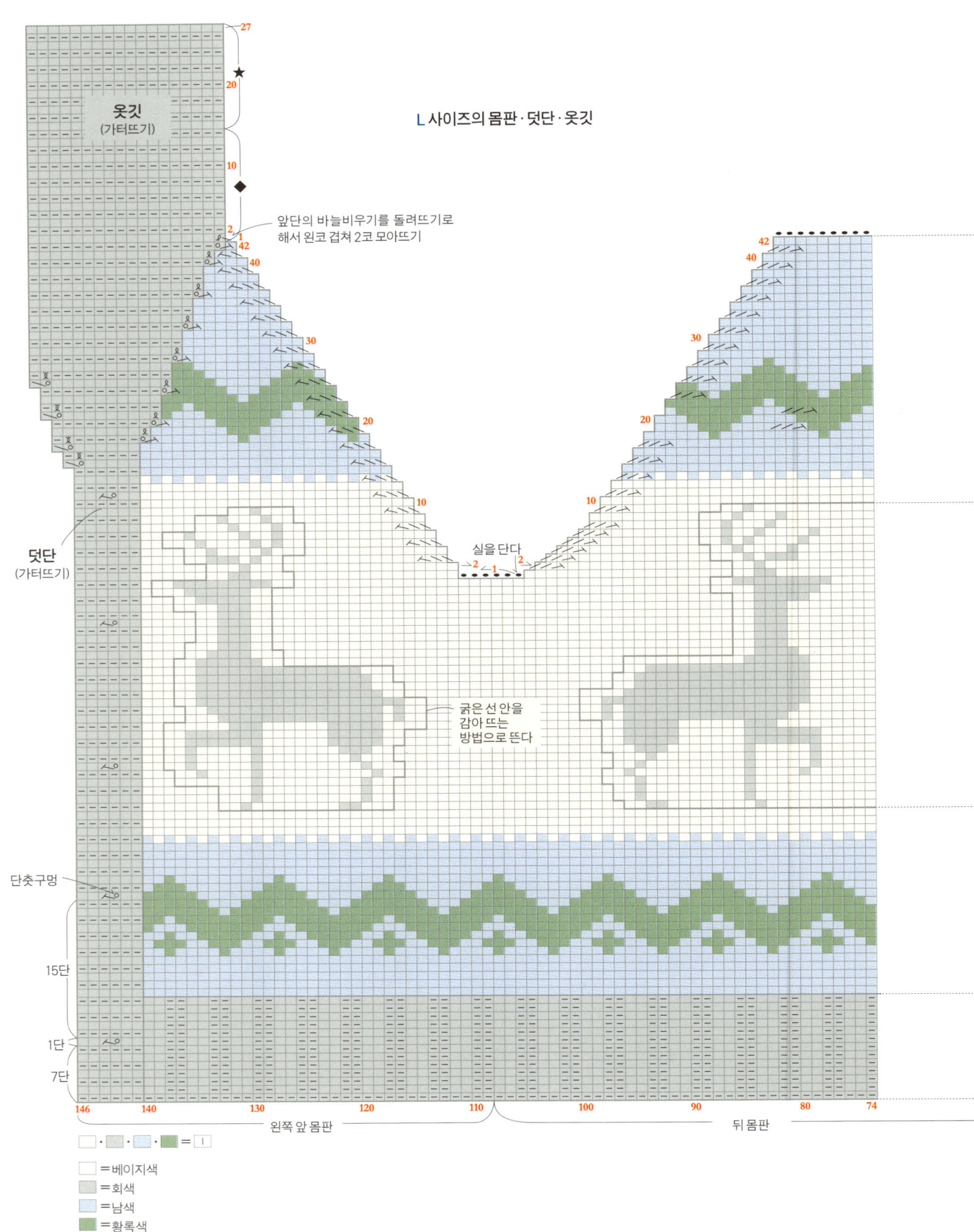

L 사이즈의 몸판·덧단·옷깃

옷깃
(가터뜨기)

27
20 ★
10
2 ◆
42
40
앞단의 바늘비우기를 돌려뜨기로
해서 왼코 겹쳐 2코 모아뜨기

42
40
30
20
10

30
20
10

덧단
(가터뜨기)

실을 단다
2 → ← 1 → 2

굵은 선 안을
감아 뜨는
방법으로 뜬다

단춧구멍

15단

1단

7단

146   140   130   120   110   100   90   80   74
└──── 왼쪽 앞 몸판 ────┘   └──── 뒤 몸판 ────┘

□ · ■ · ■ · ■ = |

□ = 베이지색
■ = 회색
■ = 남색
■ = 황록색

88

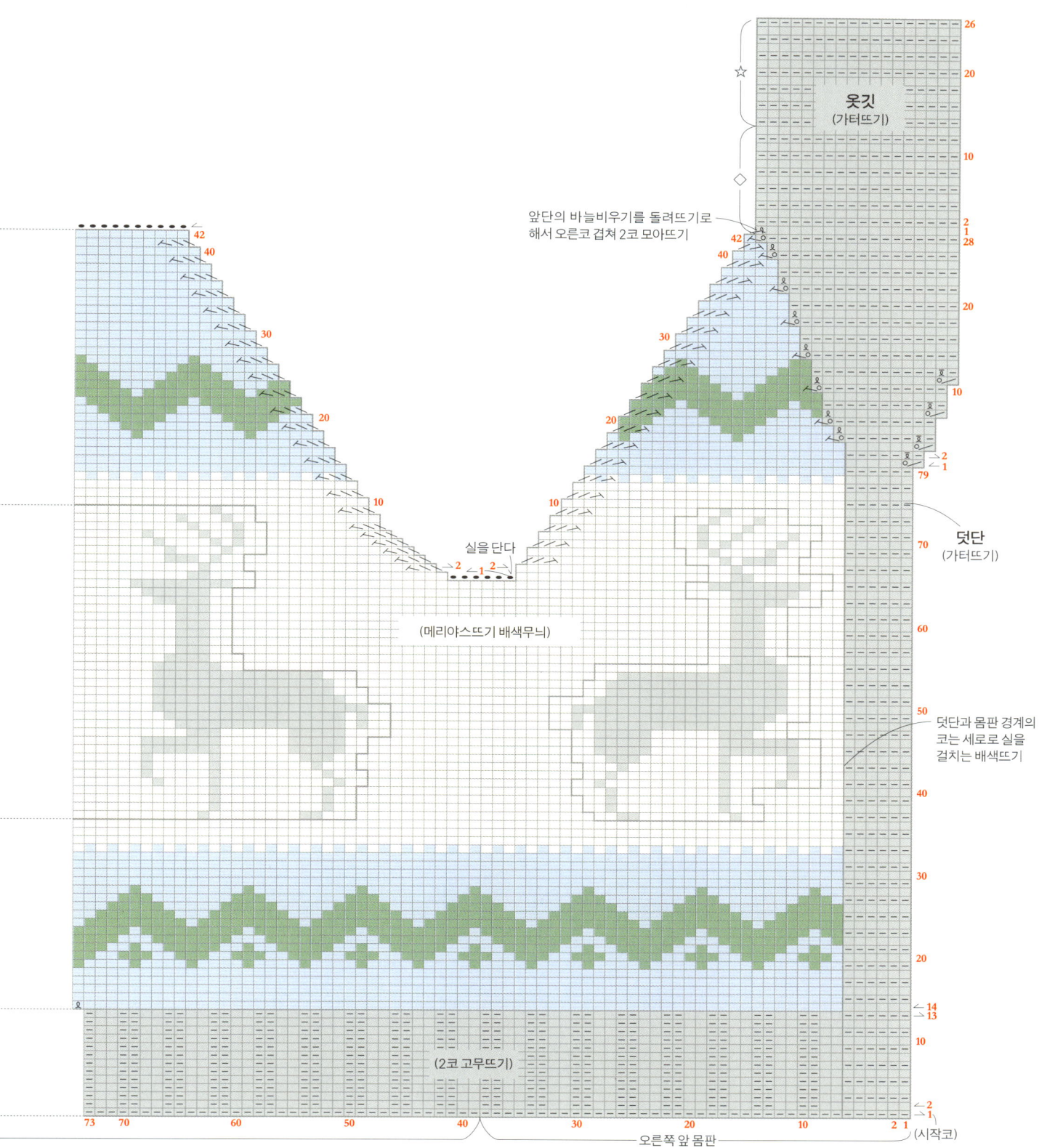

옷깃
(가터뜨기)

☆

◇

앞단의 바늘비우기를 돌려뜨기로
해서 오른코 겹쳐 2코 모아뜨기

덧단
(가터뜨기)

실을 단다

(메리야스뜨기 배색무늬)

덧단과 몸판 경계의
코는 세로로 실을
걸치는 배색뜨기

(2코 고무뜨기)

오른쪽 앞 몸판

(시작코)

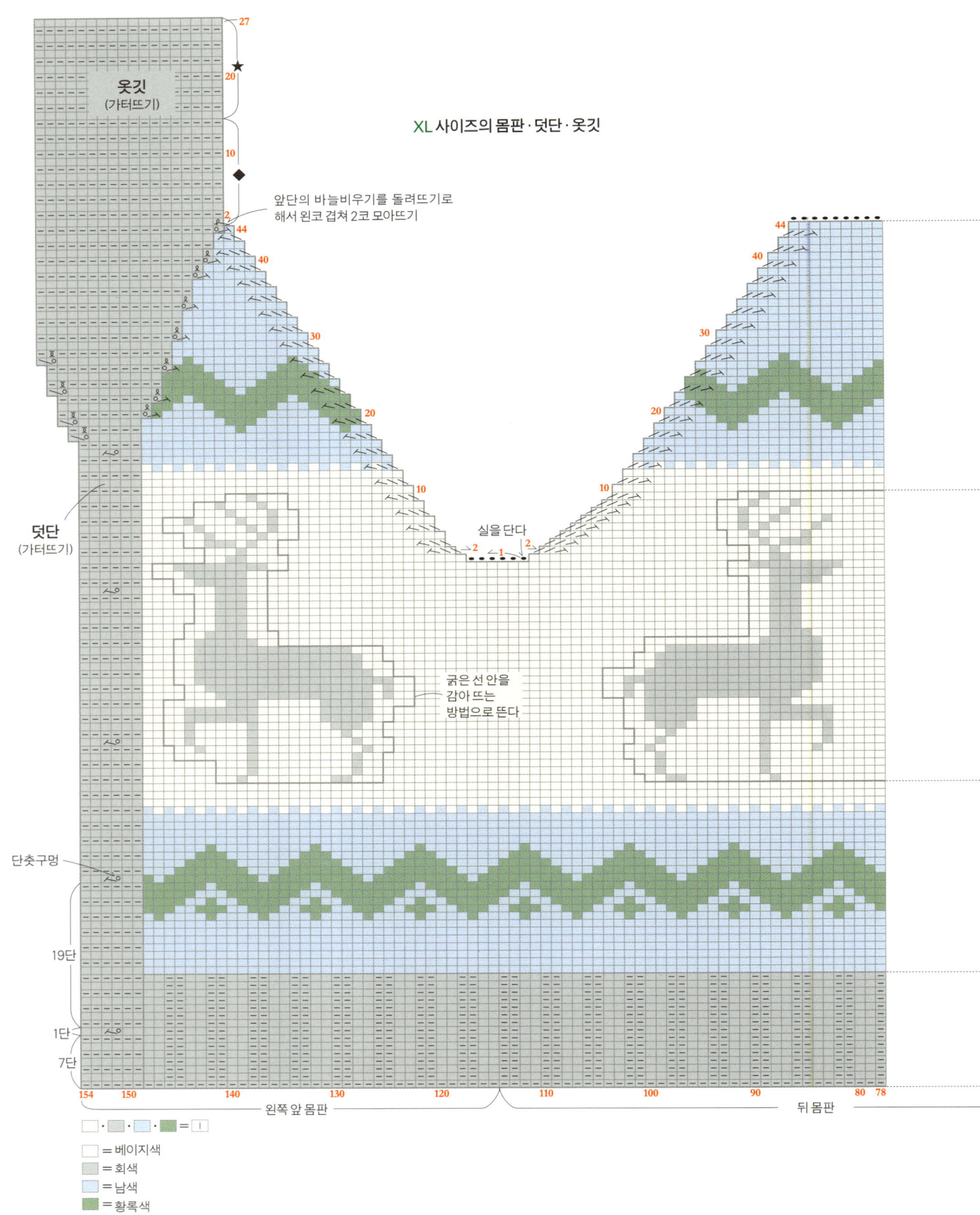

XL 사이즈의 몸판·덧단·옷깃

옷깃
(가터뜨기)

27
20 ★
10
◆

앞단의 바늘비우기를 돌려뜨기로
해서 왼코 겹쳐 2코 모아뜨기

2
44
40
30
20
10

실을 단다

2 1 2

44
40
30
20
10

덧단
(가터뜨기)

굵은 선 안을
감아 뜨는
방법으로 뜬다

단춧구멍

19단

1단

7단

154 150 140 130 120 110 100 90 80 78

왼쪽 앞 몸판   뒤 몸판

☐ · ▨ · ▨ · ▨ = |

☐ = 베이지색
▨ = 회색
▨ = 남색
▨ = 황록색

90

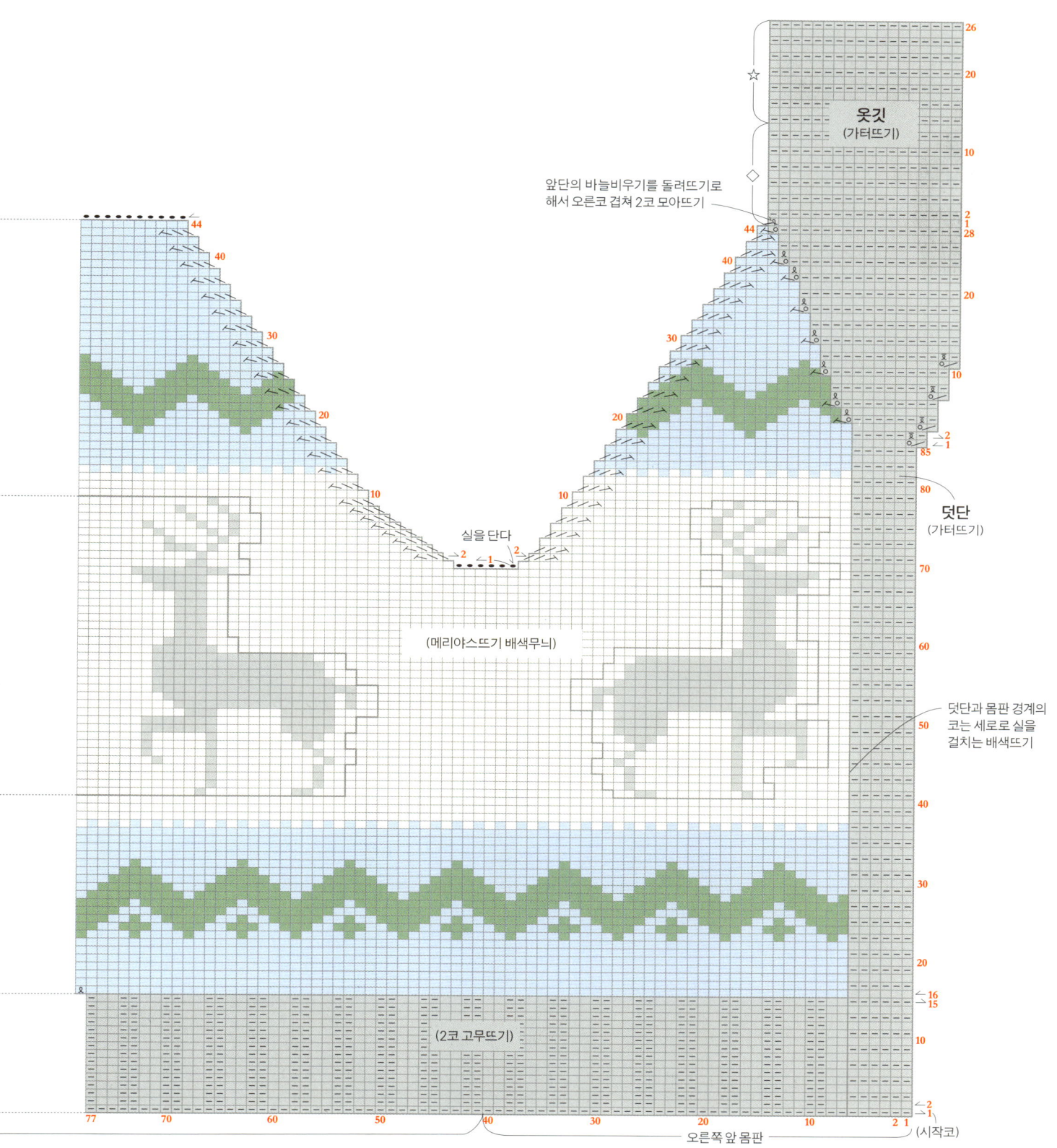

앞단의 바늘비우기를 돌려뜨기로
해서 오른코 겹쳐 2코 모아뜨기

옷깃
(가터뜨기)

덧단
(가터뜨기)

덧단과 몸판 경계의
코는 세로로 실을
걸치는 배색뜨기

실을 단다

(메리야스뜨기 배색무늬)

(2코 고무뜨기)

오른쪽 앞 몸판

(시작코)

13
코위찬 스타일 베스트

→ p.21

실…하마나카 캐나디안 3S '트위드'(한 타래 100g)
남색(107) **M**: 300g **L**: 330g **XL**: 380g
회색(106) **M**: 240g **L**: 270g **XL**: 310g
하마나카 캐나디안 3S(한 타래 100g)
에크뤼색(1) **M**: 140g **L**: 150g **XL**: 170g
바늘…하마나카 아미아미 한쪽이 막힌 대바늘 15호(6.6㎜)·13호
(6.0㎜) 각각 2개
기타…지름 3㎝의 단추 5개
게이지…메리야스뜨기, 메리야스뜨기 배색무늬(①~④ 공통) 12코
×16.5단=사방 10㎝
가터뜨기(뒤 옷깃) 12코×17단=사방 10㎝

사이즈…가슴둘레 **M**106㎝ **L**109.5㎝ **XL**116㎝
길이 **M**65.5㎝ **L**66.5㎝ **XL**72.5㎝
어깨너비 **M**41.5㎝ **L**43.5㎝ **XL**47㎝

뜨는 방법…실은 3가닥을 하나로 모아서 지정한 것 외에는 남색으로
뜹니다.
앞뒤 몸판은 각각 일반적인 방법으로 코를 만들고 1코 고무뜨기, 메
리야스뜨기, ①~④메리야스뜨기 배색무늬, 가터뜨기로 그림과 같
이 뜹니다. 어깨를 빼뜨기 잇기로 연결하고, 뒤 네크라인에서 코를
주워 뒤 옷깃을 가터뜨기로 뜹니다. 뒤 옷깃에서 코를 주워 좌우의
앞 옷깃을 각각 가터뜨기로 뜨고 앞 네크라인에 떠서 꿰매기로 답니
다. 옆선을 떠서 꿰매기로 연결하고 단추를 답니다.

치수도 단위=㎝ ※지정한 것 외에는 각 사이즈 공통
※배색무늬는 감아 뜨는 방법(p.56~57)으로 뜬다
※지정한 것 외에는 남색으로 뜬다

(치수도: 뒤 몸판 및 덧단 도안 - 각종 치수 표기)

뒤 몸판
15호 대바늘

(메리야스뜨기)
(④배색무늬)
(메리야스뜨기)
M41.5=51코 L43.5=53코 XL47=57코
(③배색무늬) 26코
(메리야스뜨기) 회색 M19코 L20코 XL22코
(②배색무늬)
(①배색무늬)
M52.5=63코 L54=65코 XL57.5=69코
(1코 고무뜨기) 13호 대바늘
M63코 L65코 XL69코 시작코

M 65.5 L 66.5 XL 72.5

M 12=15코 L 13=16코 XL 14=17코
M·L 17.5=21코 XL 19=23코
M 12=15코 L 13=16코 XL 14=17코
M·L 2~5~2 XL 2~5~1 / 2~6~1 되돌아뜬다

1=2단
2~1~1 줄인다
M·L 19코 XL 21코 / 덮어 씌우기
M·L 18단 XL 22단
M 5코 L·XL 6코
가장자리는 걸러뜨기

2단 8단
2~1~2 / 1~2~1 단 코 회 줄인다 (그림 참고)
6단
3=4코
M 18코 L 19코 XL 21코
M·L 6단 XL 8단
30단
2단
M·L 5단 XL 7단
M 4단 L 6단 XL 8단

2.5=4단
M·L 25.5=42단 XL 29=48단
M 31.5=52단 L 32.5=54단 XL 35=58단
6=12단

덧단
15호 대바늘
(③'배색무늬) 회색 M0코 L·XL 1코
뒤 몸판과 동일
M 20코 L 21코 XL 23코
M 28.5=35코 L 29.5=36코 XL 31=38단
(1코 고무뜨기) 13호 대바늘
M·L 30코 XL 32코 시작코
M·L 35코 XL 37코 시작코
3.5=5코

M·L 5단 XL 5단
4~1~1 / 2~1~4 / 2~2~2 / 1~5~1 줄인다
4~1~3 / 2~1~1 / 2~2~3 / 2~5~1 줄인다
M·L 13.5=22코 XL 15.5=26코
M 11=14코 XL 12=15코
M 12=15코 L 13=16코 XL 14=17코

M·L 24단 XL 22단 ◇
M·XL 0코 L 1코
M 52=88단 L 53=90단 XL 57=96단

가장자리는 걸러뜨기
(②배색무늬)
가터뜨기

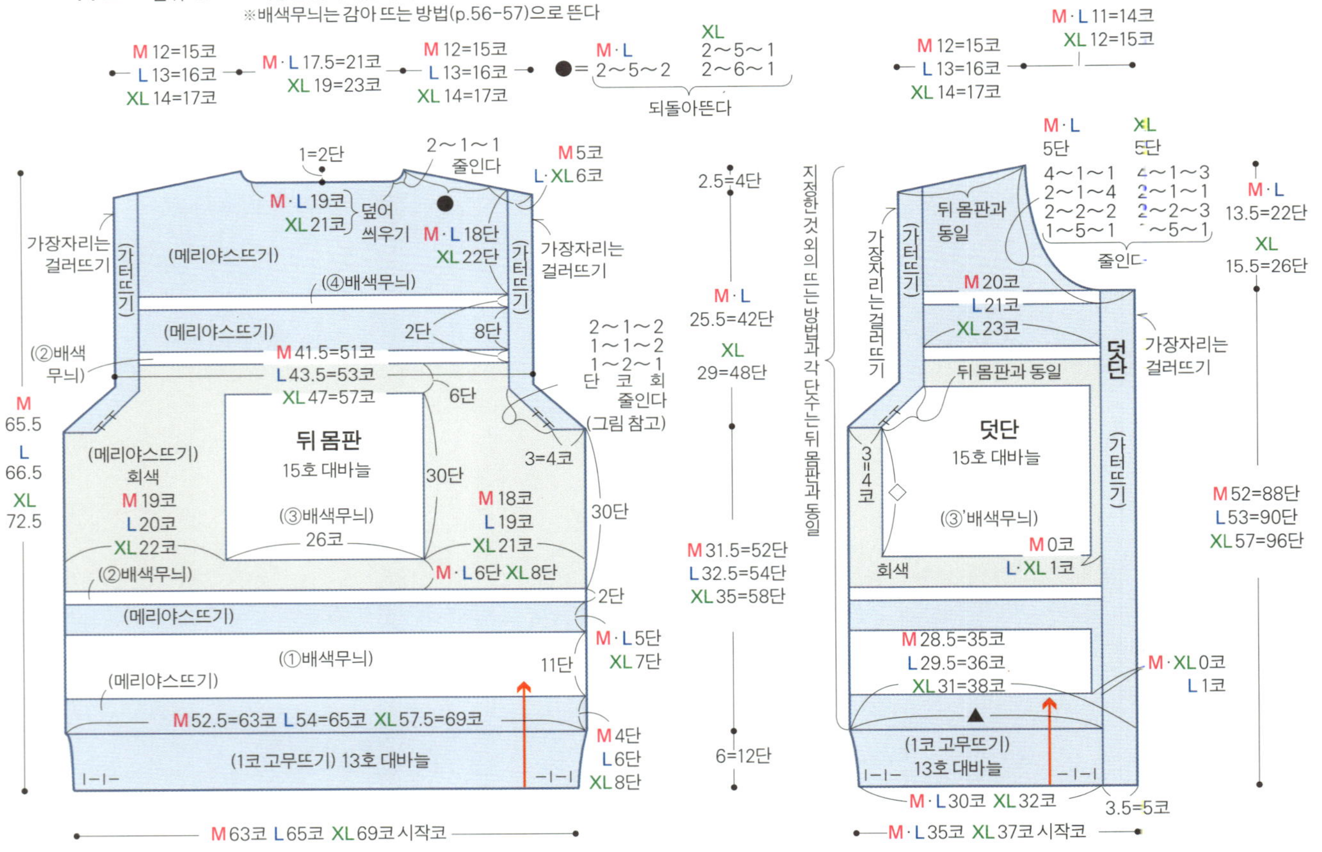

진동둘레의 코 줄이는 방법
※배색무늬 위치는 사이즈에 따라 다르므로 생략했다
가장자리는 걸러뜨기 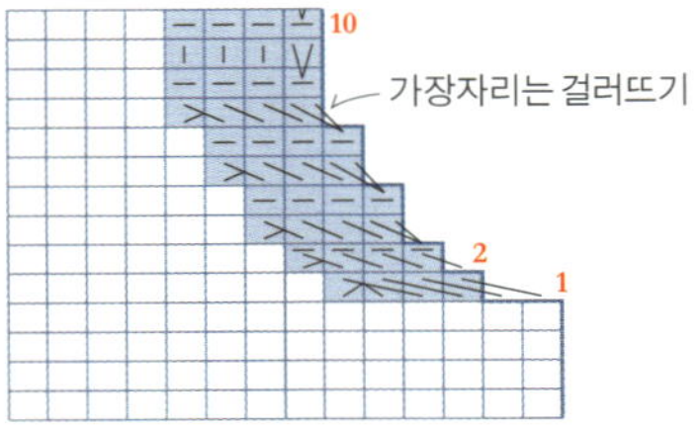

가터뜨기 기호도
2단 1무늬
(시작코)
□ = ｜

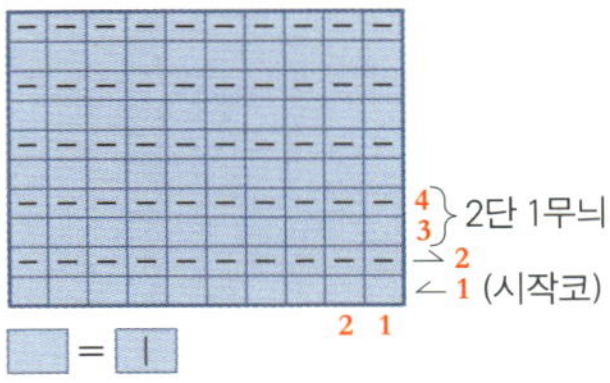

◇ = { M·L 24단 / XL 22단

▲ = { M 25=30코 / L 26=31코 / XL 27.5=33코 로 늘린다

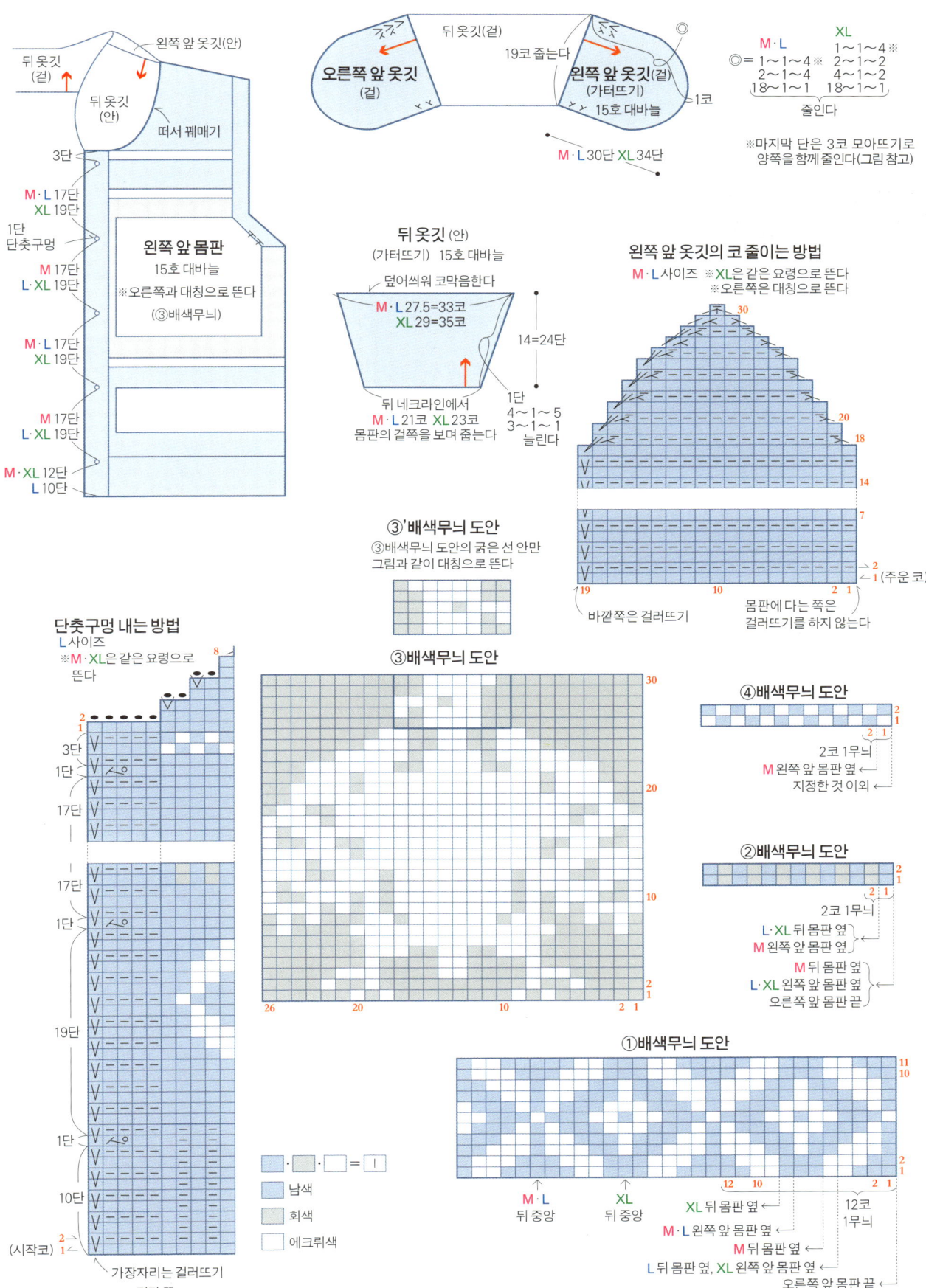

뒤 옷깃
(겉)

왼쪽 앞 옷깃(안)

뒤 옷깃
(안)

떠서 꿰매기

3단

M·L 17단
XL 19단

1단
단춫구멍

M 17단
L·XL 19단

M·L 17단
XL 19단

M 17단
L·XL 19단

M·XL 12단
L 10단

왼쪽 앞 몸판
15호 대바늘
※오른쪽과 대칭으로 뜬다
(③배색무늬)

오른쪽 앞 옷깃
(겉)

뒤 옷깃(겉)
19코 줍는다

왼쪽 앞 옷깃(겉)
(가터뜨기)
15호 대바늘
1코

M·L 30단 XL 34단

XL
M·L   1~1~4 ※
◎ = 1~1~4 ※   2~1~2
     2~1~4   4~1~2
    18~1~1   18~1~1
       줄인다

※마지막 단은 3코 모아뜨기로
양쪽을 함께 줄인다(그림 참고)

뒤 옷깃 (안)
(가터뜨기) 15호 대바늘
덮어씌워 코막음한다

M·L 27.5=33코
XL 29=35코

14=24단

뒤 네크라인에서
M·L 21코 XL 23코
몸판의 겉쪽을 보여 줍는다

1단
4~1~5
3~1~1
늘린다

왼쪽 앞 옷깃의 코 줄이는 방법
M·L 사이즈   ※XL은 같은 요령으로 뜬다
             ※오른쪽은 대칭으로 뜬다

30
20
18
14
7
2
1 (주운 코)
19   10   2 1
바깥쪽은 걸러뜨기

몸판에 다는 쪽은
걸러뜨기를 하지 않는다

③'배색무늬 도안
③배색무늬 도안의 굵은 선 안만
그림과 같이 대칭으로 뜬다

단춫구멍 내는 방법
L 사이즈
※M·XL은 같은 요령으로
뜬다

8
2
1

3단
1단
17단

17단
1단

19단

1단

10단

(시작코) 2
1

가장자리는 걸러뜨기
밑단 쪽

③배색무늬 도안

30
20
10
2
1
26   20   10   2 1

④배색무늬 도안
2
1
2 1
2코 1무늬
M 왼쪽 앞 몸판 옆
지정한 것 이외

②배색무늬 도안
2
1
2 1
2코 1무늬
L·XL 뒤 몸판 옆
M 왼쪽 앞 몸판 옆
M 뒤 몸판 옆
L·XL 왼쪽 앞 몸판 옆
오른쪽 앞 몸판 끝

· = 남색 · □ = ◻
남색
회색
에크뤼색

①배색무늬 도안

11
10
2
1
12   10   2 1
M·L   XL   XL 뒤 몸판 옆   12코
뒤 중앙   뒤 중앙   M·L 왼쪽 앞 몸판 옆   1무늬
              M 뒤 몸판 옆
              L 뒤 몸판 옆, XL 왼쪽 앞 몸판 옆
              오른쪽 앞 몸판 끝

93

14

후드 카디건

▸▸ p.22-23

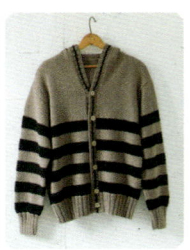

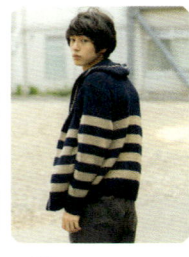

p.22

p.23

실…하마나카 워미(한 타래 40g)
p.22 A색…모카브라운색(3) B색…검은색(12)
p.23 A색…남색(10) B색…베이지색(2)
M: A색 430g B색 170g
L: A색 460g B색 180g
XL: A색 490g B색 195g

바늘…하마나카 아미아미 한쪽이 막힌 대바늘 9호(4.8㎜)·7호(4.2㎜) 각각 2개, 대바늘 7호(4.2㎜) 4개

기타…지름 2.1㎝의 단추 6개

게이지…메리야스뜨기, 메리야스뜨기 줄무늬 18코×23단=사방 10㎝

사이즈…가슴둘레 M112㎝ L116㎝ XL120㎝
길이 M67㎝ L69㎝ XL71㎝
어깨너비 M44.5㎝ L46.5㎝ XL48.5㎝
소매길이 M60㎝ L61㎝ XL62㎝

뜨는 방법…실은 1가닥을 사용해 지정한 것 외에는 A색으로 뜹니다.
앞뒤 몸판, 소매는 일반적인 방법으로 코를 만들고 2코 고무뜨기, 메리야스뜨기 줄무늬, 메리야스뜨기로 그림과 같이 뜹니다. 어깨를 빼뜨기 잇기로 연결합니다. 네크라인에서 코를 주워 후드를 메리야스뜨기로 뜨고 중앙을 빼뜨기 잇기로 연결합니다. 앞 몸판 가장자리, 후드에서 코를 주워 겉자락에 단춧구멍을 내면서 덧단을 2코 고무뜨기 줄무늬로 뜨고 덮어씌워 코막음합니다. 옆선과 소매 아래를 떠서 꿰매기로 연결하고, 소매를 빼뜨기 꿰매기로 답니다. 단추를 답니다.

치수도

단위=㎝
※지정한 것 외에는 각 사이즈 공통
※지정한 것 외에는 A색으로 뜬다
= A색 = B색
M 14=25코 L 15=27코 XL 15.5=28코
M·L 16.5=30코 XL 17.5=32코
M 14=25코 L 15=27코 XL 15.5=28코
○= M 2~8~2 L·XL 2~9~2 되돌아뜬다
2=4단
M·L 24코 XL 26코 덮어씌우기
M·L 9코 XL 10코
2단 2~3~1 줄인다
(메리야스뜨기)
M 44.5=80코 L 46.5=84코 XL 48.5=88코
M 67 L 69 XL 71
M 1.5=4단 L 2.5=6단 XL 3.5=8단
뒤 몸판
9호 대바늘
4~1~1 2~1~3 2~2~1 1~3~1 단 코 회 줄인다
30.5=70단
(메리야스뜨기 줄무늬)
M 54.5=98코 L 56.5=102코 XL 58.5=106코
(2코 고무뜨기) 7호 대바늘
M·XL L
M 98코 L 102코 XL 106코 시작코
M 24=56단 L 25=58단 XL 26=60단
M 32=74단 L 33=76단 XL 34=78단
9=24단
M 14=25코 L 15=27코 XL 15.5=28코
M·L 8.5=15코 XL 9=16코
쉼코
뒤 몸판과 동일
뒤 몸판과 동일
(메리야스뜨기)
M 1.5=4단 L 2.5=6단 XL 3.5=8단
오른쪽 앞 몸판
9호 대바늘
30.5=70단
(메리야스뜨기 줄무늬)
M 27=49코 L 28=51코 XL 29=53코
(2코 고무뜨기) 7호 대바늘
M·XL L
M 49코 L 51코 XL 53코 시작코
M 58=134단 L 60=138단 XL 62=142단
※왼쪽 앞 몸판은 대칭으로 뜬다

메리야스뜨기 줄무늬 배색

A색 ★
B색 ★
A색 ★
B색
반복한다
10단(★)

뒤 몸판 어깨 되돌아뜨는 방법

L사이즈 ※M·XL은 같은 요령으로 뜬다

⊃·⊂ = 바늘비우기
= |
58
1
3
(단 정리)
4
2
24코 덮어씌우기

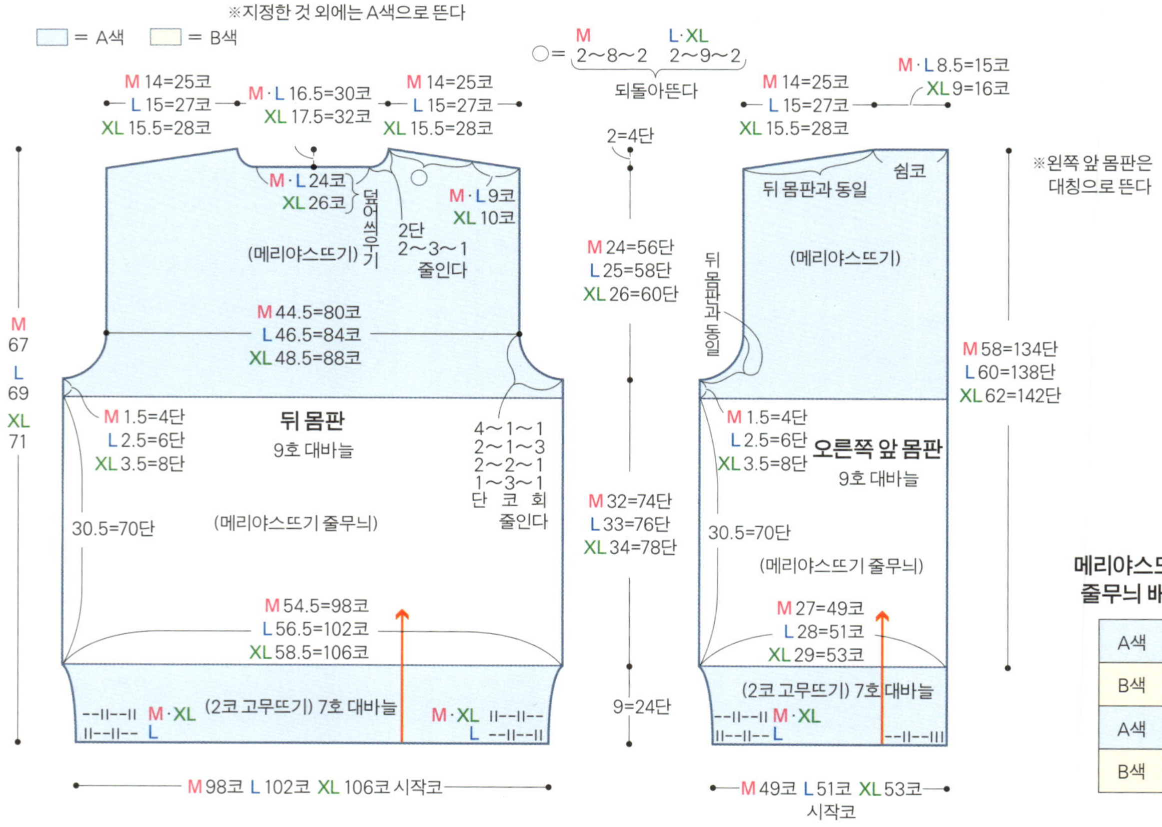

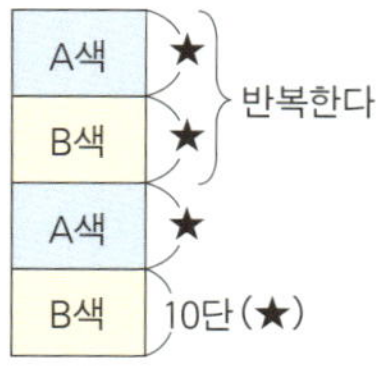

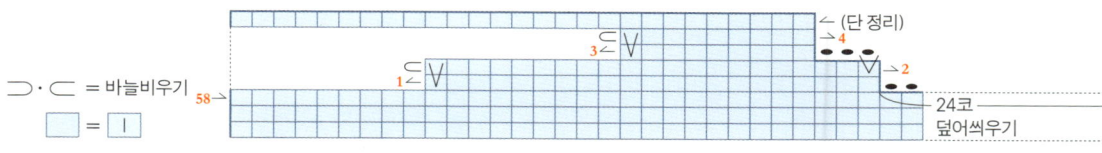

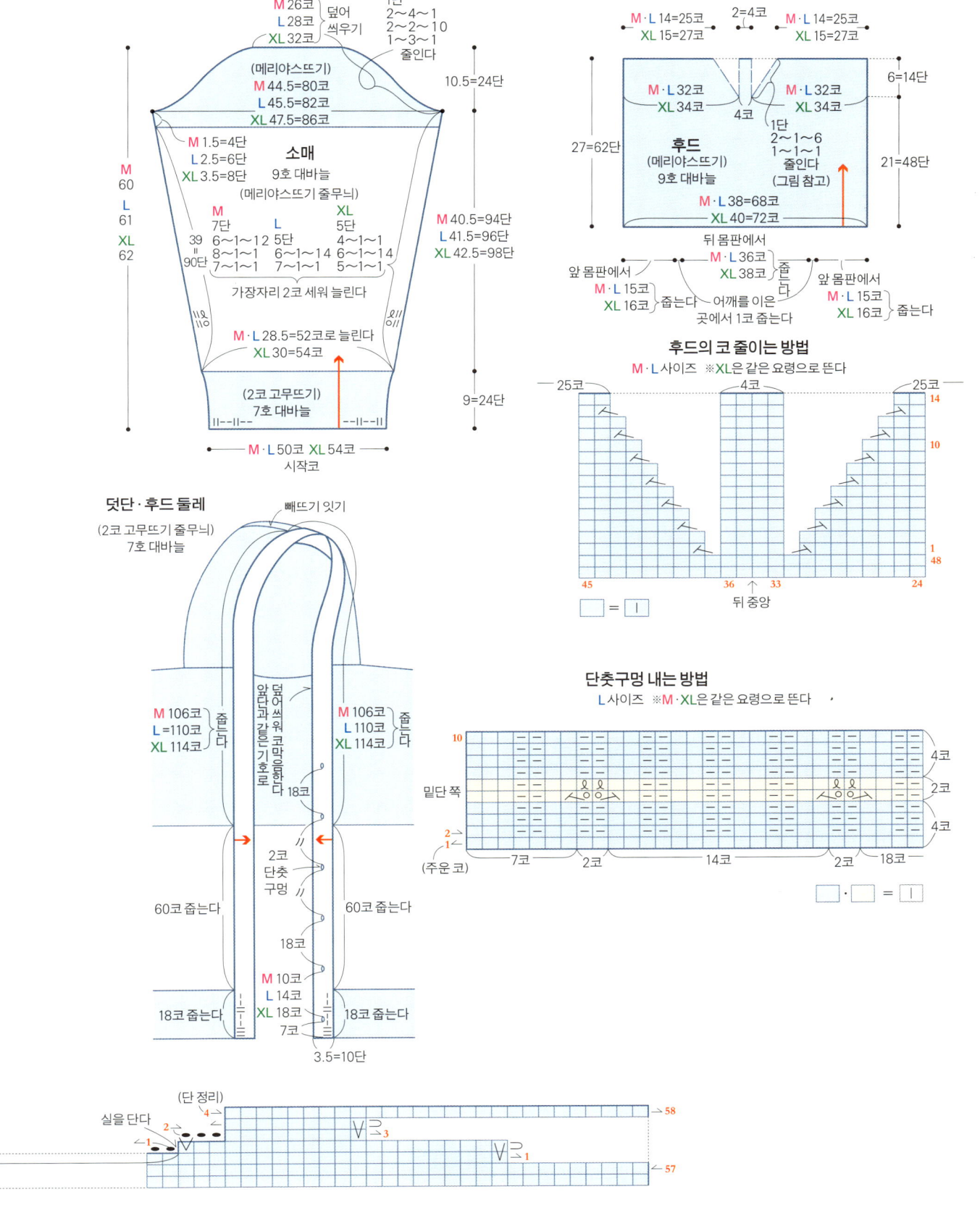

소매
9호 대바늘
(메리야스뜨기 줄무늬)

M 26코 / L 28코 / XL 32코 덮어 씌우기

1단 2~4~1 / 2~2~10 / 1~3~1 줄인다

(메리야스뜨기) M 44.5=80코 / L 45.5=82코 / XL 47.5=86코

10.5=24단

M 1.5=4단 / L 2.5=6단 / XL 3.5=8단

M 60 / L 61 / XL 62

39 ″ 90단

M 7단 / 6~1~12 / 8~1~1 / 7~1~1
L 5단 / 6~1~14 / 7~1~1
XL 5단 / 4~1~1 / 6~1~14 / 5~1~1

가장자리 2코 세워 늘린다

M 40.5=94단 / L 41.5=96단 / XL 42.5=98단

M·L 28.5=52코로 늘린다 / XL 30=54코

(2코 고무뜨기) 7호 대바늘

9=24단

M·L 50코 XL 54코 시작코

후드
(메리야스뜨기)
9호 대바늘

M·L 14=25코 / XL 15=27코 · 2=4코 · M·L 14=25코 / XL 15=27코

M·L 32코 / XL 34코 · 4코 · M·L 32코 / XL 34코

6=14단

27=62단

1단 2~1~6 / 1~1~1 줄인다 (그림 참고)

21=48단

M·L 38=68코 / XL 40=72코

뒤 몸판에서

앞 몸판에서 · M·L 36코 / XL 38코 줍는다 · 앞 몸판에서

M·L 15코 / XL 16코 줍는다 · 어깨를 이은 곳에서 1코 줍는다 · M·L 15코 / XL 16코 줍는다

후드의 코 줄이는 방법
M·L 사이즈 ※XL은 같은 요령으로 뜬다

25코 — 4코 — 25코
14 / 10 / 1 / 48
45 · 36 ↑ 33 · 24
뒤 중앙

□ = |

덧단·후드 둘레
(2코 고무뜨기 줄무늬) 7호 대바늘

빼뜨기 잇기

M 106코 / L=110코 / XL 114코 줍는다

앞단과 같은 코 막음을한다

덮어 씌워 앞단과 같은 기호로

M 106코 / L 110코 / XL 114코 줍는다

18코

60코 줍는다 · 60코 줍는다

2코 단춧구멍

18코

M 10코 / L 14코 / XL 18코 / 7코

18코 줍는다 · 18코 줍는다

3.5=10단

단춧구멍 내는 방법
L 사이즈 ※M·XL은 같은 요령으로 뜬다

10

밑단 쪽

4코 / 2코 / 4코

2 / 1 (주운 코)

7코 · 2코 · 14코 · 2코 · 18코

□·□ = |

실을 단다 · (단 정리)

2 / 4 / 1 / 3 / 1

58 / 57

15
페어아일 무늬 카디건

→ p.24-25

실…하마나카 페어 레이디 50(한 타래 40g)

※색과 사용량은 별도의 표 참고

바늘…하마나카 아미아미 한쪽이 막힌 대바늘 6호(3.9mm)·5호 (3.6mm)·3호(3.0mm) 각각 2개, 대바늘 3호(3.0mm) 4개

기타…지름 2cm의 단추 6개

게이지…메리야스뜨기 21코×28단=사방 10cm

　　　　　메리야스뜨기 배색무늬 22코×24단=사방 10cm

사이즈…가슴둘레 M107cm L111cm XL115cm

　　　　　길이 M67cm L70cm XL71cm

　　　　　어깨너비 M42cm L44cm XL46cm

　　　　　소매길이 M63cm L64cm XL64cm

뜨는 방법…실은 1가닥을 사용해 메리야스뜨기 배색무늬 외에는 모카브라운색으로 뜹니다.

뒤 몸판, 소매는 일반적인 방법으로 코를 만들고 2코 고무뜨기, 메리야스뜨기로 그림과 같이 뜹니다. 앞 몸판은 일반적인 방법으로 코를 만들고 2코 고무뜨기, 메리야스뜨기 배색무늬로 그림과 같이 뜹니다. 어깨를 빼뜨기 잇기로 연결합니다. 앞 몸판 가장자리와 네크라인에서 코를 주워 덧단 옷깃을 2코 고무뜨기로 뜨는데 겉자락에는 단춧구멍을 내면서 뜨고 마지막은 덮어씌워 코막음합니다. 옆선과 소매 아래를 떠서 꿰매기로 연결하고 소매를 빼뜨기 꿰매기로 답니다. 단추를 답니다.

치수도　단위=cm　※지정한 것 외에는 각 사이즈 공통
※메리야스뜨기 배색무늬 외에는 모카브라운색으로 뜬다

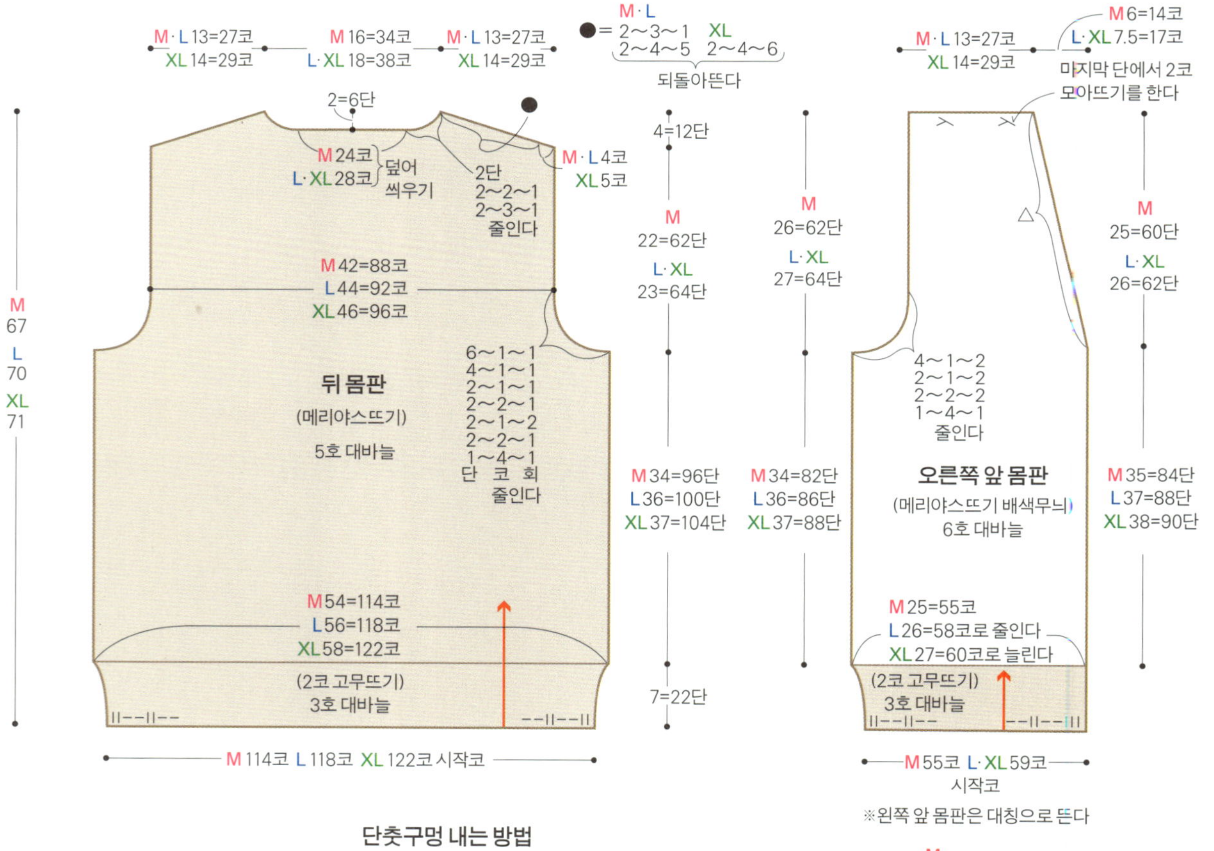

단춧구멍 내는 방법
L사이즈 ※M·XL은 같은 요령으로 뜬다

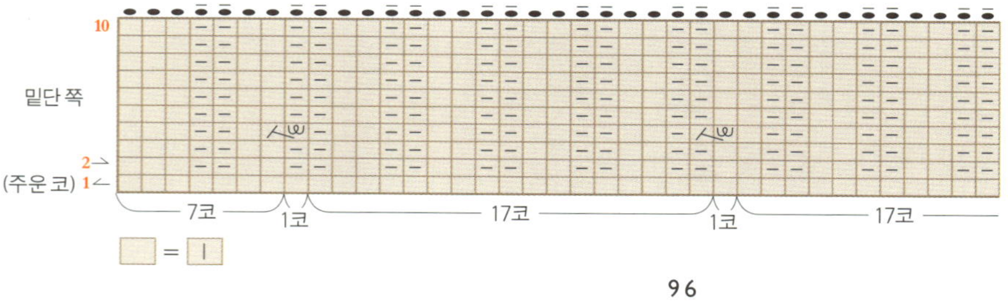

(치수도 및 도안 생략)

뒤 몸판 (메리야스뜨기) 5호 대바늘

오른쪽 앞 몸판 (메리야스뜨기 배색무늬) 6호 대바늘

※왼쪽 앞 몸판은 대칭으로 뜬다

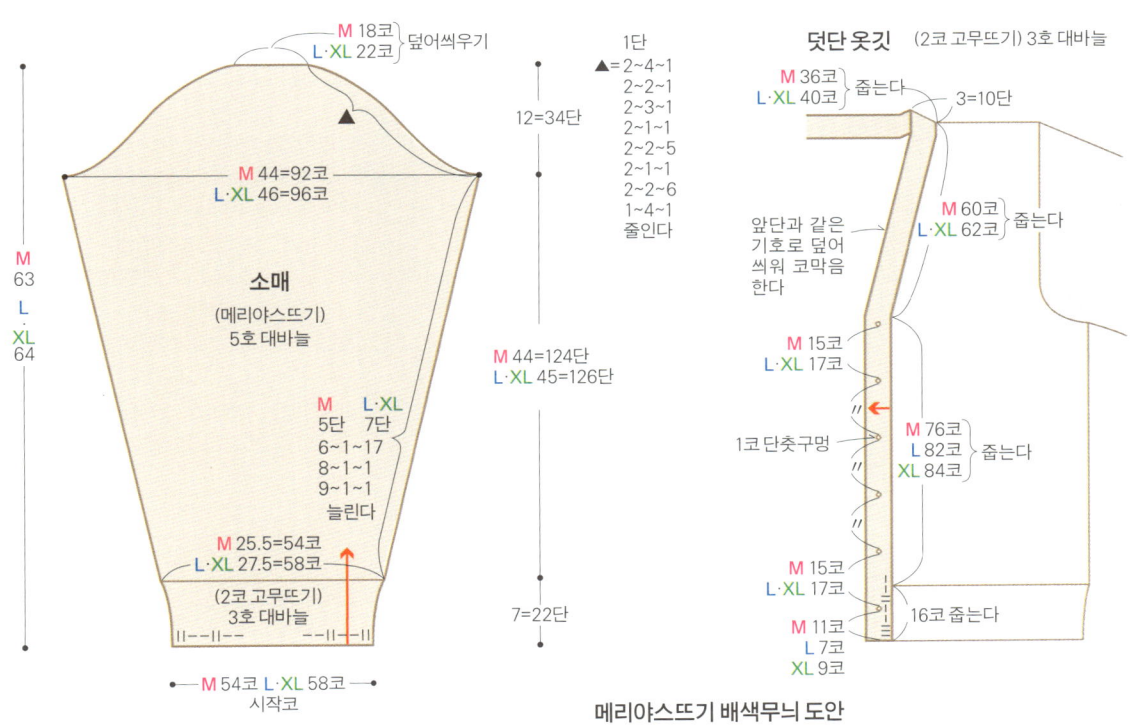

소매 (메리야스뜨기) 5호 대바늘

M 18코 L·XL 22코 덮어씌우기

1단
▲ = 2~4~1
2~2~1
2~3~1
2~1~1
2~2~5
2~1~1
2~2~6
1~4~1
줄인다

12=34단

M 44=92코 L·XL 46=96코

M 63 L XL 64

M 44=124단 L·XL 45=126단

M　L·XL
5단　7단
6~1~17
8~1~1
9~1~1
늘린다

M 25.5=54코 L·XL 27.5=58코

(2코 고무뜨기) 3호 대바늘

7=22단

● M 54코 L·XL 58코 ●
시작코

덧단 옷깃　(2코 고무뜨기) 3호 대바늘

M 36코 L·XL 40코 줍는다

3=10단

앞단과 같은 기호로 덮어 씌워 코막음 한다

M 60코 L·XL 62코 줍는다

M 15코 L·XL 17코

1코 단춧구멍

M 76코 L 82코 XL 84코 줍는다

M 15코 L·XL 17코

16코 줍는다

M 11코 L 7코 XL 9코

메리야스뜨기 배색무늬 도안

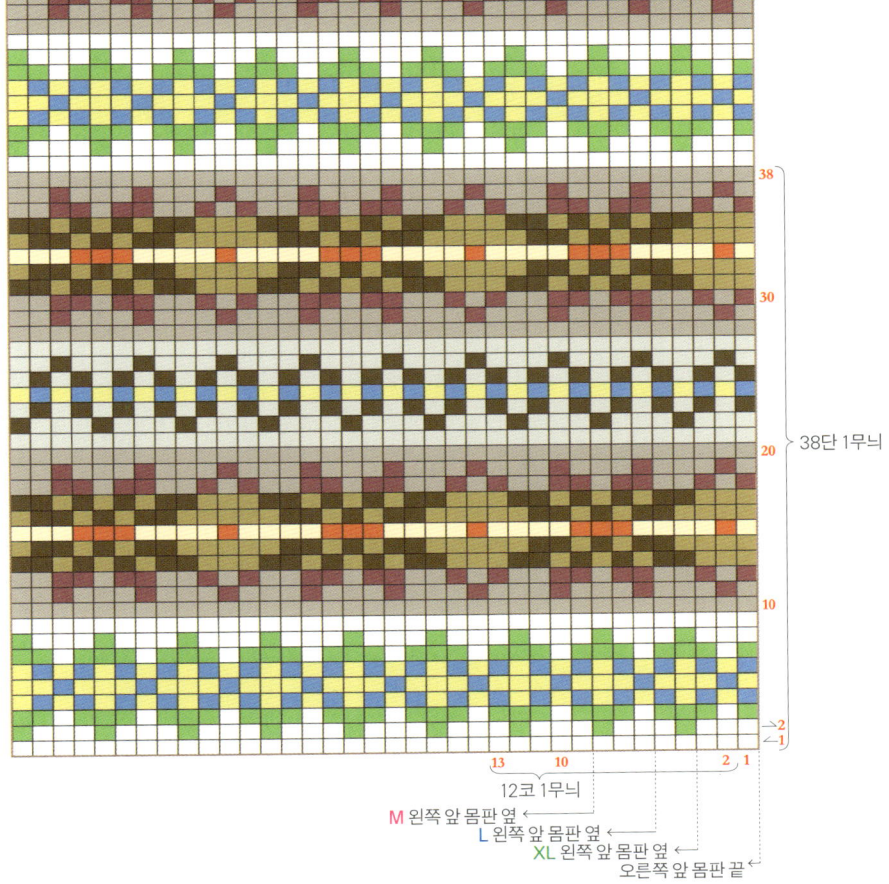

38
30
20
10
2
1

38단 1무늬

13　10　2　1
12코 1무늬

M 왼쪽 앞 몸판 옆
L 왼쪽 앞 몸판 옆
XL 왼쪽 앞 몸판 옆
오른쪽 앞 몸판 끝

배색과 사용량

색	M	L	XL
모카브라운색(99)	430g	450g	465g
연베이지색(60)	41g	43g	44g
암갈색(92)	24g	25g	26g
샌드베이지색(96)	17g	18g	19g
황토색(97)	17g	18g	19g
연지색(23)	15g	16g	17g
겨자색(98)	10g	11g	11g
황록색(89)	10g	11g	11g
파란색(102)	10g	11g	11g
크림색(95)	5g	6g	6g
주황색(101)	4g	5g	5g

브이넥 베스트

➡ p.26

실…하마나카 멘스 클럽 마스터(한 타래 50g)
암갈색(58) M: 350g L: 385g XL: 425g
베이지색(18) M: 20g L: 20g XL: 25g
주황색(60) M: 15g L: 20g XL: 20g
바늘…하마나카 아미아미 한쪽이 막힌 대바늘 12호(5.7㎜) · 10호
(5.1㎜) 각각 2개, 대바늘 12호(5.7㎜) · 10호(5.1㎜) 각각 4개
게이지…①무늬뜨기 9코=6㎝, 23단=10㎝
②, ②'무늬뜨기 10코=5㎝, 23단=10㎝
사이즈…가슴둘레 M102㎝ L108㎝ XL114㎝
길이 M61.5㎝ L64.5㎝ XL68㎝
어깨너비 M41㎝ L43㎝ XL45㎝

뜨는 방법…실은 1가닥을 사용해 메리야스뜨기 줄무늬 외에는 암갈색으로 뜹니다.
앞뒤 몸판은 나중에 풀어내는 코를 만들고 메리야스뜨기, ①·②·②'무늬뜨기로 그림과 같이 뜹니다. 시작코를 풀어내서 밑단에 메리야스뜨기 줄무늬와 1코 고무뜨기를 뜨고 1코 고무뜨기 코막음을 합니다. 어깨를 덮어씌워 빼뜨기 잇기로 연결합니다. 네크라인과 어깨를 이은 곳에서 코를 주워, 메리야스뜨기 줄무늬와 1코 고무뜨기를 원형으로 뜨고 1코 고무뜨기 코막음을 하는데 1코 고무뜨기 1단은 모두 겉뜨기로 뜹니다. 옆선을 떠서 꿰매기로 연결합니다. 진동둘레에서 코를 주워 1코 고무뜨기를 원형으로 뜨고 1코 고무뜨기 코막음을 합니다.

치수도   단위=㎝ ※지정한 것 외에는 각 사이즈 공통 ※메리야스뜨기 줄무늬 외에는 암갈색으로 뜬다

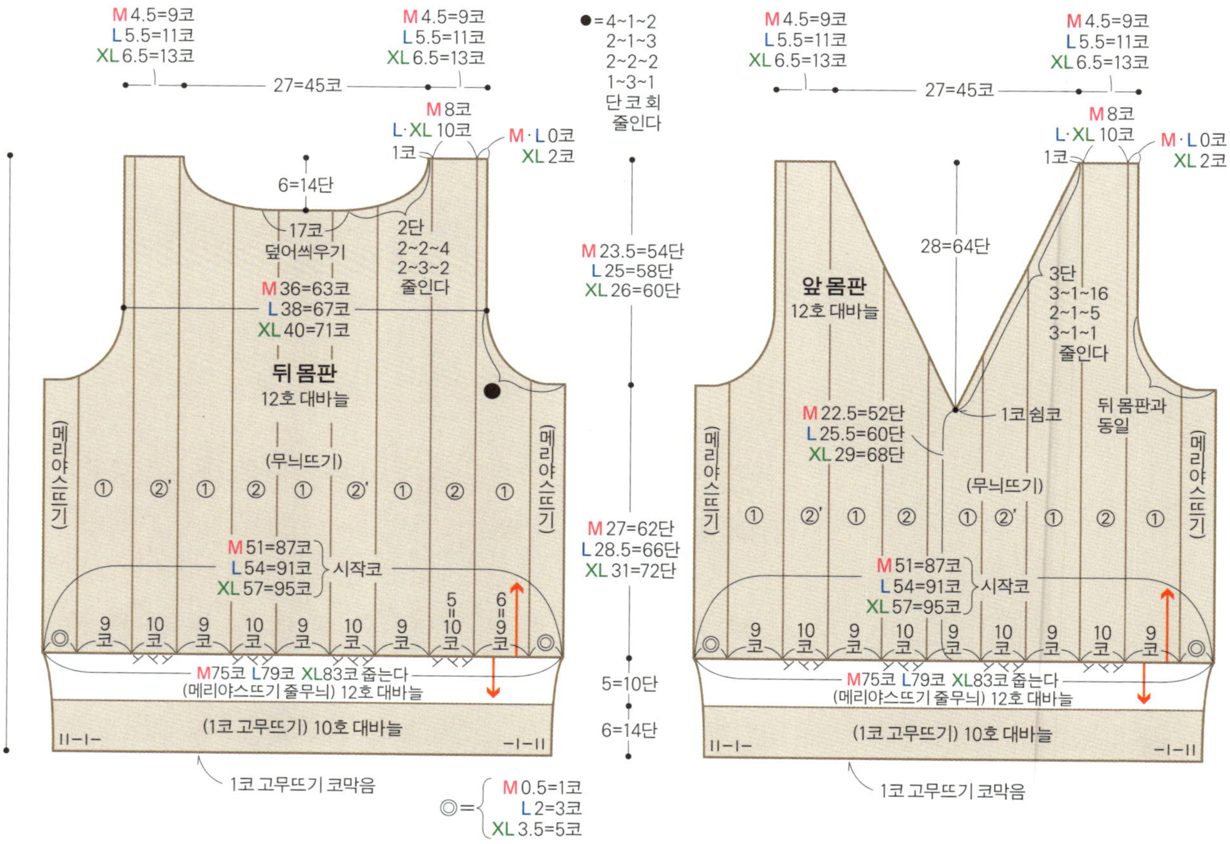

M 4.5=9코
L 5.5=11코
XL 6.5=13코

M 4.5=9코
L 5.5=11코
XL 6.5=13코

M 4.5=9코
L 5.5=11코
XL 6.5=13코

M 4.5=9코
L 5.5=11코
XL 6.5=13코

27=45코

27=45코

●=4~1~2
2~1~3
2~2~2
1~3~1
단 코 회
줄인다

M 8코
L · XL 10코
1코

M · L 0코
XL 2코

M 8코
L · XL 10코
1코

M · L 0코
XL 2코

6=14단

17코
덮어씌우기

2단
2~2~4
2~3~2
줄인다

M36=63코
L38=67코
XL40=71코

M 23.5=54단
L 25=58단
XL 26=60단

28=64단

3단
3~1~16
2~1~5
3~1~1
줄인다

뒤 몸판
12호 대바늘

앞 몸판
12호 대바늘

1코 쉼코

뒤 몸판과
동일

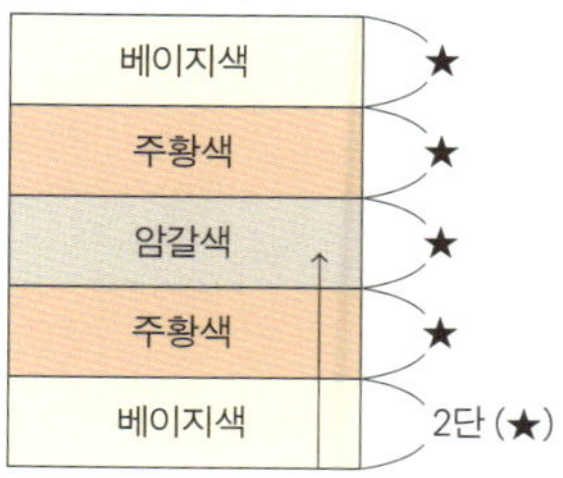

(무늬뜨기)

(무늬뜨기)

M22.5=52단
L25.5=60단
XL29=68단

|메리야스뜨기| ① ②' ② ② ②' ② ① |메리야스뜨기|

|메리야스뜨기| ① ②' ② ② ②' ② ① |메리야스뜨기|

M 27=62단
L 28.5=66단
XL 31=72단

M51=87코
L54=91코
XL57=95코
시작코

M51=87코
L54=91코
XL57=95코
시작코

9코 10코 9코 10코 9코 10코 9코

9코 10코 9코 10코 9코 10코 9코

5~
10
코

6~
9
코

M75코 L79코 XL83코 줍는다
(메리야스뜨기 줄무늬) 12호 대바늘

M75코 L79코 XL83코 줍는다
(메리야스뜨기 줄무늬) 12호 대바늘

5=10단

6=14단

‖-‖-‖   (1코 고무뜨기) 10호 대바늘   -‖-‖

‖-‖-‖   (1코 고무뜨기) 10호 대바늘   -‖-‖

1코 고무뜨기 코막음

1코 고무뜨기 코막음

◎= M 0.5=1코
L 2=3코
XL 3.5=5코

**메리야스뜨기
줄무늬 배색**

베이지색	★
주황색	★
암갈색	↑ ★
주황색	★
베이지색	2단 (★)

네크라인·진동둘레

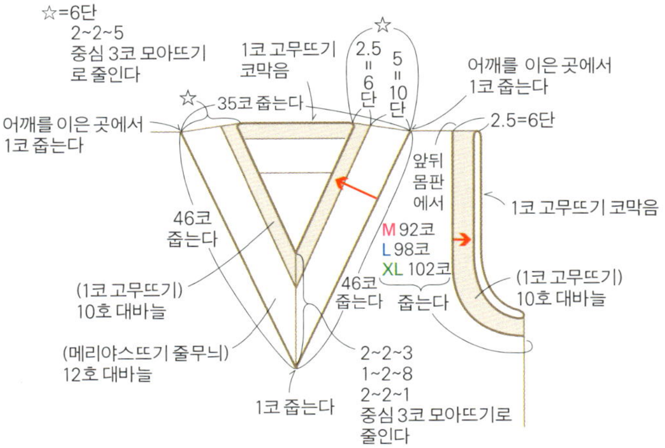

☆=6단
2~2~5
중심 3코 모아뜨기
로 줄인다

2.5
6
단
5
10
단

1코 고무뜨기
코막음

어깨를 이은 곳에서
1코 줍는다

어깨를 이은 곳에서
1코 줍는다

35코 줍는다

2.5=6단

앞뒤
몸판
에서

M 92코
L 98코
XL 102코

1코 고무뜨기 코막음

46코
줍는다

(1코 고무뜨기)
10호 대바늘

(1코 고무뜨기)
10호 대바늘

(메리야스뜨기 줄무늬)
12호 대바늘

46코
줍는다

줍는다

1코 줍는다

2~2~3
1~2~8
2~2~1
중심 3코 모아뜨기로
줄인다

네크라인의 코 줄이는 방법

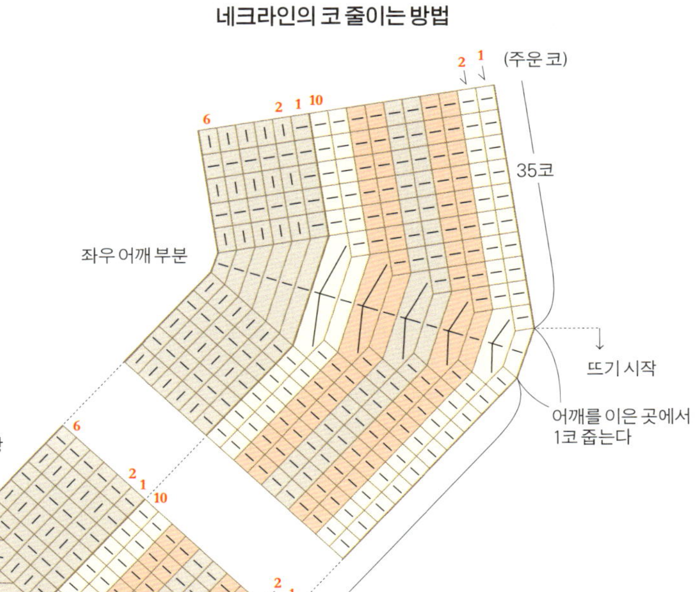

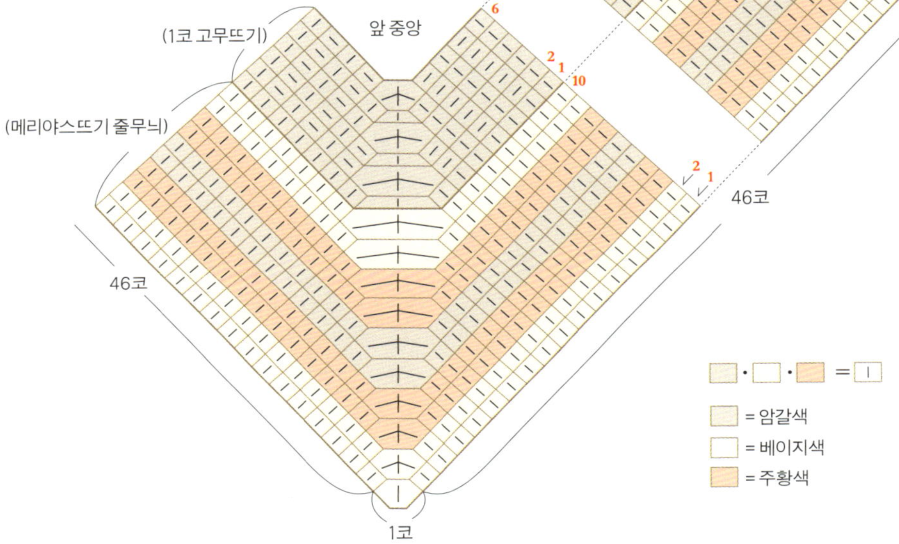

2 1 (주운코)

6
2 1 10

35코

좌우 어깨 부분

뜨기 시작

어깨를 이은 곳에서
1코 줍는다

6

2 1
10

2 1

46코

(1코 고무뜨기)

앞 중앙

(메리야스뜨기 줄무늬)

46코

1코

· □ · ▨ = | |

□ = 암갈색
□ = 베이지색
▨ = 주황색

①, ②, ②'무늬뜨기 기호도

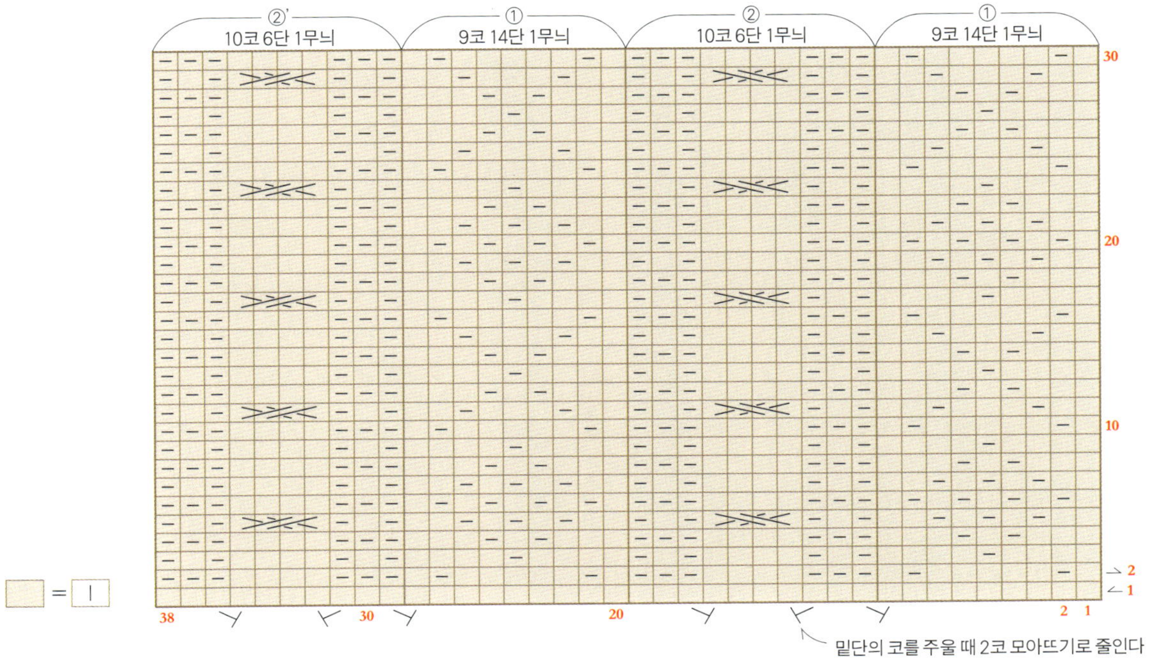

②'
10코 6단 1무늬

①
9코 14단 1무늬

②
10코 6단 1무늬

①
9코 14단 1무늬

30

20

10

2
1

□ = | |

38

30

20

2 1

밑단의 코를 주울 때 2코 모아뜨기로 줄인다

05
코위찬 스타일 재킷

➡ p.12

실…하마나카 캐나디안 3S(한 타래 100g)
암갈색(4) **M**: 400g **L**: 420g **XL**: 440g
연갈색(3) **M**: 250g **L**: 265g **XL**: 280g
에메랄드 그린색(7), 주황색(11) 각각 **M**: 70g **L**: 80g **XL**: 90g
에크뤼색(1), 파란색(8) 각각 **M**: 50g **L**: 60g **XL**: 70g
바늘…하마나카 아미아미 한쪽이 막힌 대바늘 15호(6.6㎜)·7㎜ 각 각 2개
기타…지름 3㎝의 단추 6개
게이지…메리야스뜨기 배색무늬 12.5코×15단=사방 10㎝
사이즈…가슴둘레 **M**116㎝ **L**119㎝ **XL**121㎝
길이 **M**70.5㎝ **L**72㎝ **XL**74.5㎝
화장길이 **M**85㎝ **L**87㎝ **XL**90㎝

뜨는 방법…실은 3가닥을 하나로 모아서 메리야스뜨기 배색무늬 외 에는 암갈색으로 뜹니다.
앞뒤 몸판, 소매를 뜹니다. 일반적인 방법으로 코를 만들고 2코 고무 뜨기, 메리야스뜨기 배색무늬로 그림과 같이 뜹니다. 몸판과 소매의 래글런 선을 떠서 꿰매기로 달고, 옆선과 소매 아래를 메리야스 잇기 와 떠서 꿰매기로 연결합니다. 뒤 옷깃을 가터뜨기로 뜹니다. 앞 몸 판과 소매에서 코를 주워 덧단 옷깃을 2코 고무뜨기로 뜨는데 왼쪽 앞 몸판에는 단춧구멍을 내면서 뜹니다. 덧단 옷깃과 뒤 옷깃을 떠 서 꿰매기로 연결합니다. 단추를 답니다.

치수도 단위=㎝ ※지정한 것 외에는 각 사이즈 공통
※메리야스뜨기 배색무늬 외에는 암갈색으로 뜬다
※메리야스뜨기 배색무늬는 감아 뜨는 방법(p.56~57)으로 뜬다

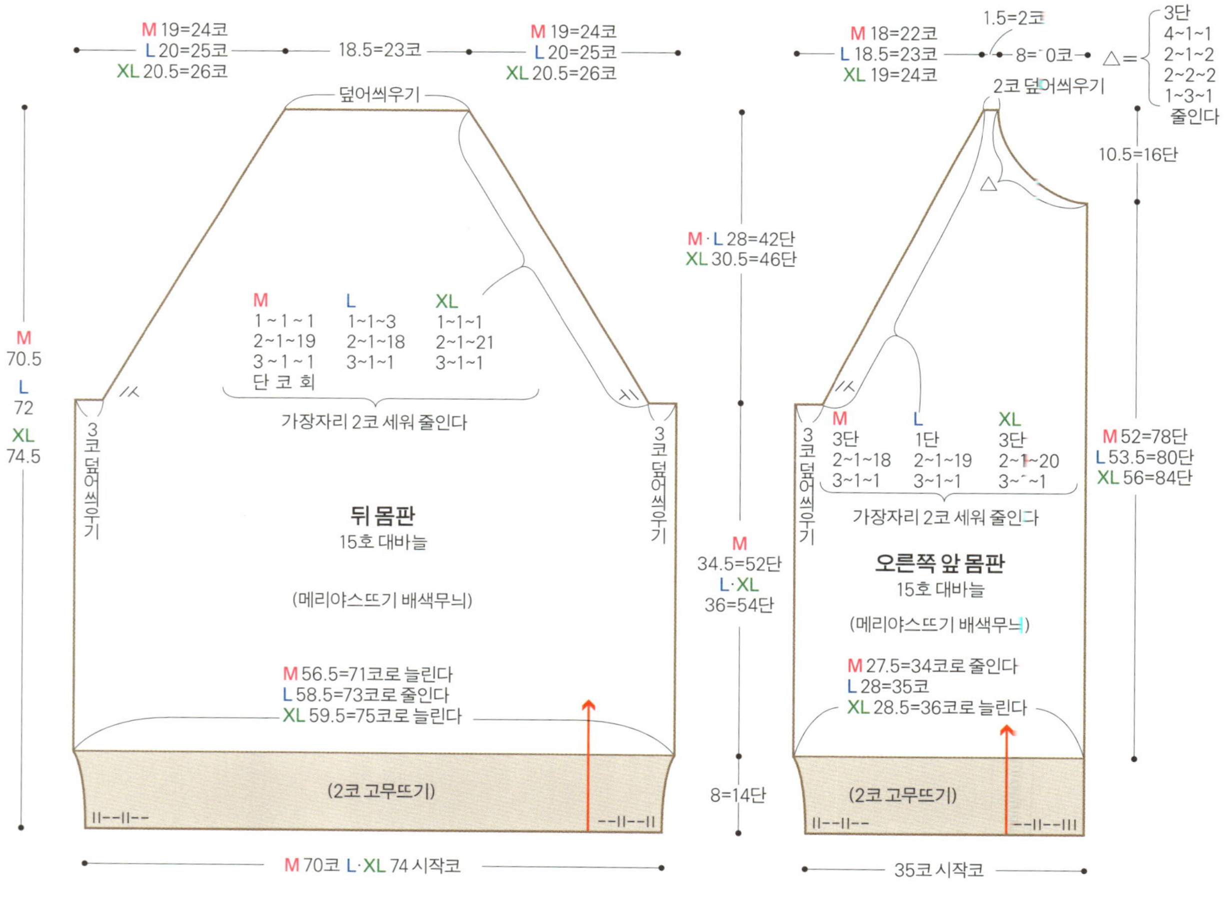

M 19=24코
L 20=25코
XL 20.5=26코

18.5=23코

M 19=24코
L 20=25코
XL 20.5=26코

덮어씌우기

M
1~1~1
2~1~19
3~1~1
단 코 회

L
1~1~3
2~1~18
3~1~1

XL
1~1~1
2~1~21
3~1~1

가장자리 2코 세워 줄인다

뒤 몸판
15호 대바늘

(메리야스뜨기 배색무늬)

3코 덮어씌우기

M 56.5=71코로 늘린다
L 58.5=73코로 줄인다
XL 59.5=75코로 늘린다

(2코 고무뜨기)

‖--‖--‖   --‖--‖

M 70코 **L·XL** 74 시작코

M 70.5 **L** 72 **XL** 74.5

1.5=2코

M 18=22코
L 18.5=23코
XL 19=24코

8=`0코

2코 덮어씌우기

△=
3단
4~1~1
2~1~2
2~2~2
1~3~1
줄인다

10.5=16단

M·L 28=42단
XL 30.5=46단

M
3단
2~1~18
3~1~1

L
1단
2~1~19
3~1~1

XL
3단
2~1~20
3~1~1

가장자리 2코 세워 줄인다

오른쪽 앞 몸판
15호 대바늘

(메리야스뜨기 배색무늬)

3코 덮어씌우기

M 52=78단
L 53.5=80단
XL 56=84단

M 34.5=52단
L·XL 36=54단

M 27.5=34코로 줄인다
L 28=35코
XL 28.5=36코로 늘린다

(2코 고무뜨기)

8=14단

‖--‖--‖   --‖--‖‖

35코 시작코

※왼쪽 앞 몸판은 대칭으로 뜬다

100

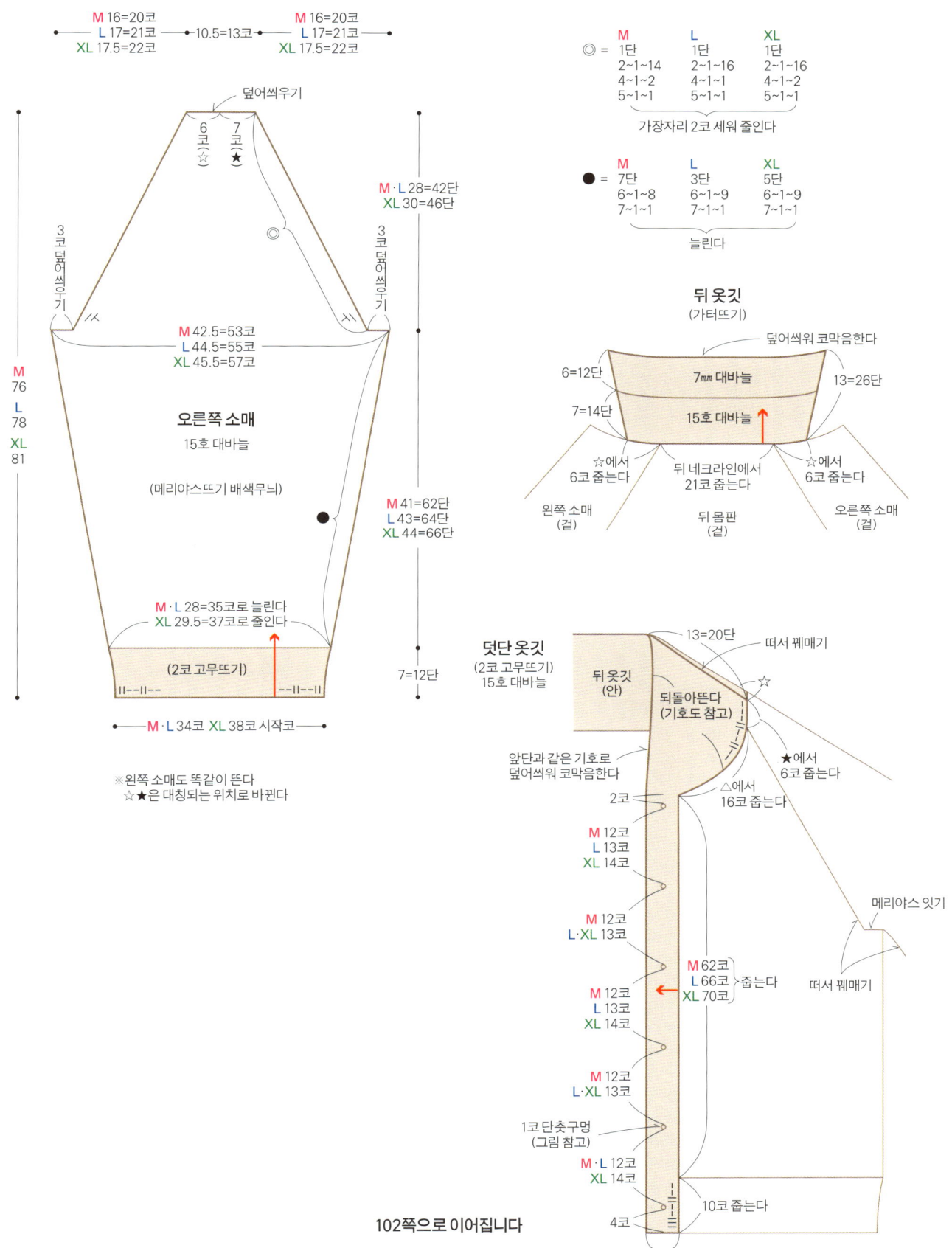

M 16=20코
L 17=21코
XL 17.5=22코

10.5=13코

M 16=20코
L 17=21코
XL 17.5=22코

덮어씌우기

6코
(☆)

7코
(★)

M·L 28=42단
XL 30=46단

3코 덮어씌우기

3코 덮어씌우기

M 42.5=53코
L 44.5=55코
XL 45.5=57코

M
76
L
78
XL
81

오른쪽 소매
15호 대바늘

(메리야스뜨기 배색무늬)

M 41=62단
L 43=64단
XL 44=66단

M·L 28=35코로 늘린다
XL 29.5=37코로 줄인다

(2코 고무뜨기)

‖--‖--‖--

--‖--‖--‖

7=12단

─● M·L 34코 XL 38코 시작코 ●─

※왼쪽 소매도 똑같이 뜬다
☆★은 대칭되는 위치로 바뀐다

◎ =

M	L	XL
1단	1단	1단
2~1~14	2~1~16	2~1~16
4~1~2	4~1~2	4~1~2
5~1~1	5~1~1	5~1~1

가장자리 2코 세워 줄인다

● =

M	L	XL
7단	3단	5단
6~1~8	6~1~9	6~1~9
7~1~1	7~1~1	7~1~1

늘린다

뒤 옷깃
(가터뜨기)

덮어씌워 코막음한다

6=12단

7mm 대바늘

13=26단

7=14단

15호 대바늘

☆에서
6코 줍는다

뒤 네크라인에서
21코 줍는다

☆에서
6코 줍는다

왼쪽 소매
(겉)

뒤 몸판
(겉)

오른쪽 소매
(겉)

덧단 옷깃
(2코 고무뜨기)
15호 대바늘

뒤 옷깃
(안)

13=20단

떠서 꿰매기

되돌아뜬다
(기호도 참고)

☆

앞단과 같은 기호로
덮어씌워 코막음한다

2코

★에서
6코 줍는다

△에서
16코 줍는다

메리야스 잇기

M 12코
L 13코
XL 14코

M 12코
L·XL 13코

M 62코
L 66코
XL 70코

줄인다

떠서 꿰매기

M 12코
L 13코
XL 14코

M 12코
L·XL 13코

1코 단춧구멍
(그림 참고)

M·L 12코
XL 14코

10코 줄인다

4코

4.5=8단

102쪽으로 이어집니다

메리야스뜨기 배색무늬 도안

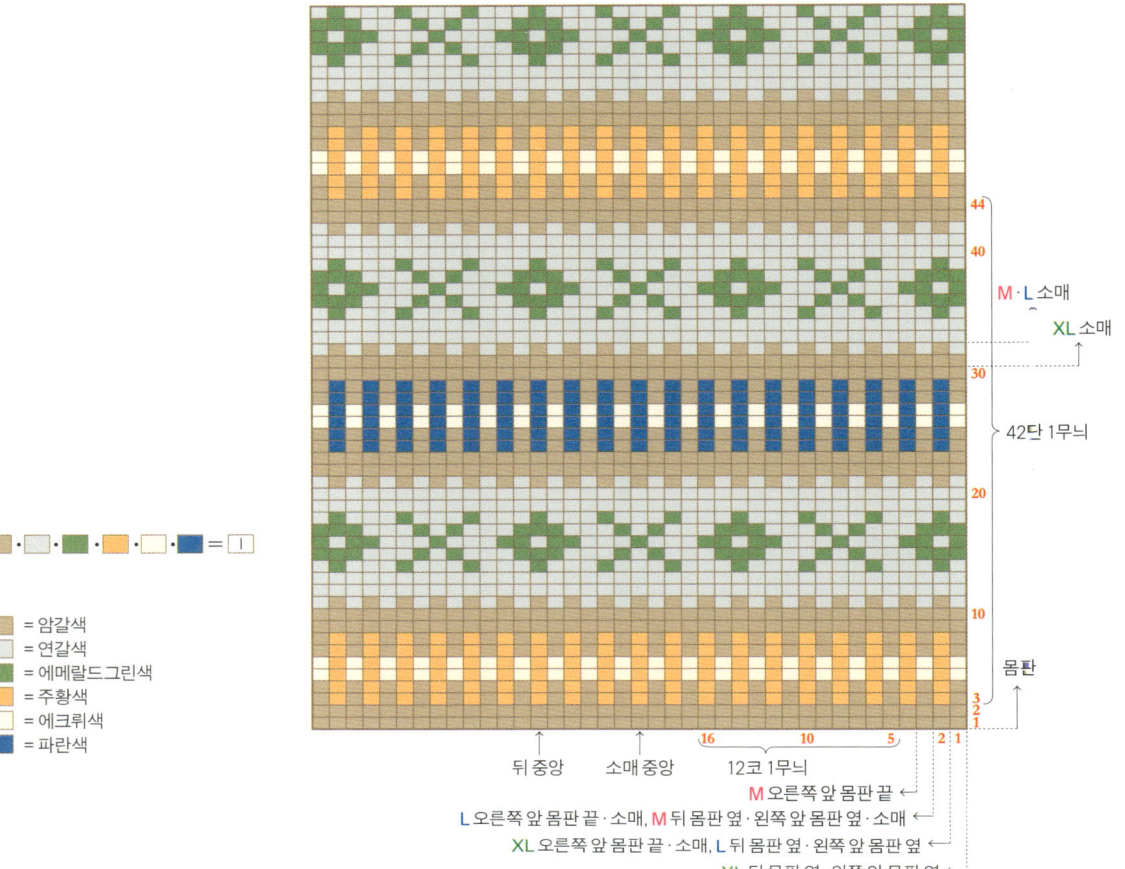

= 암갈색
= 연갈색
= 에메랄드그린색
= 주황색
= 에크뤼색
= 파란색

44
40

M·L 소매
XL 소매

30

42단 1무늬

20

10

몸판

3
2
1

뒤 중앙   소매 중앙   12코 1무늬

16   10   5   2 1

M 오른쪽 앞 몸판 끝 ←

L 오른쪽 앞 몸판 끝·소매, M 뒤 몸판 옆·왼쪽 앞 몸판 옆·소매 ←

XL 오른쪽 앞 몸판 끝·소매, L 뒤 몸판 옆·왼쪽 앞 몸판 옆 ←

XL 뒤 몸판 옆·왼쪽 앞 몸판 옆 ←

오른쪽 덧단 옷깃 되돌아뜨는 방법 (p.75 참고) L 사이즈 ※M·XL은 같은 요령으로 뜬다

가터뜨기 기호도

4 3 2 ← 2단 1무늬
1 (주운 코)
2 1

⊃·⊂ = 바늘비우기

= |

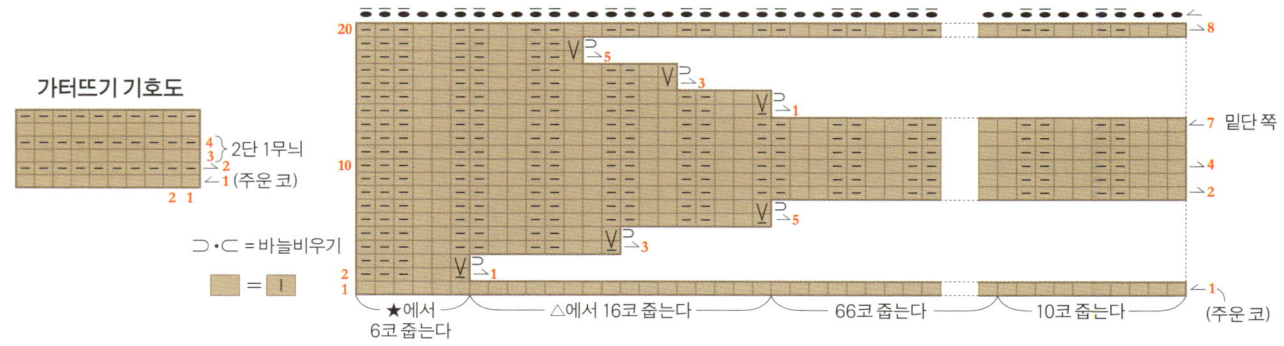

★에서 6코 줍는다   △에서 16코 줍는다   66코 줍는다   10코 줍는다   (주운 코)

밑단 쪽

왼쪽 덧단 옷깃 되돌아뜨는 방법과 단춧구멍 L 사이즈 ※M·XL은 같은 요령으로 뜬다

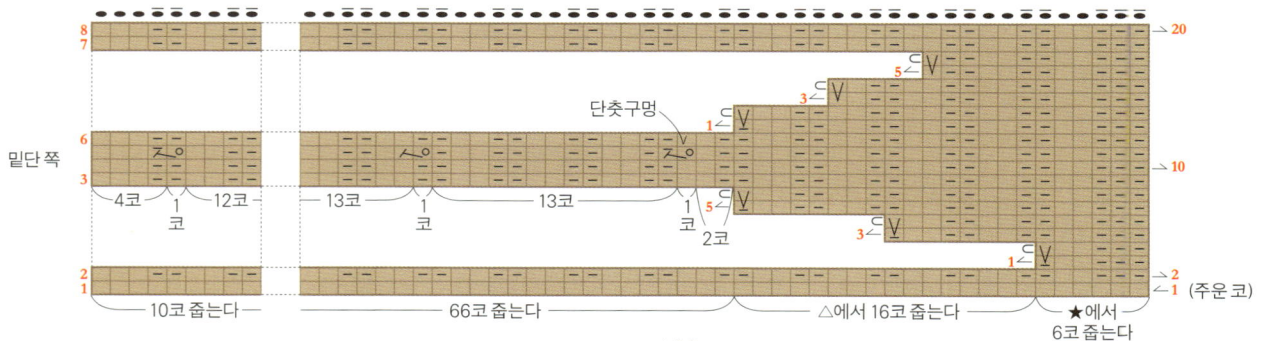

단춧구멍

밑단 쪽

4코 1코 12코   13코 1코 13코 1코 2코

10코 줍는다   66코 줍는다   △에서 16코 줍는다   ★에서 6코 줍는다   (주운 코)

102

17
래글런 소매 카디건

▸ p.27

실…하마나카 소노모노 알파카 릴리(한 타래 40g)

베이지색(112) **M**: 635g **L**: 690g **XL**: 730g

바늘…하마나카 아미아미 한쪽이 막힌 대바늘 8호(4.5㎜) 2개

기타…지름 2㎝의 단추 6개

게이지…멍석뜨기 21코×30단=사방 10㎝

　　　　①, ①'무늬뜨기 52코=17.5㎝, 30단=10㎝

　　　　②무늬뜨기 38코=14㎝, 30단=10㎝

사이즈…가슴둘레 **M**110.5㎝ **L**116.5㎝ **XL**120.5㎝

　　　　길이 **M**67㎝ **L**70.5㎝ **XL**74㎝

　　　　화장길이 **M**80.5㎝ **L**85㎝ **XL**87㎝

뜨는 방법…실은 1가닥을 사용해 뜹니다.

앞뒤 몸판, 소매는 일반적인 방법으로 코를 만들고 1코 고무뜨기를 뜨는데 1단(시작코)은 안쪽을 겉쪽으로 사용합니다. 이어서 멍석뜨기와 지정한 무늬뜨기로 뜨는데 앞 몸판의 주머니 위치에는 별도의 실을 떠 넣습니다. 주머니 위치의 별도의 실을 빼서 주머니 입구를 1코 고무뜨기, 주머니 안쪽을 메리야스뜨기로 각각 뜨고 덮어씌워 코막음합니다. 주머니 입구는 몸판에 떠서 꿰매기를 하고, 주머니 안쪽은 몸판 안쪽에 감쳐서 답니다. 래글런 선을 메리야스 잇기와 떠서 꿰매기로 연결하고 네크라인에서 코를 주워 1코 고무뜨기를 뜬 뒤 덮어씌워 코막음합니다. 옆선과 소매 아래를 떠서 꿰매기로 연결합니다. 덧단은 일반적인 방법으로 코를 만들고, 1단(시작코)은 안쪽을 겉쪽으로 해서 1코 고무뜨기로 뜹니다. 겉자락에는 단춧구멍을 내면서 뜨고 마지막은 덮어씌워 코막음합니다. 덧단을 떠서 꿰매기로 달고 단추를 답니다.

치수도　　단위=㎝　※지정한 것 외에는 각 사이즈 공통

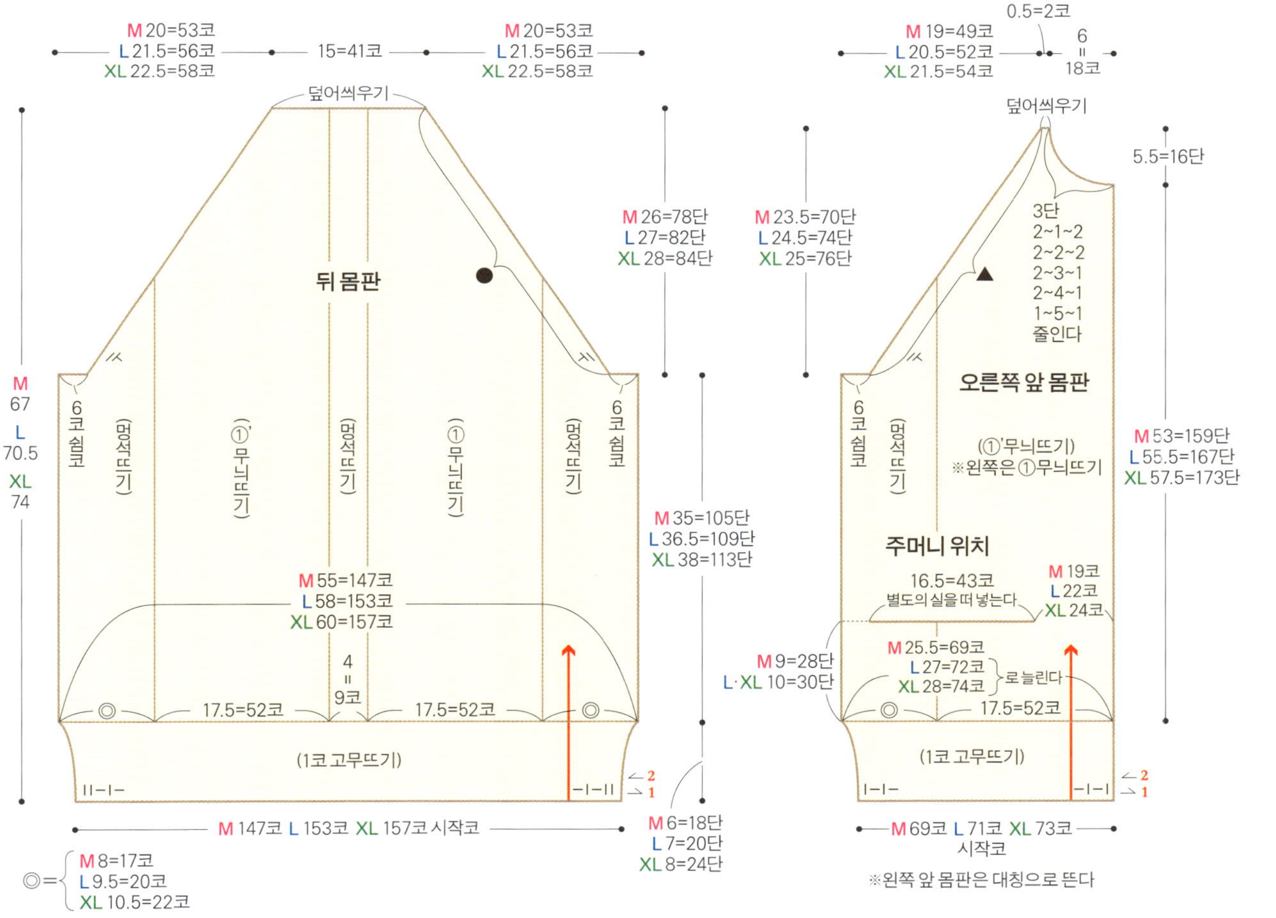

뒤 몸판

M 20=53코 **L** 21.5=56코 **XL** 22.5=58코 ─ 15=41코 ─ **M** 20=53코 **L** 21.5=56코 **XL** 22.5=58코

덮어씌우기

M 26=78단 **L** 27=82단 **XL** 28=84단

6코 쉼코

(멍석뜨기) (①무늬뜨기) (멍석뜨기) (①무늬뜨기) (멍석뜨기)

6코 쉼코

M 67 **L** 70.5 **XL** 74

M 35=105단 **L** 36.5=109단 **XL** 38=113단

M 55=147코 **L** 58=153코 **XL** 60=157코

4 = 9코

17.5=52코 ─ 17.5=52코

(1코 고무뜨기)

M 147코 **L** 153코 **XL** 157코 시작코

↑ 2 1

M 6=18단 **L** 7=20단 **XL** 8=24단

◎= **M** 8=17코 **L** 9.5=20코 **XL** 10.5=22코

● =
M	**L**	**XL**
2단	2단	2단
2~1~8	2~1~9	2~1~7
2~1~1 번갈아 19회	2~1~1 번갈아 20회	2~1~1 번갈아 22회
1~1~1	1~1~1	1~1~1
3~1~1	3~1~1	3~1~1
단 코 회		

가장자리 2코 세워 줄인다

오른쪽 앞 몸판

M 19=49코 **L** 20.5=52코 **XL** 21.5=54코 ─ 0.5=2코 ═ 6 = 18코

덮어씌우기

5.5=16단

3단 2~1~2 2~2~2 2~3~1 2~4~1 1~5~1 줄인다

(①'무늬뜨기) ※왼쪽은 ①무늬뜨기

M 53=159단 **L** 55.5=167단 **XL** 57.5=173단

6코 쉼코

(멍석뜨기)

주머니 위치

16.5=43코 별도의 실을 떠 넣는다

M 19코 **L** 22코 **XL** 24코

M 25.5=69코 **L** 27=72코 **XL** 28=74코 로 늘린다

17.5=52코

(1코 고무뜨기)

M 9=28단 **L·XL** 10=30단

↑ 2 1

M 69코 **L** 71코 **XL** 73코 시작코

※왼쪽 앞 몸판은 대칭으로 뜬다

▲ =
M	**L**	**XL**
3단	1단	1단
2~1~2	2~1~5	2~1~3
2~1~1 번갈아 20회	2~1~1 번갈아 20회	2~1~1 번갈아 22회
3~1~1	3~1~1	3~1~1

가장자리 2코 세워 줄인다

104쪽으로 이어집니다

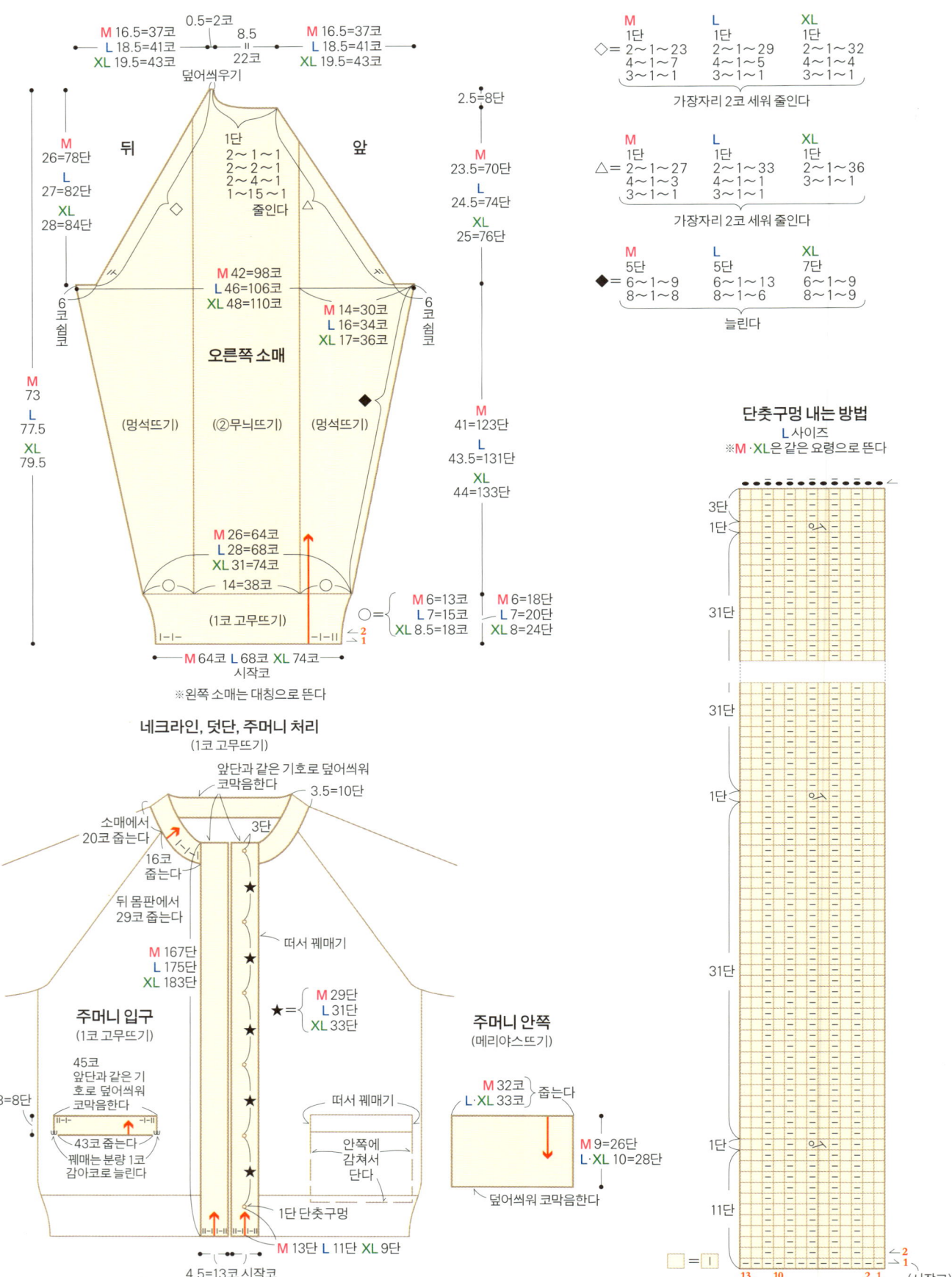

M 16.5=37코
L 18.5=41코
XL 19.5=43코

0.5=2코

8.5
22코

M 16.5=37코
L 18.5=41코
XL 19.5=43코

덮어씌우기

뒤   앞

M 26=78단
L 27=82단
XL 28=84단

1단
2~1~1
2~2~1
2~4~1
1~15~1
줄인다

6코 쉼코

M 42=98코
L 46=106코
XL 48=110코

M 14=30코
L 16=34코
XL 17=36코

6코 쉼코

오른쪽 소매

M 73
L 77.5
XL 79.5

(멍석뜨기)   ((②무늬뜨기))   (멍석뜨기)

M 26=64코
L 28=68코
XL 31=74코

14=38코

(1코 고무뜨기)

M 64코 L 68코 XL 74코 시작코

※왼쪽 소매는 대칭으로 뜬다

2.5=8단

M 23.5=70단
L 24.5=74단
XL 25=76단

M 41=123단
L 43.5=131단
XL 44=133단

M 6=13코
L 7=15코
XL 8.5=18코

M 6=18단
L 7=20단
XL 8=24단

○ =

2
1

◇ =
M	L	XL
1단	1단	1단
2~1~23	2~1~29	2~1~32
4~1~7	4~1~5	4~1~4
3~1~1	3~1~1	3~1~1

가장자리 2코 세워 줄인다

△ =
M	L	XL
1단	1단	1단
2~1~27	2~1~33	2~1~36
4~1~3	4~1~1	3~1~1
3~1~1	3~1~1	

가장자리 2코 세워 줄인다

◆ =
M	L	XL
5단	5단	7단
6~1~9	6~1~13	6~1~9
8~1~8	8~1~6	8~1~9

늘린다

단춧구멍 내는 방법
L 사이즈
※M·XL은 같은 요령으로 뜬다

3단
1단

31단

31단

1단

31단

1단

11단

□ = │

13 10   2 1 (시작코)

2
1

네크라인, 덧단, 주머니 처리
(1코 고무뜨기)

앞단과 같은 기호로 덮어씌워
코막음한다   3.5=10단

소매에서
20코 줍는다

3단

16코
줍는다

뒤 몸판에서
29코 줍는다

떠서 꿰매기

M 167단
L 175단
XL 183단

★ =
M 29단
L 31단
XL 33단

주머니 입구
(1코 고무뜨기)

3=8단

45코
앞단과 같은 기
호로 덮어씌워
코막음한다

43코 줍는다
꿰매는 분량 1코
감아코로 늘린다

주머니 안쪽
(메리야스뜨기)

떠서 꿰매기

안쪽에
감쳐서
단다

M 32코
L·XL 33코 줍는다

M 9=26단
L·XL 10=28단

덮어씌워 코막음한다

1단 단춧구멍

M 13단 L 11단 XL 9단

4.5=13코 시작코

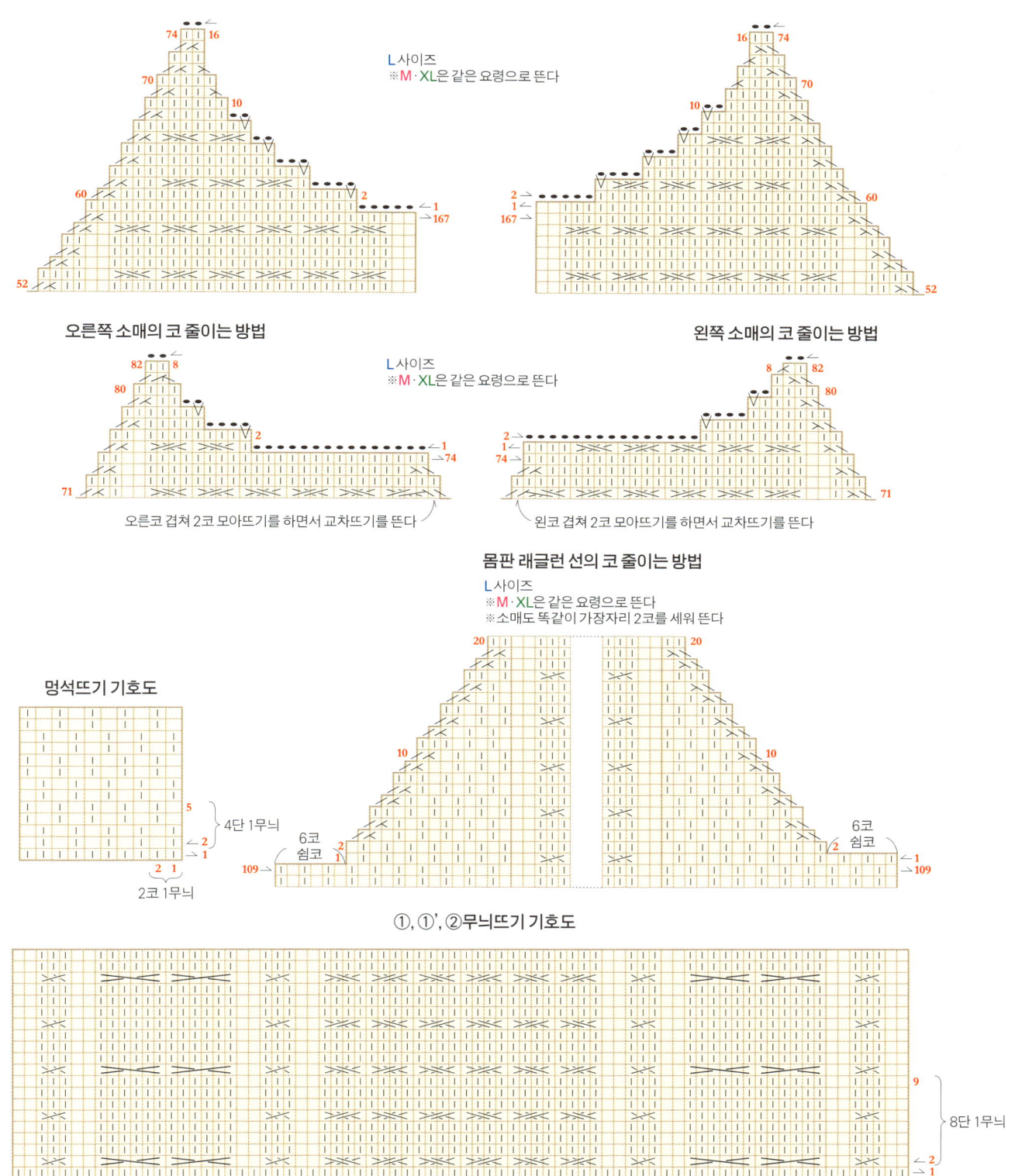

오른쪽 앞 네크라인의 코 줄이는 방법

L 사이즈
※M·XL은 같은 요령으로 뜬다

왼쪽 앞 네크라인의 코 줄이는 방법

오른쪽 소매의 코 줄이는 방법

L 사이즈
※M·XL은 같은 요령으로 뜬다

오른코 겹쳐 2코 모아뜨기를 하면서 교차뜨기를 뜬다

왼쪽 소매의 코 줄이는 방법

왼코 겹쳐 2코 모아뜨기를 하면서 교차뜨기를 뜬다

몸판 래글런 선의 코 줄이는 방법

L 사이즈
※M·XL은 같은 요령으로 뜬다
※소매도 똑같이 가장자리 2코를 세워 뜬다

6코
쉼코

6코
쉼코

멍석뜨기 기호도

4단 1무늬

2코 1무늬

①, ①', ②무늬뜨기 기호도

8단 1무늬

①52코 1무늬

①'52코 1무늬

②38코 1무늬

18
와이넥 카디건

▸ p.28-29

p.28

p.29

실…하마나카 멘스 클럽 마스터(한 타래 50g)
p.28 진남색(7) **M**: 695g **L**: 740g **XL**: 810g
p.29 암갈색(58) **M**: 315g **L**: 330g **XL**: 360g
벽돌색(61) **M**: 180g **L**: 195g **XL**: 210g
모스그린색(64) **M**: 105g **L**: 115g **XL**: 125g
멜란지베이지색(27) **M**: 105g **L**: 115g **XL**: 125g
바늘…하마나카 아미아미 한쪽이 막힌 대바늘 10호
(5.1㎜)·8호(4.5㎜) 각각 2개, 대바늘 8호(4.5㎜) 4개
기타…지름 2.1㎝의 단추 5개
게이지…무늬뜨기, 무늬뜨기 줄무늬 16코×22단=사방
10㎝
사이즈…가슴둘레 **M**110.5㎝ **L**116.5㎝ **XL**120.5㎝
길이 **M**66㎝ **L**68㎝ **XL**70㎝

어깨너비 **M**44㎝ **L**47㎝ **XL**49㎝
소매길이 **M**60㎝ **L**62㎝ **XL**64㎝

뜨는 방법…실은 1가닥을 사용해 뜹니다. p.29 작품은 지
정한 배색대로 뜹니다.
앞뒤 몸판, 소매는 일반적인 방법으로 코를 만들고 1코 고
무뜨기, 무늬뜨기(p.29 작품은 무늬뜨기 줄무늬)로 그림
과 같이 뜹니다. 어깨를 덮어씌워 빼뜨기 잇기로 연결합니
다. 앞 몸판 가장자리와 네크라인에서 코를 주워 덧단 옷
깃을 1코 고무뜨기로 뜨는데, 겉자락에는 단춧구멍을 내
면서 뜨고 마지막은 1코 고무뜨기 코막음을 합니다. 옆선
과 소매 아래를 떠서 꿰매기로 연결하고, 소매를 빼뜨기
꿰매기로 답니다. 단추를 답니다.

치수도　단위=㎝　※지정한 것 외에는 각 사이즈 공통
※p.29 작품은 지정한 배색대로 뜬다

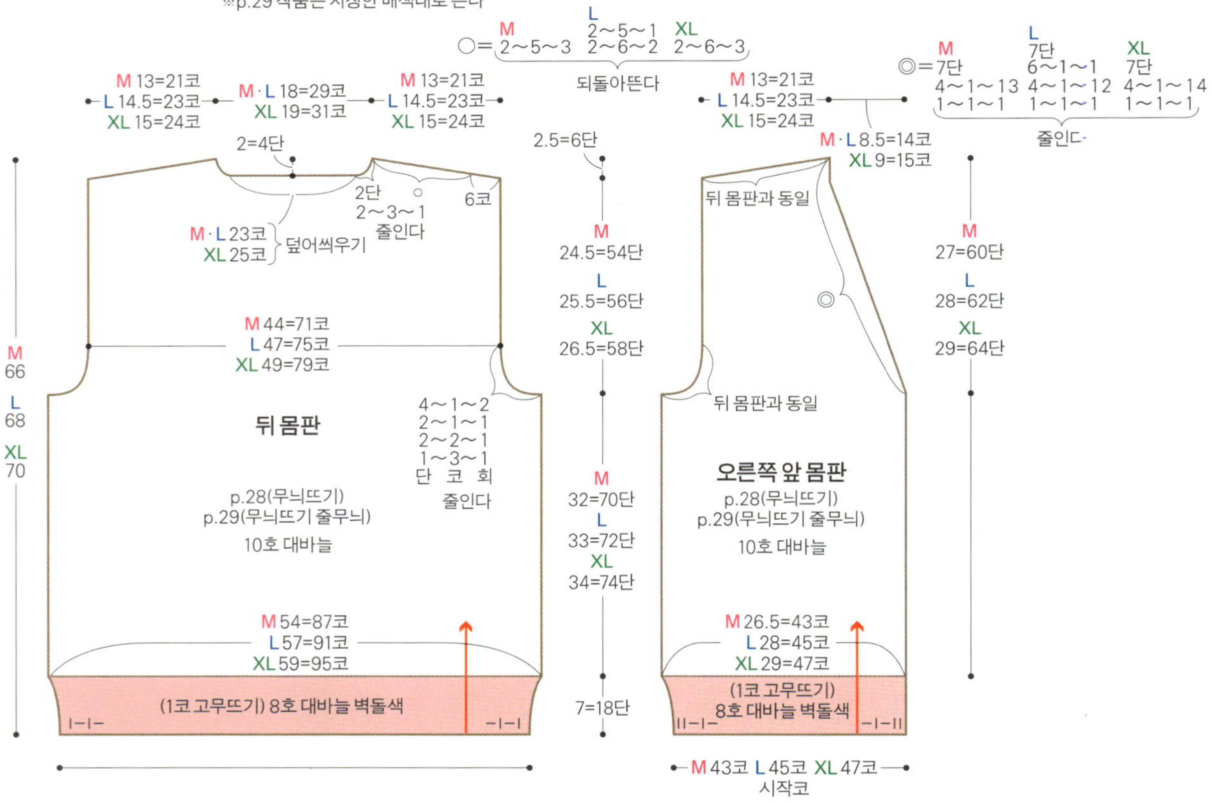

뒤 몸판
p.28(무늬뜨기)
p.29(무늬뜨기 줄무늬)
10호 대바늘

M 13=21코
L 14.5=23코
XL 15=24코

M·L 18=29코
XL 19=31코

M 13=21코
L 14.5=23코
XL 15=24코

2=4단

2단
2~3~1 줄인다

6코

M·L 23코
XL 25코　덮어씌우기

M 44=71코
L 47=75코
XL 49=79코

4~1~2
2~1~1
2~2~1
1~3~1
단 코 회
줄인다

M 54=87코
L 57=91코
XL 59=95코

(1코 고무뜨기) 8호 대바늘 벽돌색

M 66
L 68
XL 70

○=
M 2~5~3
L 2~5~1 / 2~6~2
XL 2~6~3
되돌아뜬다

2.5=6단

M 24.5=54단
L 25.5=56단
XL 26.5=58단

M 32=70단
L 33=72단
XL 34=74단

7=18단

M 13=21코
L 14.5=23코
XL 15=24코

M·L 8.5=14
XL 9=15코

뒤 몸판과 동일

뒤 몸판과 동일

오른쪽 앞 몸판
p.28(무늬뜨기)
p.29(무늬뜨기 줄무늬)
10호 대바늘

M 26.5=43코
L 28=45코
XL 29=47코

(1코 고무뜨기) 8호 대바늘 벽돌색

◀ M 43코 L 45코 XL 47코 ▶
시작코

※왼쪽 앞 몸판은 대칭으로 뜬다

◎=
M 7단
L 6~1~1 / 7단
XL 7단
4~1~13 / 4~1~12 / 4~1~14
1~1~1 / 1~1~1 / 1~1~1
줄인다

M 27=60단
L 28=62단
XL 29=64단

단춧구멍 내는 방법
L 사이즈 ※**M·XL**은 같은 요령으로 뜬다

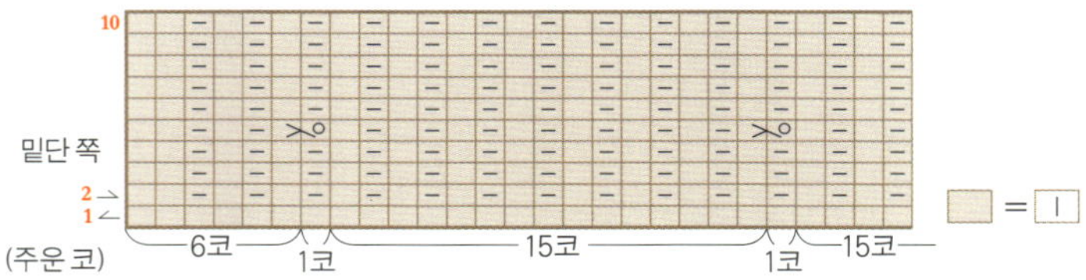

밑단 쪽

10

2
1

(주운 코)

6코 / 1코 / 15코 / 1코 / 15코

▢ = |

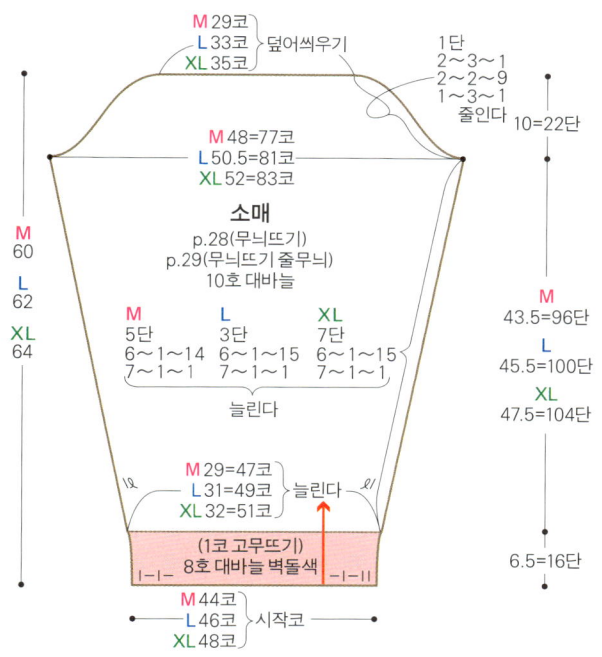

소매
p.28(무늬뜨기)
p.29(무늬뜨기 줄무늬)
10호 대바늘

M 29코 / L 33코 / XL 35코 덮어씌우기

1단
2~3~1
2~2~9
1~3~1 줄인다
10=22단

M 48=77코 / L 50.5=81코 / XL 52=83코

M 60 / L 62 / XL 64

| M 5단 6~1~14 7~1~1 | L 3단 6~1~15 7~1~1 | XL 7단 6~1~15 7~1~1 |

늘린다

M 43.5=96단 / L 45.5=100단 / XL 47.5=104단

M 29=47코 / L 31=49코 / XL 32=51코 늘린다

(1코 고무뜨기) 8호 대바늘 벽돌색

6.5=16단

M 44코 / L 46코 / XL 48코 시작코

p.29 무늬뜨기 줄무늬 배색

	몸판			소매		
	M	L	XL	M	L	XL
암갈색	18단	20단	22단	6단	8단	10단
모스그린색	4단					
암갈색	4단					
모스그린색	4단					
암갈색	4단					
멜란지베이지색	4단					
암갈색	4단					
멜란지베이지색	4단					
암갈색	4단					
멜란지베이지색	4단					
벽돌색	20단	22단	24단	20단	22단	24단
암갈색	8단					
멜란지베이지색	8단					
암갈색	8단					
모스그린색	8단					
암갈색	8단					
모스그린색	8단					
암갈색	8단					

덧단 옷깃
(1코 고무뜨기) 8호 대바늘 암갈색

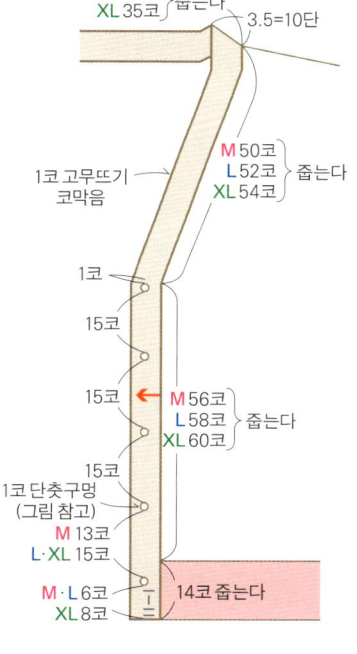

M·L 33코 / XL 35코 줍는다
3.5=10단

1코 고무뜨기 코막음

M 50코 / L 52코 / XL 54코 줍는다

1코
15코
15코

M 56코 / L 58코 / XL 60코 줍는다

15코
15코

1코 단춧구멍 (그림 참고)
M 13코 / L·XL 15코

M·L 6코 / XL 8코

14코 줍는다

무늬뜨기 기호

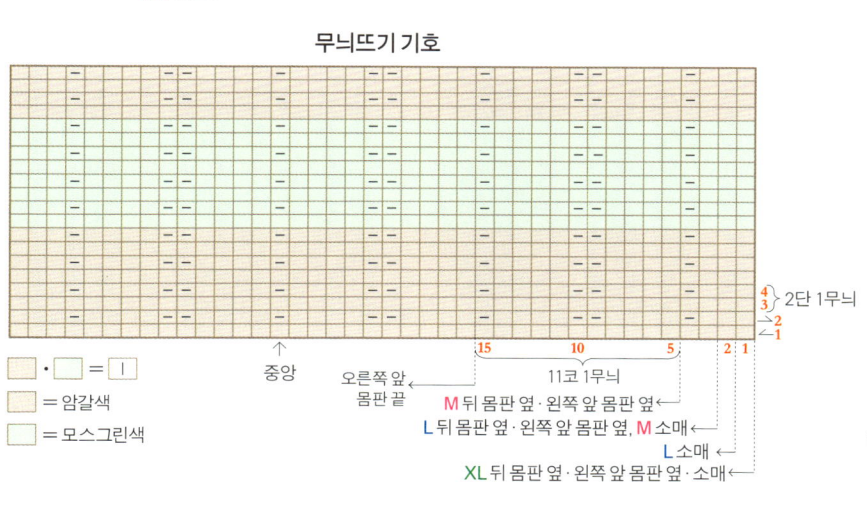

4 3 2 1 2단 1무늬

15 10 5   2 1

11코 1무늬

↑ 중앙

오른쪽 앞 몸판 끝

M 뒤 몸판 옆·왼쪽 앞 몸판 옆
L 뒤 몸판 옆·왼쪽 앞 몸판 옆, M 소매
XL 뒤 몸판 옆·왼쪽 앞 몸판 옆·소매
L 소매

· □ = |
□ = 암갈색
□ = 모스그린색

뒤 몸판 네크라인의 코 줄이는 방법과 어깨 되돌아뜨는 방법
L사이즈 ※M·XL은 같은 요령으로 뜬다

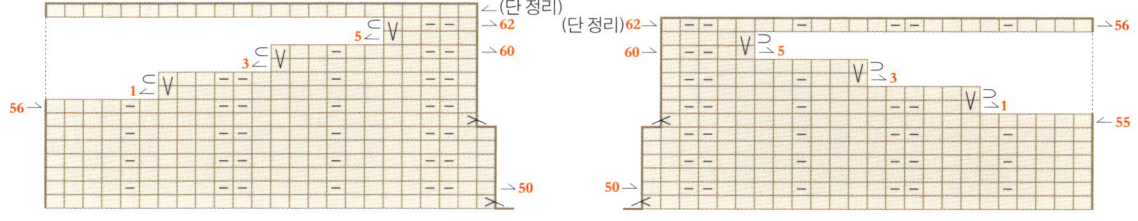

(단 정리)
실을 단다
23코 덮어씌우기
56

오른쪽 앞 몸판 어깨 되돌아뜨는 방법
L사이즈 ※M·XL은 같은 요령으로 뜬다

(단 정리)
62 / 60 / 56 / 50

왼쪽 앞 몸판 어깨 되돌아뜨는 방법
L사이즈 ※M·XL은 같은 요령으로 뜬다

(단 정리)
62 / 60 / 56 / 55 / 50

19
건지 스타일 스웨터

↦ p.30

실…하마나카 워미(한 타래 40g)
캐멀색(4) M: 630g L: 680g XL: 750g
바늘…하마나카 아미아미 한쪽이 막힌 대바늘 8호(4.5㎜)·6호
(3.9㎜) 각각 2개, 대바늘 6호(3.9㎜) 4개
게이지…무늬뜨기 20.5코×28단=사방 10㎝
사이즈…가슴둘레 M104㎝ L110㎝ XL116㎝
　　　　길이 M64㎝ L67㎝ XL70㎝
　　　　어깨너비 M42㎝ L44㎝ XL46㎝
　　　　소매길이 M56㎝ L56㎝ XL58.5㎝

뜨는 방법…실은 1가닥을 사용해 뜹니다.
앞뒤 몸판, 소매는 나중에 풀어내는 코를 단들고 무늬뜨기로 그림과
같이 뜹니다. 시작코를 풀어내서 밑단과 소맷부리에 1코 고무뜨기
를 뜨고 1코 고무뜨기 코막음을 합니다. 어깨를 덮어씌워 **빼뜨기** 잇기
로 연결하고, 네크라인에 1코 고무뜨기를 원형으로 뜬 뒤 1코 고무
뜨기 코막음을 합니다. 옆선과 소매 아래를 떠서 꿰매기로 연결하고,
소매를 빼뜨기 꿰매기로 답니다.

치수도　단위=㎝　※지정한 것 외에는 각 사이즈 공통

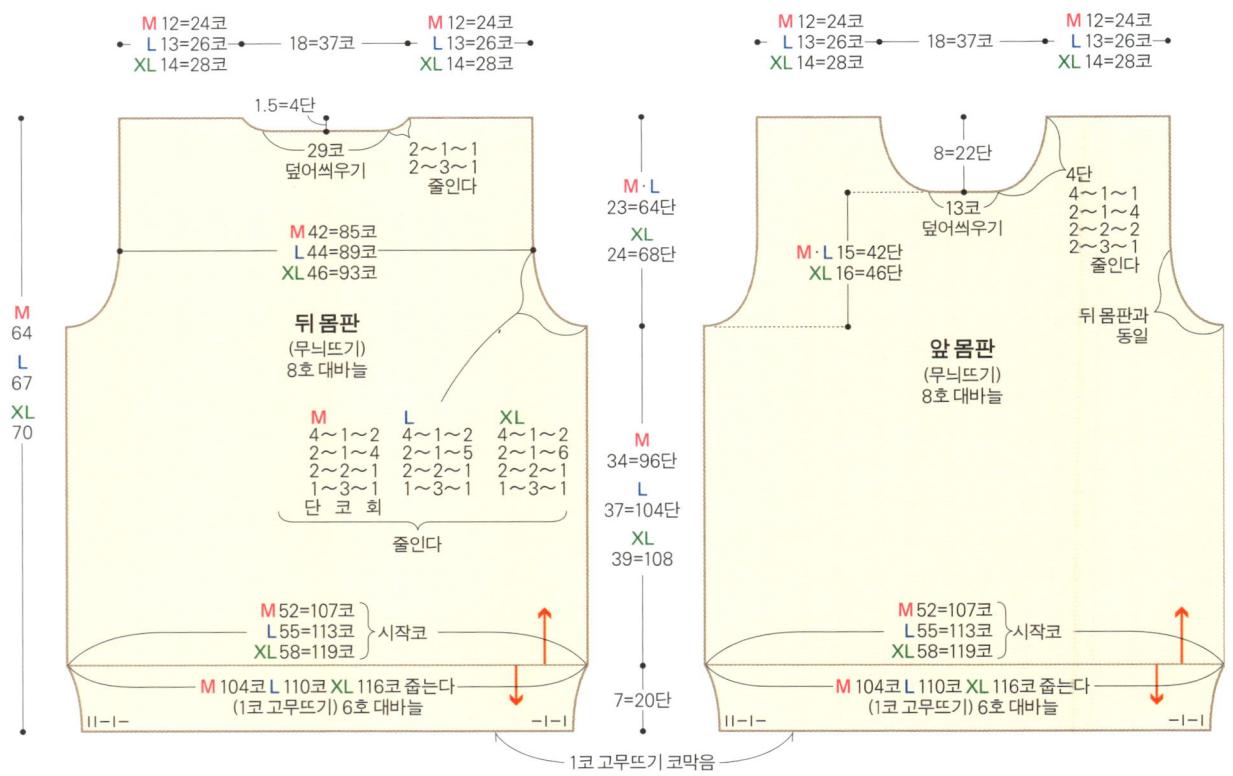

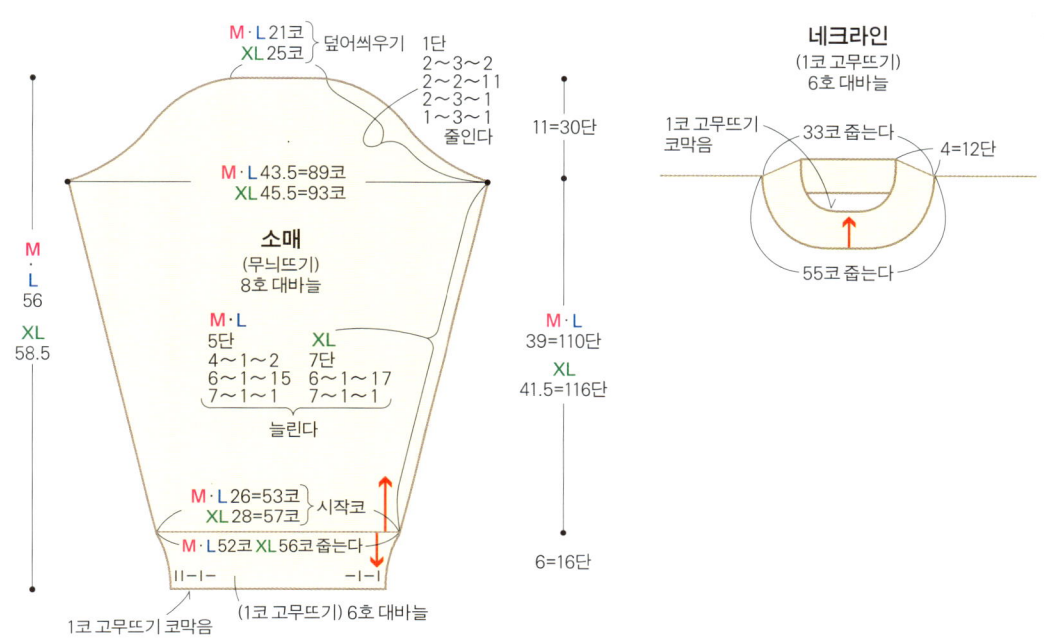

M·L 21코
XL 25코
덮어씌우기
1단
2~3~2
2~2~11
2~3~1
1~3~1
줄인다

11=30단

네크라인
(1코 고무뜨기)
6호 대바늘

1코 고무뜨기
코막음
33코 줍는다
4=12단

55코 줍는다

M·L 43.5=89코
XL 45.5=93코

소매
(무늬뜨기)
8호 대바늘

M·L
56
XL
58.5

M·L
5단
4~1~2
6~1~15
7~1~1

XL
7단
6~1~17
7~1~1

늘린다

M·L
39=110단
XL
41.5=116단

M·L 26=53코
XL 28=57코
시작코
M·L 52코 XL 56코 줍는다

6=16단

1코 고무뜨기 코막음
(1코 고무뜨기) 6호 대바늘

무늬뜨기 기호도

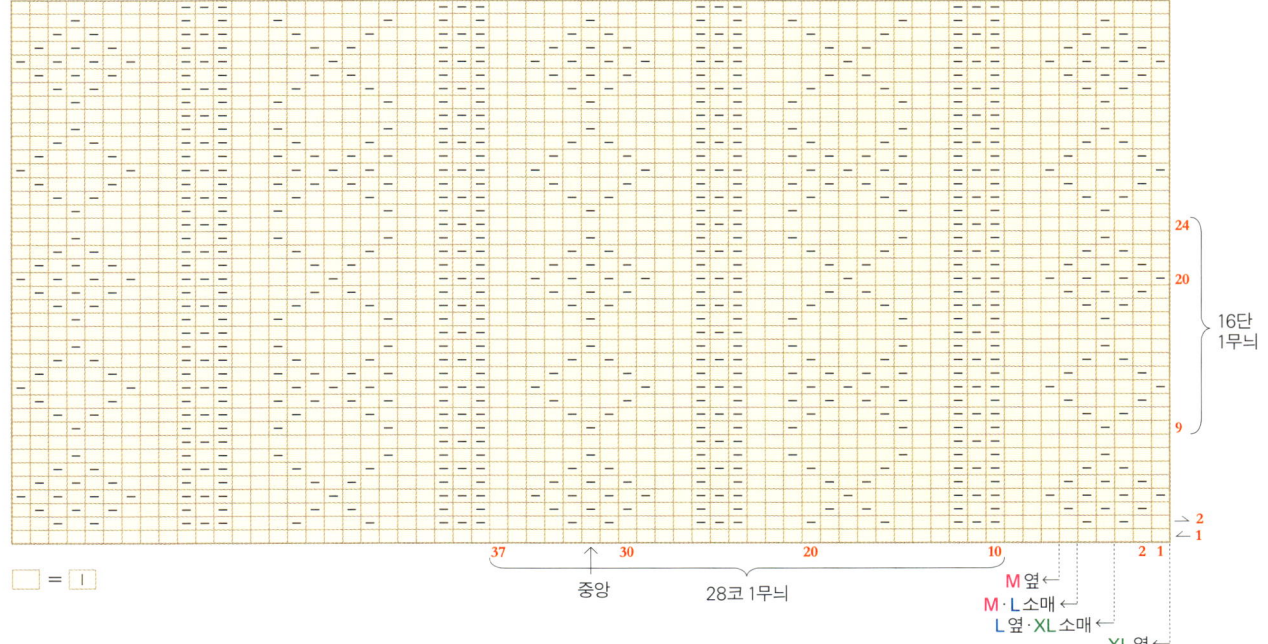

24
20
16단
1무늬
9
2
1

37
30
중앙
20
28코 1무늬
10
2 1

M 옆
M·L 소매
L 옆·XL 소매
XL 옆

□ = |

20
아가일 무늬 베스트

▶ p.31

실…하마나카 멘스 클럽 마스터(한 타래 50g)
진남색(7) M: 295g L: 310g XL: 330g
회색(56) M: 85g L: 90g XL: 100g
주황색(60) M: 15g L: 20g XL: 20g
바늘…하마나카 아미아미 한쪽이 막힌 대바늘 10호(5.1㎜)・8호
(4.5㎜) 각각 2개, 대바늘 8호(4.5㎜) 4개
기타…지름 2.3㎝의 단추 5개
게이지…메리야스뜨기 16코×21단=사방 10㎝
메리야스뜨기 배색무늬 13코=8.5㎝, 21단=10㎝
사이즈…가슴둘레 M110㎝ L112㎝ XL116㎝
길이 M63.5㎝ L64.5㎝ XL66㎝
어깨너비 M43㎝ L44㎝ XL45㎝

뜨는 방법…실은 1가닥을 사용해 지정한 것 외에는 진남색으로 뜹니다.
앞뒤 몸판은 일반적인 방법으로 코를 만들고 1코 고무뜨기 줄무늬,
메리야스뜨기, 메리야스뜨기 배색무늬로 그림과 같이 뜹니다. 지정
한 위치에 메리야스자수를 합니다. 어깨를 빼뜨기 잇기로 연결하고,
옆선을 떠서 꿰매기로 연결합니다. 앞 몸판 가장자리와 네크라인에
서 코를 주워 덧단 옷깃을 1코 고무뜨기 줄무늬로 뜨는데, 겉자락에
는 단춧구멍을 내면서 뜨고 1코 고무뜨기 코막음을 합니다. 진동둘
레에 1코 고무뜨기 줄무늬를 원형으로 뜨고, 1코 고무뜨기 코막음을
합니다. 단추를 답니다.

치수도 단위=㎝ ※지정한 것 외에는 각 사이즈 공통
※지정한 것 외에는 진남색으로 뜬다

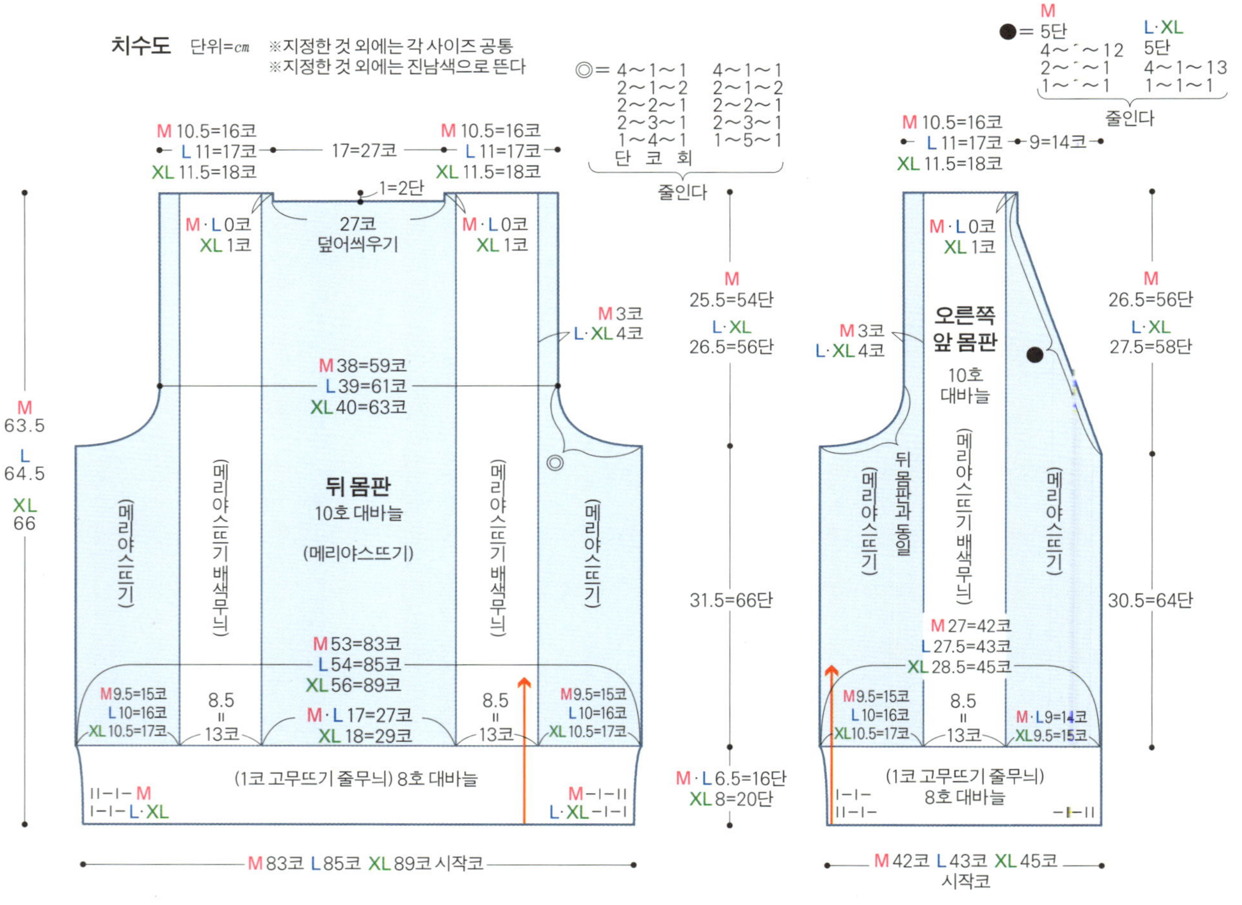

◎= 4~1~1 4~1~1
2~1~2 2~1~2
2~2~1 2~2~1
2~3~1 2~3~1
1~4~1 1~5~1
단 코 회
줄인다

● = 5단
4~ ˇ ~12 5단
2~ ˇ ~1 4~1~13
1~ ˇ ~1 1~1~1
줄인다

뒤 몸판 (치수도)

M 10.5=16코
L 11=17코
XL 11.5=18코
— 17=27코 —
M 10.5=16코
L 11=17코
XL 11.5=18코
1=2단

M・L0코 XL 1코
27코 덮어씌우기
M・L0코 XL 1코

M 3코
L・XL 4코

M38=59코
L39=61코
XL40=63코

뒤 몸판
10호 대바늘
(메리야스뜨기)

(메리야스뜨기 배색무늬)
(메리야스뜨기)

M
63.5
L
64.5
XL
66

M 25.5=54단
L・XL 26.5=56단

31.5=66단

M 53=83코
L 54=85코
XL 56=89코

M9.5=15코 L10=16코 XL10.5=17코
8.5=13코
M・L 17=27코 XL 18=29코
8.5=13코
M9.5=15코 L10=16코 XL10.5=17코

II-I-I M
I-I-I L・XL
(1코 고무뜨기 줄무늬) 8호 대바늘
M-I-II L・XL-I-I

M・L 6.5=16단 XL 8=20단

— M83코 L85코 XL89코 시작코 —

오른쪽 앞 몸판 (치수도)

M 10.5=16코
L 11=17코
XL 11.5=18코
— 9=14코 —

M・L0코 XL 1코

M 3코
L・XL 4코

오른쪽 앞 몸판
10호 대바늘

M 26.5=56단
L・XL 27.5=58단

뒤 몸판과 동일
(메리야스뜨기 배색무늬)
(메리야스뜨기)

30.5=64단

M 27=42코
L 27.5=43코
XL 28.5=45코

M9.5=15코 L10=16코 XL10.5=17코
8.5=13코
M・L9=14코 XL9.5=15코

I-I- II-I-II (1코 고무뜨기 줄무늬) 8호 대바늘 -I-II

— M 42코 L 43코 XL 45코 시작코 —

※왼쪽 앞 몸판은 대칭으로 뜬다

단춧구멍 내는 방법   M・L 사이즈 ※XL은 같은 요령으로 뜬다

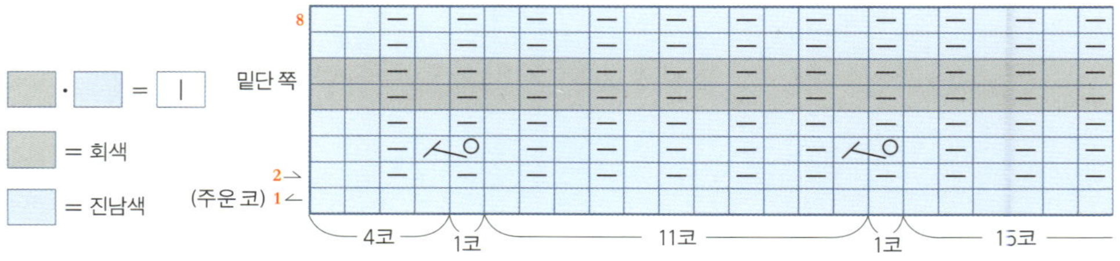

□・□ = |
□ = 회색
□ = 진남색

8
밑단 쪽
2
1 (주운 코)

— 4코 — 1코 — 11코 — 1코 — 15코 —

110

메리야스뜨기 배색무늬 도안

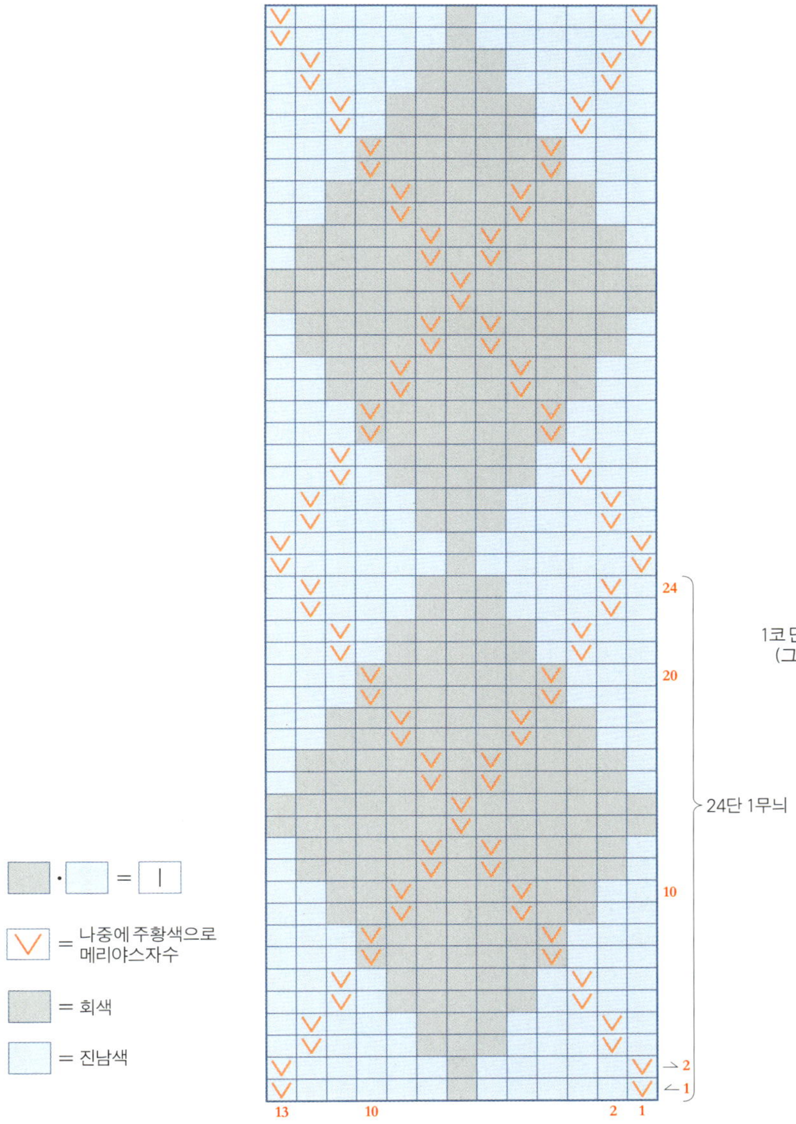

24단 1무늬

24
20
10
2 → 2
1 → 1

13   10   2 1

| ⬜ · ⬜ = | | |
| V = 나중에 주황색으로 메리야스자수 |
| ⬜ = 회색 |
| ⬜ = 진남색 |

덧단 옷깃, 진동둘레
(1코 고무뜨기 줄무늬) 8호 대바늘

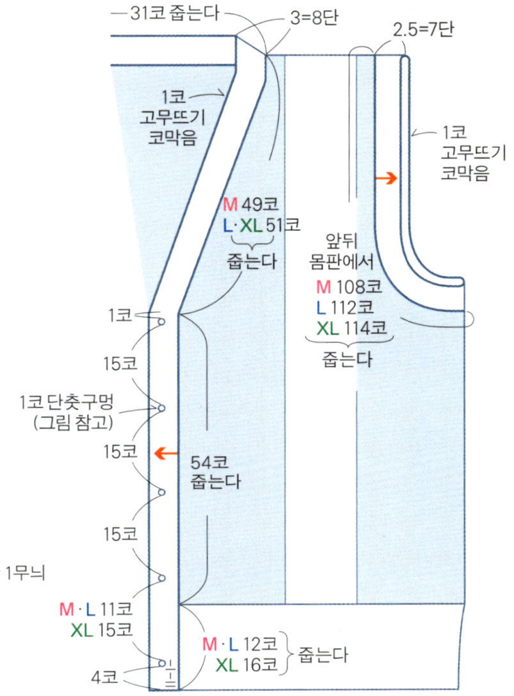

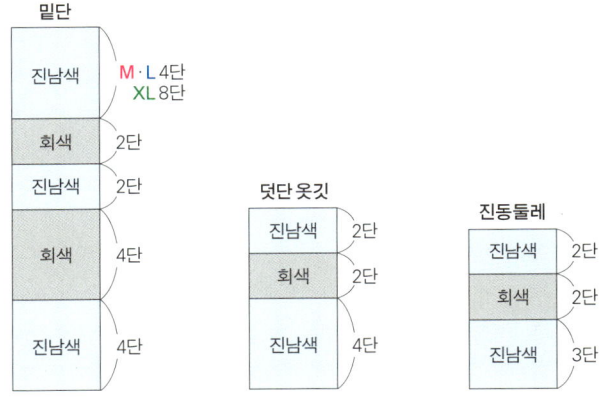

—31코 줄인다
3=8단
2.5=7단
1코 고무뜨기 코막음
M 49코 L·XL 51코 줄는다
앞뒤 몸판에서 M 108코 L 112코 XL 114코 줄는다
1코 고무뜨기 코막음
1코
15코
1코 단춧구멍 (그림 참고)
15코
54코 줄는다
15코
15코
M·L 11코 XL 15코
M·L 12코 XL 16코 줄는다
4코

1코 고무뜨기 줄무늬 배색

밑단

진남색	M·L 4단 XL 8단
회색	2단
진남색	2단
회색	4단
진남색	4단

덧단 옷깃

진남색	2단
회색	2단
진남색	4단

진동둘레

진남색	2단
회색	2단
진남색	3단

22.23
머플러와 핸드 워머

▸ p.33

머플러
실…하마나카 멘스 클럽 마스터(한 타래 50g)
회색(56) 110g, 남색(23)·진회색(50) 각각 25g
바늘…하마나카 아미아미 대바늘 10호(5.1㎜) 2개
게이지…고무뜨기, 고무뜨기 줄무늬 A·B 16코×18.5단=사방 10㎝
사이즈…너비 21㎝, 길이 147㎝
뜨는 방법…실은 1가닥을 사용해 지정한 배색대로 뜹니다.
일반적인 방법으로 코를 만들고 고무뜨기 줄무늬, 고무뜨기로 뜬 뒤 덮어씌워 코막음합니다.

핸드 워머
실…하마나카 멘스 클럽 마스터(한 타래 50g)
회색(56) 40g, 남색(23)·진회색(50) 각각 15g
바늘…하마나카 아미아미 짧은 대바늘 9호(4.8㎜) 5개
게이지…메리야스뜨기 15코×23단=사방 10㎝
사이즈…손바닥 둘레 21㎝, 길이 21㎝
뜨는 방법…실은 1가닥을 사용해 지정한 배색대로 뜹니다.
오른손을 뜹니다. 일반적인 방법으로 32코를 만들고, 원형으로 2코 고무뜨기 줄무늬를 뜹니다. 이어서 메리야스뜨기로 16단 뜹니다. 엄지 구멍 위치에 별도의 실을 떠 넣고 30단까지 뜹니다. 이어서 2코 고무뜨기로 4단 뜨고 마지막은 덮어씌워 코막음합니다. 엄지는 별도의 실을 풀어내고 13코를 주워, 메리야스뜨기로 뜹니다. 마지막은 덮어씌워 코막음합니다. 왼손은 오른손과 대칭으로 뜹니다.

핸드 워머

치수도 단위=㎝ ※지정한 배색대로 뜬다
오른손 ※왼손은 대칭으로 뜬다

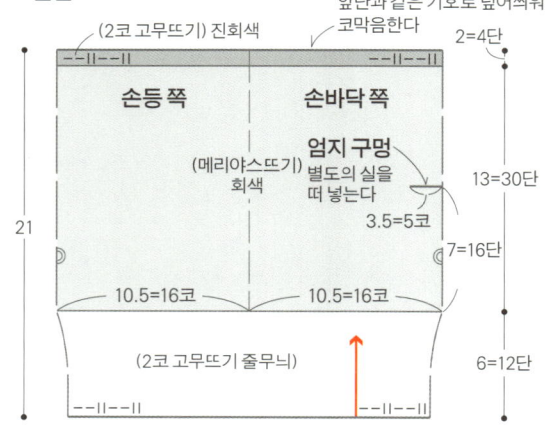

(2코 고무뜨기) 진회색
앞단과 같은 기호로 덮어씌워 코막음한다
2=4단
손등 쪽　손바닥 쪽
엄지 구멍
(메리야스뜨기) 회색
별도의 실을 떠 넣는다
13=30단
3.5=5코
7=16단
21
10.5=16코　10.5=16코
(2코 고무뜨기 줄무늬)
6=12단
32코 만들고 원형으로 뜬다

엄지의 코 줍는 방법
6코
1코　1코
5코

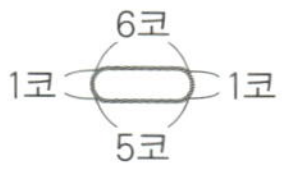

엄지
(메리야스뜨기) 회색
덮어씌워 코막음한다
3=6단
13코 줍는다

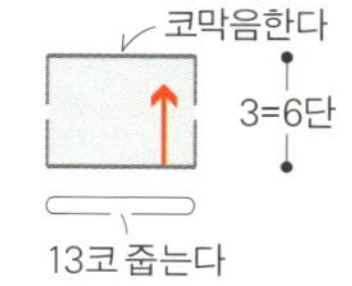

오른손 기호도 ※왼손은 엄지 구멍 위치를 대칭으로 뜬다

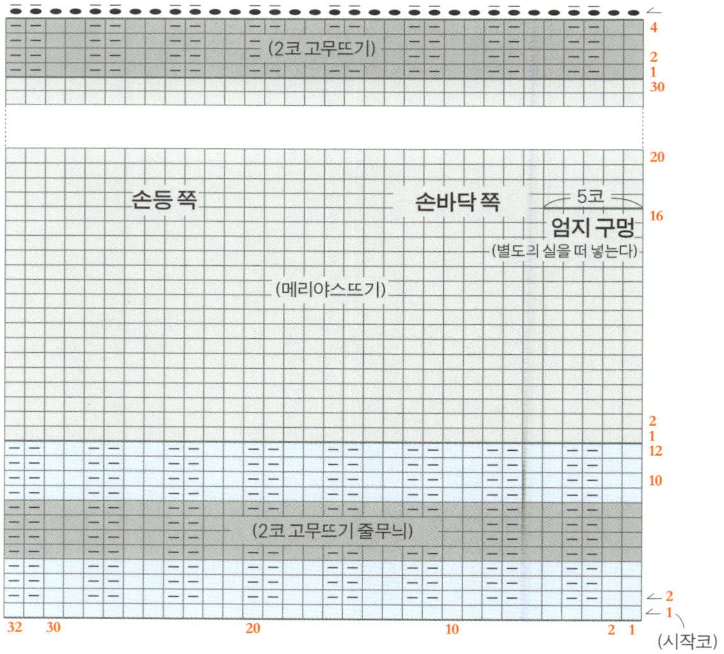

(2코 고무뜨기)
4 / 2 1 / 30
20
손등 쪽　손바닥 쪽
5코
엄지 구멍
16
(별도의 실을 떠 넣는다)
(메리야스뜨기)
2 1 / 12 / 10
(2코 고무뜨기 줄무늬)
2 / 1
32　30　20　10　2 1
(시작코)

□ = 회색
□ = 남색
■ = 진회색
□·□·■ = │

머플러

치수도 단위=㎝ ※지정한 배색대로 뜬다

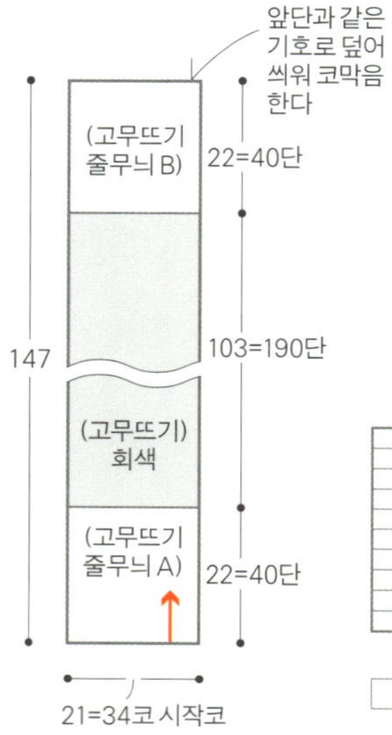

앞단과 같은 기호로 덮어씌워 코막음한다

(고무뜨기 줄무늬 B)
22=40단

(고무뜨기) 회색
103=190단

147

(고무뜨기 줄무늬 A)
22=40단

21=34코 시작코

고무뜨기 기호도

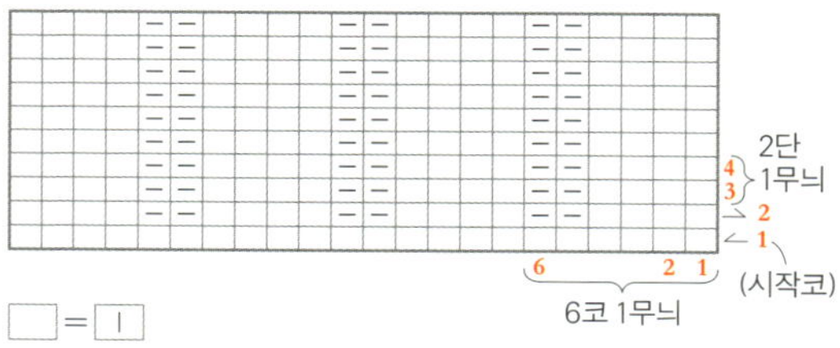

2단 1무늬
4 / 3 / 2 / 1
6 / 2 1
(시작코)
6코 1무늬
□ = │

고무뜨기 줄무늬 배석

A	
진회색	★
남색	★
진회색	★
남색	10단 (★)

B	
남색	★
진회색	★
남색	★
진회색	★

24

핸드 워머

p.00-00 ▸▸ p.34

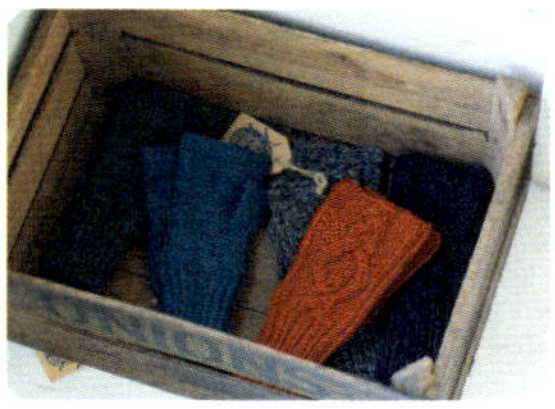

실…하마나카 멘스 클럽 마스터(한 타래 50g)
왼쪽부터 녹색(65), 파란색(66), 멜란지그레이색(31), 주황색(60), 보라색(63) 각각 65g
바늘…하마나카 아미아미 짧은 대바늘 10호(5.1㎜)·8호(4.5㎜) 각각 5개
게이지…안메리야스뜨기 15코×21단=사방 10㎝
무늬뜨기 20코×21단=사방 10㎝
사이즈…손바닥 둘레 20㎝, 길이 23㎝

뜨는 방법…실은 1가닥을 사용해 뜹니다.
오른손을 뜹니다. 일반적인 방법으로 35코를 만들고 원형으로 돌려 고무뜨기를 뜹니다. 이어서 안메리야스뜨기와 무늬뜨기로 13단 뜹니다. 엄지 구멍 위치에 별도의 실을 떠 넣고 29단까지 뜬 뒤, 마지막은 덮어씌워 코막음합니다. 엄지는 별도의 실을 풀어내고 13코를 주워, 안메리야스뜨기로 뜹니다. 마지막은 덮어씌워 코막음합니다. 왼손은 오른손과 대칭으로 뜹니다.

치수도 단위=㎝
오른손
※왼손은 대칭으로 뜬다
(무늬뜨기의 교차뜨기 방향은 동일)

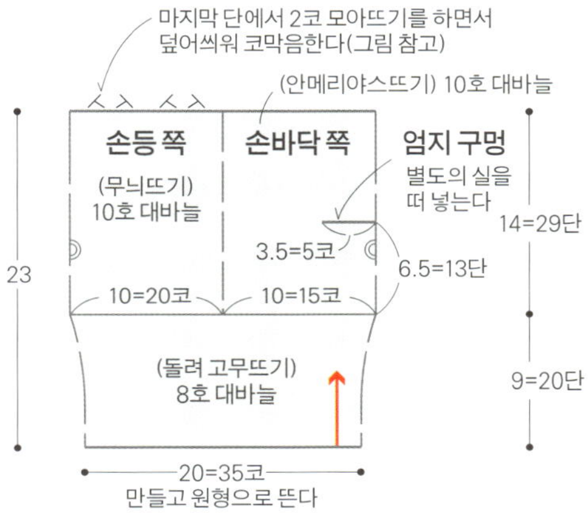

엄지

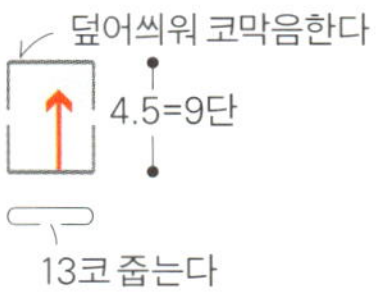

엄지의 코 줍는 방법

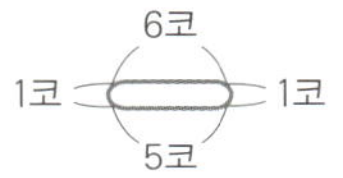

오른손 기호도

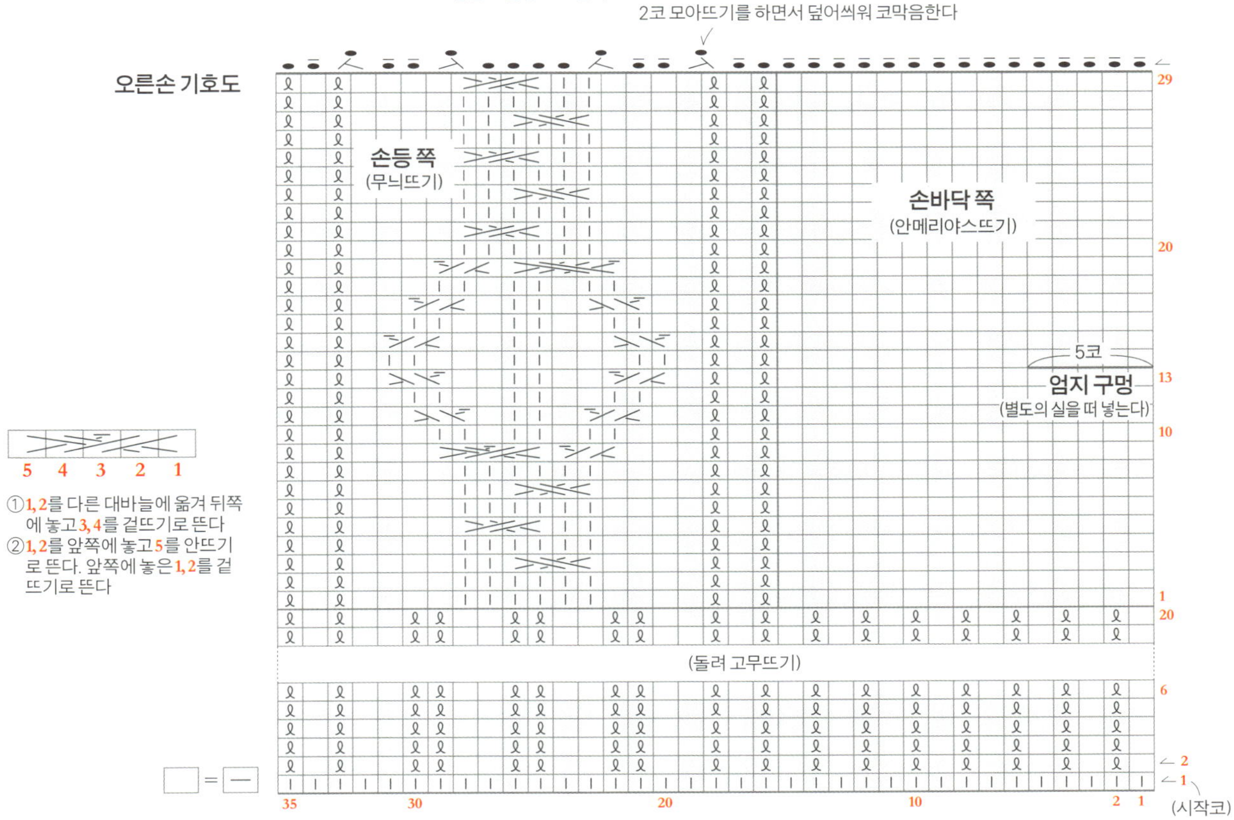

①1, 2를 다른 대바늘에 옮겨 뒤쪽에 놓고 3, 4를 겉뜨기로 뜬다
②1, 2를 앞쪽에 놓고 5를 안뜨기로 뜬다. 앞쪽에 놓은 1, 2를 겉뜨기로 뜬다

25
모자

머플러

실…하마나카 아란 트위드(한 타래 40g)

회색(9) 100g

바늘…하마나카 아미아미 대바늘 10호(5.1mm)·9호(4.8mm) 각각 4개

게이지…무늬뜨기 20코×23.5단=사방 10cm

사이즈…머리 둘레 54cm, 깊이 27cm

뜨는 방법…실은 1가닥을 사용해 뜹니다.

일반적인 방법으로 90코를 만들고, 원형으로 1코 고무뜨기를 뜹니다. 이어서 무늬뜨기로 뜨고, 꼭대기를 그림과 같이 줄입니다. 남은 18코에 실을 꿰어 조입니다.

치수도　단위=cm

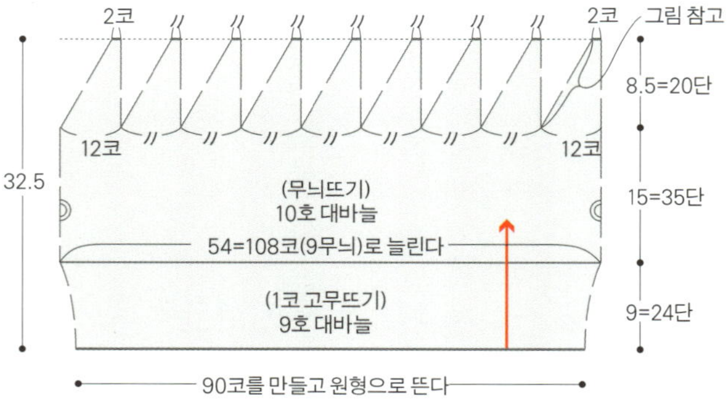

2코 · 2코 · 그림 참고

8.5=20단

12코 · 12코

32.5

15=35단

(무늬뜨기) 10호 대바늘

54=108코(9무늬)로 늘린다

9=24단

(1코 고무뜨기) 9호 대바늘

← 90코를 만들고 원형으로 뜬다 →

완성 방법

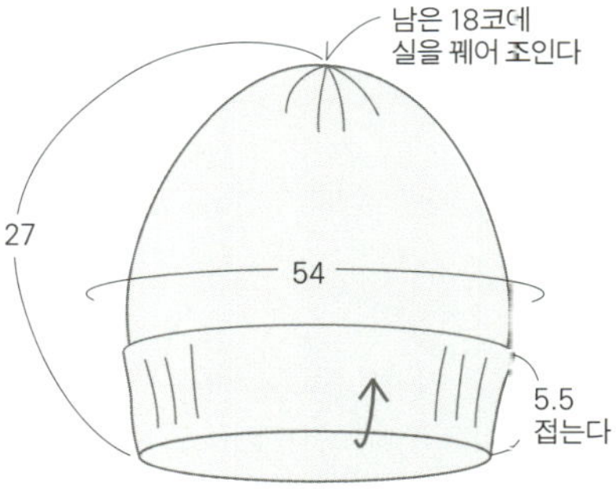

남은 18코에 실을 꿰어 조인다

27

54

5.5 접는다

기호도

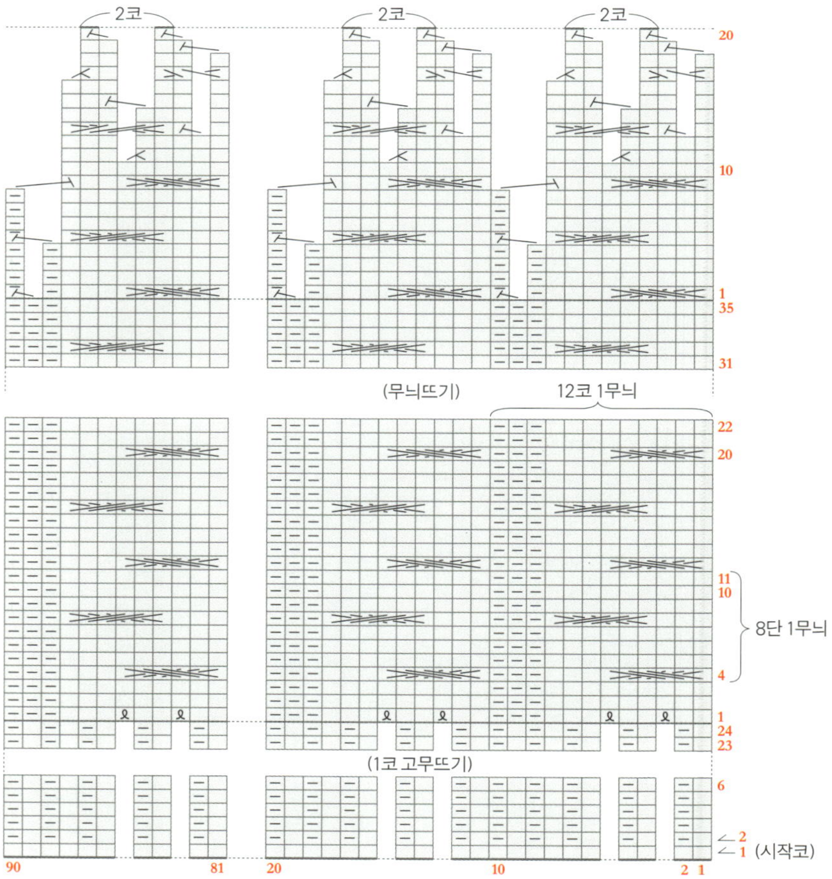

2코 · 2코 · 2코

20

10

1

35

31

(무늬뜨기)　12코 1무늬

22

20

11
10

8단 1무늬

4

1
24
23

6

(1코 고무뜨기)

2
1 (시작코)

90 · 81 · 20 · 10 · 2 1

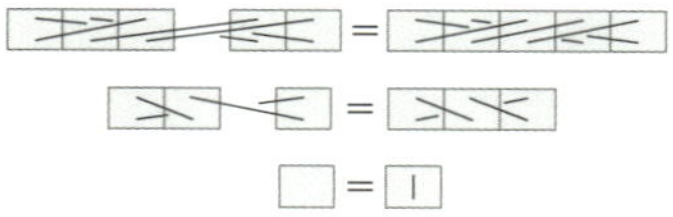

⟋⟍⟋⟍ = ⟋⟍⟋⟍

⟋⟍ = ⟋⟍

□ = |

114

21
스누드

▸ p.32

실…하마나카 멘스 클럽 마스터(한 타래 50g)
코발트블루색(62) 175g
바늘…하마나카 아미아미 한쪽이 막힌 대바늘 12호(5.7㎜)
2개
게이지…가터뜨기 14코×25단=사방 10㎝

사이즈…둘레 140㎝, 길이 20㎝
뜨는 방법…실은 1가닥을 사용해 뜹니다.
나중에 풀어내는 코를 28코 만들고, 가터뜨기를 뜹니다.
시작코를 풀어내서 가터 잇기를 합니다.

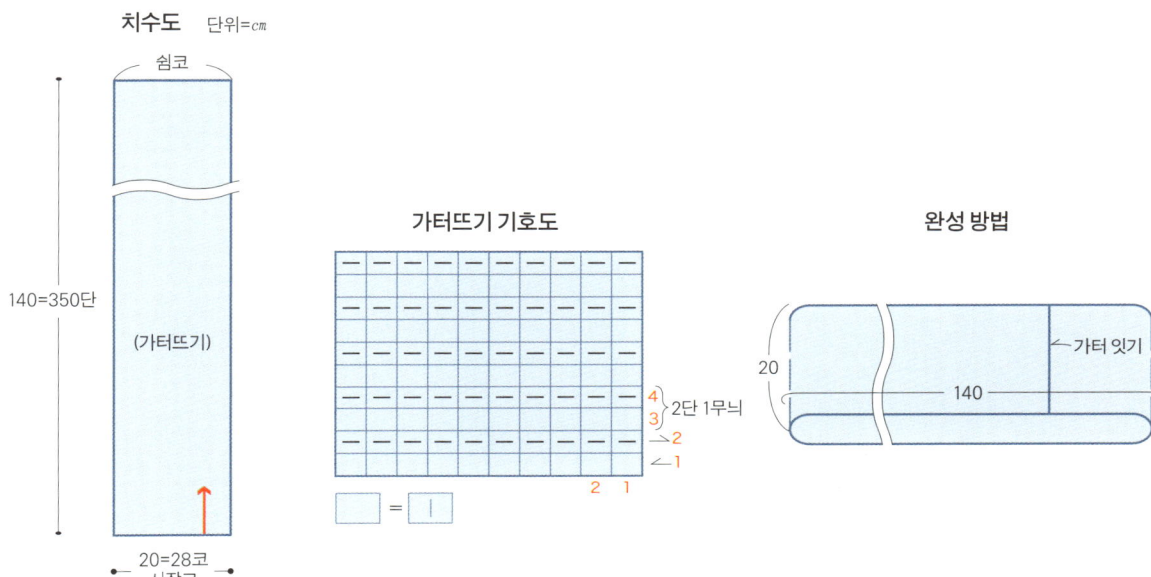

치수도 단위=㎝

쉼코

140=350단

(가터뜨기)

20=28코
시작코

가터뜨기 기호도

4
3
2
1

2단 1무늬

2 1

☐ = | |

완성 방법

20

140

← 가터 잇기

26
넥 워머

▸ p.35

실…하마나카 워미(한 타래 40g)
모스그린색(8) 120g
바늘…하마나카 아미아미 줄바늘 10호(5.1㎜) 60㎝
게이지…고무뜨기 25코×22.5단=사방 10㎝

사이즈…둘레 80㎝, 길이 20㎝
뜨는 방법…실은 1가닥을 사용해 뜹니다.
일반적인 방법으로 200코를 만들고, 원형으로 고무뜨기를 뜹니다.
마지막은 덮어씌워 코막음합니다.

치수도 단위=㎝

앞단과 같은 기호로
덮어씌워 코막음한다

(고무뜨기)

20=45단

80=200코(40무늬)
만들고 원형으로 뜬다

고무뜨기 기호도

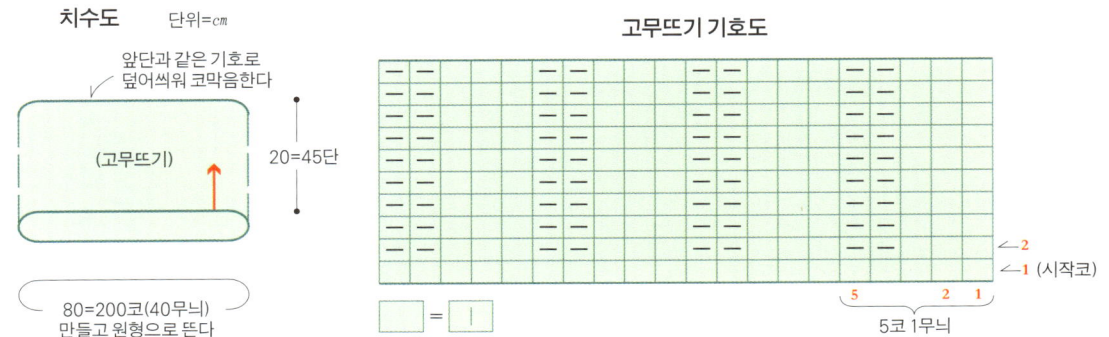

2
1 (시작코)

5   2 1

5코 1무늬

☐ = | |